인공지능 시대의 AI 리터러시 교과서

ARTIFICIAL INTELLIGENCE LITERACY

HAJIMETE NO AI LITERACY by Yushi Okajima, Masahiro Yoshida

Original Japanese edition published by Gijutsu-Hyoron Co., Ltd., Tokyo
This Korean language edition is published by arrangement with Gijutsu-Hyoron Co., Ltd., Tokyo in care of Tuttle-Mori Agency, Inc., Tokyo, through Imprima Korea Agency, Seoul.

인공지능시대의
AI 리터러시 교과서

인 쇄: 2022년 3월 2일 초판 1쇄
발 행: 2022년 3월 8일 초판 1쇄

역 자: 황석형 · 정영애 · 김민경 · 김수환
발행인: 송 준
발행처: 도서출판 홍릉
주 소: 01093 서울시 강북구 인수봉로 50길 10

등 록: 1976년 10월 21일 제5-66호

전 화: 02-999-2274~5, 903-7037
팩 스: 02-905-6729
e-mail: hongpub@hongpub.co.kr
http://www.hongpub.co.kr
ISBN: 979-11-5600-961-0(93000)

정 가: 21,000원

인공지능 시대의

AI 리터러시 교과서

오카지마 유우시·요시다 마사히로 지음
황석형·정영애·김민경·김수환 옮김

**인공지능의 기본개념부터
활용기술까지
쉽게 이해하며 마스터할 수 있는
교양 필독서**

ARTIFICIAL INTELLIGENCE LITERACY

도서출판 홍릉

저자소개

오카지마 유우시

1972년 동경 출생. 일본 중앙대학교 대학원 종합정책연구과 박사후기과정 수료. 종합정책학 박사. 후지쯔종합연구소, 관동학원대학교 경제학부 준교수, 동대학 정보과학센터 소장을 거쳐서, 현재 일본 중앙대학교 국제정보학부 교수. NHK스마트폰강좌 강사. 저서로는 "블록체인", "5G"(Kodansya Bluebacks), "실천하여 이해하는 인터넷"(Iwanami 주니어문고), "사고로부터 도주", "인터넷 악성댓글"(일본경제신문출판사) 등이 있다.

요시다 마사히로

1985년생. 야마구치현 출신. 동경대학교 대학원 박사과정 수료. 학제정보학 박사. 일본학술진흥회 특별연구원을 거쳐서, 2013년에 일본전신전화주식회사에 입사. 5G와 자율주행에 관한 연구개발을 거쳐서 현재 일본 중앙대학교 국제정보학부 준교수. 컴퓨터네트워크와 AI에 관한 연구교육활동에 종사. 일본 중앙대학교 AI·데이터사이언스센터 멤버, 동경대학교 객원연구원, 전자정보통신학회 간사 등을 역임하고 있다.

역자소개

황석형 선문대학교 AI소프트웨어학과 교수

정영애 선문대학교 IT교육학부 교수

김민경 선문대학교 AI소프트웨어학과 교수

김수환 선문대학교 AI소프트웨어학과 교수

저자서문

인공지능(AI : Artificial Intelligence), 디지털 트랜스포메이션(DX : Digital Transformation), 데이터사이언스(DS : Data Science) 등과 같은 버즈워드(Buzzword)가 최근 사회 각 분야에서 일반적으로 사용되고 있다. 이러한 사회적 현상의 변화는 매우 중요한 점을 시사하고 있다. AI와 DX는 일시적인 붐을 넘어서 우리 인류가 향후에도 문화적인 생활을 지속적으로 영위하면서 보다 좋은 사회로 진화하기 위해 필수불가결한 도구이다.

이와 같은 진화발전을 실현시켜 가기 위해서는 AI와 DX, DS를 올바르게 이해하고 활용할 필요가 있다. 사람의 지성을 대체할 수 있는 AI는 당분간은 실현되지 않겠지만, 사람에게만 특화된 분야와 AI에 특화된 분야를 구분하여, 각각 가장 잘하는 부분을 상호융합하여 상생할 수 있도록 디자인하는 능력이 요구되고 있다.

DX는 디지털 기기를 도입하기만 하면 완성되는 것이 결코 아니다. 업무 처리방법이나 살아가는 방법 등을 우리들이 가장 즐겁고 편리하도록 재설계하는 것이 DX의 본질이다. 디지털 기기와 디지털 서비스에 의해, 설계의 폭과 자유도가 대폭적으로 확대 및 증가되었다는 점은 기쁜 일이지만, “디지털 기기를 도입하는 것으로 끝. 업무 처리방법과 살아가는 방법은 예전처럼."과 같이 된다면 아무런 의미가 없다.

DS는 사람과 사회를 이해하기 위한 강력한 무기라고 할 수 있으나, 한편으로는 지나치게 강력한 무기를 올바르게 제어할 수 있는 능력도 필요하다. DS를 이용하여 세계의 구석구석에 빛을 비추어 이해하는 방법뿐만 아니라, 사람들이 알고 싶어 하지 않는 부분에 대해서 자제하는 방법과 스스로 지키는 방법에 대해서도 익혀둘 필요가 있다.

이 책은 이와 같이, “새로운 시대를 살아가기 위한 능력"을 균형감있고 부족함없이 익힐 수 있도록 제작하였다. 각 장의 항목들은, 일본 내각부·문부과학성·경제산업성이 협력하여 제정한 “수리·데이터사이언스·AI교육프로그램인증제도(Literacy Level)”에 준거하고 있으며, 앞으로 다가올 시대의 중핵을 이룰 인재들이 익혀두어야 할 내용으로 구성되었다.

AI에게 직업을 빼앗기거나 DS가 모든 의사결정을 수행해버리는 등의 주객전도 현상을 염려하는 목소리도 있지만, 이 책으로 학습한 독자 여러분들이 이러한 첨단 신기술에 휘둘리지 않고 충분히 사용하면서 창조적으로 즐거운 인생을 살아갈 수 있기를 바란다.

2022년 3월

저자 일동

역자서문

"AI가 뭐지?"

라고 질문받는다면, 여러분들 나름대로의 정의로 대답할 수 있을 것이다. 그만큼 "AI" 혹은 "인공지능"이란 용어가 어느새 일상생활에서 빈번히 사용되고 있기 때문일 것이다. 하지만, "AI, 즉 Artificial Intelligence의 정의를 제대로 이해하고 있는가?"라는 질문에는 쉽게 답하지 못할 수 있다. 그러나, 이 질문에 응답하지 못한다고 해서 걱정할 필요는 없다

이제 다시 본론으로 돌아가보자.

인공지능이란 무엇인가?

인공지능은 인간의 지능(지각능력, 학습능력, 추론능력, 판단능력 등) 또는 그 이상의 지능을 인공적으로(컴퓨터를 이용하여) 구현하기 위해 필요한 이론 및 기술로서, 컴퓨터과학 뿐만 아니라, 수학, 통계학, 공학, 언어학, 인지과학, 심리학, 철학 등, 다양한 학문분야와 관련되어 있으며, 연구·개발·응용을 위한 대상 영역의 폭이 상당히 넓다.

현재, 인공지능은 인류의 생활과 산업에 새로운 혁명을 불러일으키기 위한 핵심기술로서 전세계적으로 주목받고 있다. 최근 인공지능 기술이 급속한 발전을 거듭하면서, 수많은 기업들이 인공지능을 활용하여 업무효율화와 생산성향상을 실현하고 있고, 인공지능 기술이 적용된 새로운 제품이나 서비스가 조금씩 우리들의 일상생활과 사회 각 분야에 스며들고 있다. 또한, 각 기업에서 보다 적극적으로 AI를 도입·활용하게 되면서, 인공지능을 비즈니스에 활용할 수 있는 "AI인재"에 대한 수요가 앞으로 더욱 확대될 것으로 전망하고 있다.

한편, 세계 각국에서는 체계적인 교육을 통해서 AI핵심 역량을 갖춘 AI인재 양성에 힘을 쏟고 있다. 우리나라도 2021년 4월에 "혁신적 포용사회를 선도할 빅3+AI 인재양성 방안"을 발표하였다. AI인재확보를 위한 교육체제를 구축하고, AI와 소프트웨어(SW), 미래기술 분야의 핵심 인재를 집중 육성하는 것이 주요 목표이다. 이를 위해서 초·중·고 교과과정에 AI관련 과목을 개설하고, 대학에서는 AI·SW교육을 교양필수 과정으로 지정하여 AI·빅데이터 등 신기술

교육을 강화할 계획이다.

이 책은 일본 문부과학성에서 제정한 "수리·데이터사이언스·AI교육프로그램 인증제도"에 준거하여, 대학 신입생을 대상으로 하는 교양기초 수준의 AI·데이터사이언스 분야의 기본내용을 학습할 수 있도록 구성되어 있다. 우리나라 주변 선진국의 AI인재 양성을 위한 학문체계를 이해하고 AI분야의 기초능력(Literacy, Numeracy, Coderacy, AI Literacy)을 체득하려는 학생들에게 큰 도움이 될 것으로 확신한다.

끝으로, 이 번역서의 제작에 도움을 주신 도서출판 홍릉 관계자 여러분들께 감사드린다.

2022년 새해 아침에 아산에서

황석형, 정영애, 김민경, 김수환

차례

제 1 장

AI리터러시

1-1 AI의 정의

1-2 AI가 필요한 이유

1-3 이 책에서 다루는 내용과 범위

1-1 AI의 정의

AI란?

AI는 'Artificial Intelligence'의 줄임말로 한글로는 '인공지능'이다. 최근에는 AI라는 용어를 사용하지 않는 날이 없을 정도로 우리 생활 속에 깊숙이 녹아들어 있으나, 사실은 가볍게 사용할 수 없는 용어라고 생각한다.

그 이유는 초기 연구자들이 생각했었던 AI는 진정으로 '인공적인 지능', 즉, 인간을 대체할 수 있는 것을 목표로 연구했기 때문이다. 인간처럼 논리적으로 생각하고, 인간과 같은 감정을 소유하거나 이해할 수 있는 것을 기대했었다.

AI연구가 시작되었을 무렵과 비교해보면, 컴퓨터를 전문가처럼 구사할 수 있는 기술은 눈부시게 발전했지만 인간을 대체할 수 있는 수준까지 도달하지는 못했다. 따라서, 연구자들 중에는 아직 AI는 완벽하게 실현되지 못했으므로 'AI(인공지능)'라는 용어를 사용해서는 안된다고 생각하는 사람들도 있다.

1950년	튜링 테스트 제창
1956년	다트머스회의에서 "인공지능"이라는 용어가 등장
1958년	뉴럴 네트워크의 퍼셉트론 개발
1964년	인공 대화 시스템 ELIZA 개발
1972년	최초의 전문가 시스템 MYCIN 개발
1979년	MYCIN의 지식표현과 추론을 일반화한 EMYCIN 개발
1982~92년	제5세대 컴퓨터 프로젝트
1984년	지식기술을 위한 Cyc 프로젝트 시작
1986년	오차역전파법(Backpropagation) 발표
2006년	딥러닝(Deep Learning, 심층학습) 등장
2012년	딥러닝 기술을 이미지 인식 경진대회에 적용

그림 1-1 AI의 발전사

강한 인공지능(Strong AI)과 약한 인공지능(Weak AI)

한편, 특정한 분야에 한정시켜서 살펴보면, 인간의 능력과 거의 동등하거나 그 이상의 능력을 갖는 시스템도 등장하고 있다. 오델로 게임*1이나 바둑 대국에서 사람과 컴퓨터 시스템이 승부를 겨루어서 컴퓨터 시스템이 승리하는 일이 이제는 흔히 일어나는 일상이 되고 있다. 따라서 이러한 컴퓨터 시스템을 AI라고 불러도 무방하다는 의견을 갖는 사람들도 있다.

> **용어해설 *1**
> **Othello Game**
> 검은 색, 또는 하얀 색 작은 원판을 8x8의 판 위에 늘어놓는 보드 게임.
> https://ko.wikipedia.org/wiki/오델로

양쪽 모두 일리있는 의견이지만 번잡스럽기도 하고 혼동될 수 있으므로 양쪽 의견을 구별할 필요가 있다. 예를 들면, 특정한 분야에만 국한하지 않고 다양한 분야에서 인간과 동등하게 활동하고 감정까지 이해할 수 있는, 인간을 대신하는 AI를 **'강한 인공지능(Strong AI)'**이라고 분류한다. 한편, 오델로 게임, 바둑, 자율주행*2 등과 같이, 각각의 분야에만 특화된 AI를 **'약한 인공지능(Weak AI)'**이라고 부른다.

> **용어해설 *2**
> **자율주행**
> 자율주행 자동차(Autonomous Vehicle)는 사람이 운전조작없이 자동으로 스스로 주행할 수 있는 자동차. "로봇 카" 또는 "UGV(Unmanned Ground Vehicle)"라고도 부른다.

요즘 언론과 미디어에서 접할 수 있거나 상품으로 만날 수 있는 AI는 '약한 인공지능'이다. 따라서, 언론이나 미디어에서 AI가 포함된 문장을 읽을 때에는 AI가 어떤 의미로 사용되고 있는지를 문맥을 고려하여 주의해 살펴볼 필요가 있다.

한가지 주의할 사항은 '약한 인공지능'에 해당되지도 않는 단순한 애플리케이션*3을 '인공지능(AI)'이라고 언급하는 사례가 있다는 점이다. AI가 유행어(IT업계에서는 버즈워드라고 부른다)가 되고 있음을 염두에 두고, 영업용 용어로서 남용하는 곳이 많아서 그다지 좋은 현상이라고 할 수 없다. '이름만 AI' 또는 '무늬만 AI'로 치장하고 있는 보통의 애플리케이션을 구분해낼 수 있는 능력을 갖출 수 있도록 하자.

> **용어해설 *3**
> **애플리케이션**
> Appplication Software의 약칭으로서, 응용 소프트웨어를 가리킴. 컴퓨터업계에서는 "소프트웨어"라고 부르고, 정보통신분야에서는 "어플리케이션"이라고 부르는 경향이 있다.

인간다움과 AI(튜링 테스트)

AI를 만들기 위한 기술은 상당히 발전해 있다. 예를 들면, AI가 충분하게 인간답게 구성되어 있는지 여부를 판정하기 위한 검사방법으로 **튜링 테스트(Turing Test)**가 있다. '튜링'은 앨런 튜링(Alan Mathison Turing)*4이라는 컴퓨터 분야에서 위대한 업적을 남긴 위인의 이름에서 유래하였다.

> **용어해설 *4**
> **앨런 튜링**
> 인공지능의 아버지라고도 불리우는 선구적인 인물이다. IT 분야에는 노벨상이 없지만, 앨런 튜링의 이름으로부터 유래하고 있는 "튜링상"은 IT분야의 노벨상이라고 부르고 있다.

앨런 튜링이 고안한 '튜링 테스트'는 A씨가 B씨와 C씨와 대화(채팅을 상상하기 바란다)하는 방법을 통해 진행된다. B와 C 중에서 어느 한쪽은 인간이고

다른 한쪽은 컴퓨터이다. 충분한 대화를 나누면서 B와 C 중에서 어느 쪽이 인간인지 구별할 수 없다면 검사 대상이 된 컴퓨터는 '인간답다'라고 판정한다.

튜링 테스트는 오래전부터 사용되어 왔던 테스트였지만, 2014년에 이르러서야 마침내 러시아의 컴퓨터 시스템이 튜링 테스트에 합격했다. 채팅 내용만으로 사람인지 컴퓨터 시스템인지 구분하기 쉽지 않음을 알 수 있다.

그러나 튜링 테스트에 합격한 컴퓨터 시스템이라고 하더라도, 초기에 생각했었던 인공지능(강한 인공지능)과는 매우 거리가 먼 상태였다. 인간처럼 논리정연하게 사고하는 것도 아니었고 감정을 이해할 수도 없었다.

중국어 방

이런 상황을 이해하기 어려울 수도 있으므로 '중국어 방(Chinese room)'이라는 유명한 **사고 실험***5에 대해서 설명하도록 한다. 어떤 방 안에 영어만 이해할 수 있는 사람이 들어간다. 이 사람은 외부와 접촉할 수 없다. 방 안에는 단 한 개의 작은 구멍이 있어서 외부와 메모를 교환할 수 있다. 이 방에 중국어로 쓰여진 메모를 투입한다. 방 안에 있는 사람은 영어만 이해할 수 있으므로 당연히 메모에 무엇이 적혀있는지 전혀 이해할 수 없다.

용어해설 *5
Thought Experiment
실제로 실험을 실시하지 않고, 머리속에서 이상적인 실험방법과 조건을 상상하면서 어떻게 될 것인지 고찰하거나 추론하는 것이다.

그러나 방 안에는 매뉴얼(설명서)이 준비되어 있다. 예를 들면, 메모에 "今天天气怎么样?"(오늘의 날씨는?)에 대해서, "看你自己"(직접 보고 와라)라는 응답을 하라는 완벽한 지시가 매뉴얼에 적혀있다고 하자.

이런 상황에서 방 안에 있는 사람은 중국어의 의미를 전혀 알지 못하더라도 응답을 적을 수 있다. 따라서 방 밖의 메모 교환을 하고 있는 사람의 입장에서는 방 안에 있는 사람은 중국어를 이해할 수 있다고 느끼게 된다.

그림 1-2 중국어 방
(그림 출전 : jolyon.co.uk)

챗봇(ChatBot)

중국어 방 실험과 유사한 테스트가 **챗봇**에 관해서도 적용될 수 있다. 봇(Bot)은 '로봇(Robot)'의 약칭으로 자동으로 무엇인가를 수행하는 소프트웨어를 의미한다. 챗봇은 채팅 상대를 수행하는 자동화 시스템이다. 문의사항에 대한 응답이나 대화형 애플리케이션에서 경험해본 사람이 많을 것으로 생각한다.

챗봇은 자연스러운 대화가 가능한 수준까지 발전되어 있지만 무엇인가를 이해하여 대화를 구성하고 있는 것은 아니다. "이런 상황에서는 이렇게 한다", "이러한 문맥에서는 저렇게 한다" 등과 같이 막대한 대화 내용을 축적해 놓고 그 중에서 최적이라고 생각되는 단어들을 나열하는 것뿐이다. 따라서 때로는 유치원생이라도 하지 않을 엉뚱한 대답을 하는 경우도 있다.

따라서 "튜링 테스트는 그 어떤 의미도 없다"라고 주장하는 사람들도 있고, 한편으로는 "인간이라도 그 정도까지 생각하고 대화하는 것은 아니므로, 착각할 수도 있겠지만 이 정도로도 충분하다"라고 생각하는 사람들도 있다.

실제로 그렇다. 실제로 경험이 있을지도 모르겠으나, (졸리거나 흥미없을 때) 상대방의 말을 반복하는 것만으로도 대화가 어느 정도 성립하는 경우도 있다. 실제로 필자도 제대로 생각하지 않고 적당히 대화하는 경우가 자주 있다. 이럴 때는 "이건 챗봇과 뭐가 다를까?"라고 생각한다. 큰 차이점이 없을지도 모른다. 실제로 인간의 지능에 대해서 충분히 알지 못하기 때문이다. 인간의 두뇌 속은 마치 '중국어 방'처럼 되어 있을지도 모른다.

ELIZA 효과

인간에게는 사물에 대해서 애착을 느끼는 **ELIZA 효과**(일라이자 효과, ELIZA effect)가 있다. 여러분들은 애완로봇이나 Siri, Google Home, Amazon Echo 등에게 인간같은 느낌을 받았던 경험이 있지 않은가? 우리 인간들은 다양한 사물을 '사람처럼' 받아들이는 경향이 있다.

따라서 'AI'라는 용어를 소중하게 다루기 바란다. 사람들이 예전부터 생각해왔던 '지능'이라는 이미지는 아직까지는 실현되고 있지 않다. 앞으로도 멀었다고 생각하는 사람들도 있다. 한편, "대화 상대가 되는 것만으로도 충분하다"고 한다면, 인공지능은 이미 실현되었다고 생각할 수도 있다. 인공지능에 대해서는 다양한 견해와 생각이 존재한다고 이해하기 바란다.

1-2 AI가 필요한 이유

AI에 대한 기대

AI가 필요한 이유는 우리 사회를 보다 좋게 만들기 위해서이다. '좋게'라는 의미는 사람들마다 서로 다를 것이다. 더 많은 돈을 벌고 싶은 사람도 있을 것이고, 더 편해지고 싶은 사람, 더 많은 사람들을 행복하게 만들고 싶은 사람 등이 있을 것이다. 특히, 기술이라는 것은 "지금보다 무엇인가를 더 좋게 하려고" 탄생된다.

손글씨로 글을 쓰는 것이 힘들기 때문에 워드프로세서가 탄생했고, 암산으로는 틀리거나 힘겹기 때문에 주판과 계산기가 고안되었다. 잃어버린 시력을 극복하기 위해서 안경이 탄생했으며, 빠른 속도로 이동하기 위해서 자전거와 자동차가 만들어졌다.

힘든 작업을 인간보다 더 빠르고 정확하게 대신해 주는 AI가 존재한다면, 지금의 생활이 훨씬 더 나아질 수 있다는 예감이 들기 때문에 모두들 AI에 기대하고 있는 것이다. 그러나 원래 기대가 너무 크면 실망도 커지게 된다. 이런 사실을 충분히 기억해두기 바란다.

하이프 곡선

그림 1-3은 **하이프 곡선**(Hype Cycle)의 그림이다. 어떤 새로운 기술이나 아이디어가 출현했을 때 모두가 어떻게 생각하고 취급하는지를 표현한 곡선이다.

- 여명기(Technology Trigger) : 처음 출현한 순간에는 모든 이들의 주목을 받는다. 기술 또는 아이디어를 탄생시킨 쪽에서도 발표회 등을 개최하여 여러 사람들의 기대를 부풀린다.
- 유행기(Peak of Inflated Expectations) : 한번에 기대가 고조된다. 많은 사람들이 모여들거나 과대광고를 전개하여 기대가 실태를 상회하게 된다.

1
2
3
4
5
6
7
8
9
10
11
12
13
14

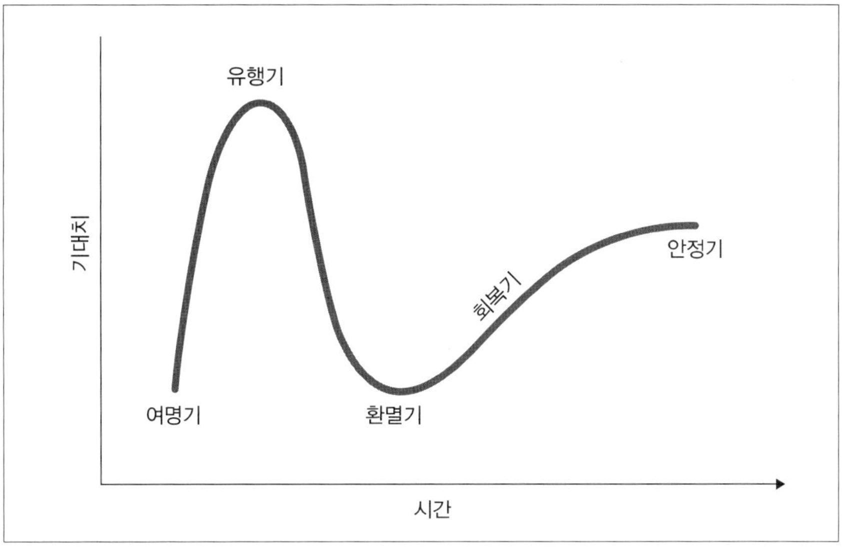

그림 1-3 하이프 곡선

- **환멸기**(Trough of Disillusionment) : 지나친 기대에 제품이나 서비스가 부응하지 못하여 많은 사람들이 실망하는 시기이다. 대다수의 사람들이 해당 기술로부터 이탈해간다.
- **회복기**(Slope of Enlightenment) : 소수의 성공사례가 조금씩 사회에 자리잡아가는 시기이다.
- **안정기**(Plateau of Productivity) : 사회에 보급되어 해당 제품이나 서비스가 당연시되는 시기이다.

물론 환멸기를 극복하지 못하고 사라져버리는 기술도 많이 있다. AI는 지금 어떤 단계에 있을까?

AI 붐

기술의 보급은 원래 처음부터 잘 진행되는 것이 아니다. 개인용 컴퓨터가 처음 출시되었을 무렵부터 "조만간 종이가 없어질 것이다"라고 여겨졌다. 그러나 지금도 여전히 종이 형태의 자료와 카탈로그, 선전지 등이 거리에 넘쳐나고 있다. 종이 문서에 직접 도장을 찍지 않으면 허용되지 않는 제출서류들이 아직까지도 많이 존재한다.

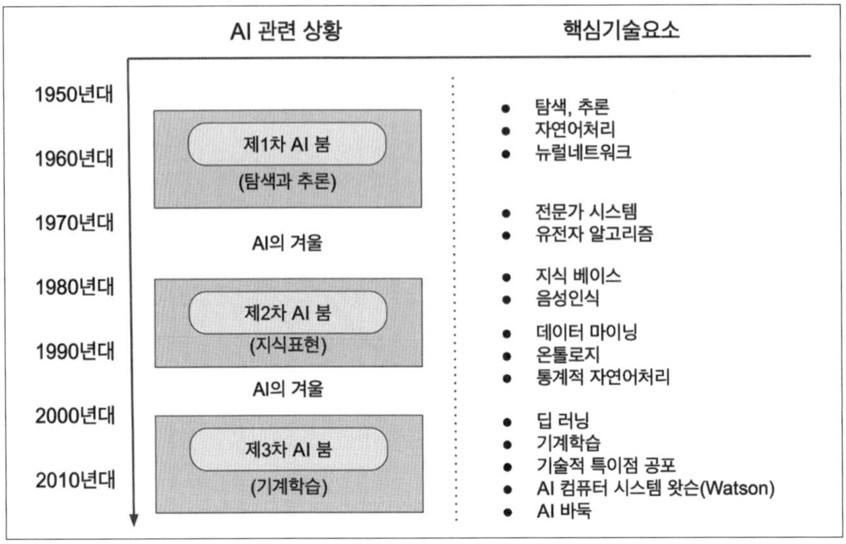

그림 1-4 제1~3차 AI붐

사실은 AI분야에도 여러 차례의 붐이 있었고, 이번이 3번째 붐이다. 1차와 2차는 기대가 컸었지만 환멸기를 뛰어넘지 못하고 퇴조했었다.

> 용어해설 *6
> **뉴럴 네트워크**
> neural network. 인간의 뇌를 모방한 시스템 모델

제1차 AI붐은 1960년대에 일어나 현재 유행하고 있는 **뉴럴 네트워크***6의 기초가 구축되는 등 새로운 기술이 발전하였다. 당장이라도 인간을 초월하는 지능이 탄생할 것이라고 기대되었으나, 추후에 설명할 **프레임 문제** 등과 같은 장벽에 부딪혀 붐이 사그라지게 되었다. 모두가 인공지능을 만드는 것은 엄청나게 힘들 것 같다고 자각하게 되었다.

제2차 AI붐은 1980년대에 **전문가 시스템**(Expert System)의 제안에서 시작되었다. 전문가들의 지식을 데이터베이스(Rule Base system. 규칙 기반 시스템)로 만들어두고 "이런 증상이 나타나면 이런 질병이다"라는 방식으로 의사처럼 작동하거나, "이러한 상황에서 주식을 매수하면 크게 벌 수 있다"와 같이 주식거래 전문가 역할을 하는 시스템 등이 고안되었다. "인간을 완전히 대체할 수 있는" 시스템을 꿈꾸지 않고, "○○분야의 전문가"를 목표로 축소되었다는 점에서 모두가 냉정하게 되었다고 생각한다.

그러나 제2차 AI붐에도 환멸기가 도래하게 된다. 전문가를 대신할 수 있을 정도의 지식을 시스템에 주입시키는 작업은 매우 어렵기 때문이다. 예를 들어, 장기게임에서 "포와 상의 경우, 당연히 포의 가치가 높다", "그러나 현재 상태에서는 상으로 상대방의 왕을 잡을 수 있으므로, 상의 가치가 무한대이다" 등과

같이, 한건 한건 관련 지식(규칙)을 찾아내서 결국에는 수만~수억 개의 경우에 대응하는 규칙을 시스템에 주입해야 한다.

오늘날의 **제3차 AI붐**은 기본적으로 위와 같은 흐름을 이어받고 있다. 현재 AI라고 일컬어지고 있는 것은 자율주행을 위한 전문시스템이거나, 체스경기를 위한 전문시스템 등과 같이, ○○분야의 전문가라는 의미에서 전문가 시스템에 해당한다.

전문가 시스템은 규칙(Rule)을 시스템에 주입하는 것이 어렵기 때문에 실패했으나, **기계학습***7에 의한 학습 자동화와 기계학습을 다층구조의 뉴럴네트워크에 적용한 **심층학습(딥러닝)***8에 의해 수월하게 되었다. 이러한 신기술들에 의해서 AI제작에 필요한 노력이 극적으로 개선되었나. 독자 여러분들은 우리 사회의 다양한 분야에 'AI탑재' 서비스가 확산하여 사용되고 있음을 이미 잘 알고 있을 것이다.

단, 지금의 붐 현상하에서 각 시스템 또는 서비스에 내장되어 있는 AI가 만능이 아니라는 점을 충분히 이해해주기 바란다. 아직도 프레임 문제와 같은 어려움이 해결되지 못하고 있다. **프레임 문제***9란, 발생할 수 있는 문제 전부에 대응할 수 없음을 의미하는 용어이다. 예를 들면, "심부름 가서 두부 좀 사오너라"는 비교적 간단한 업무라고 생각할 수 있다. 상황에 따라서는, 미취학 아동이라도 수행할 수 있을 것이다. AI와 로봇을 조합하면 어떻게든 수행할 수 있을 것 같아 보인다.

그러나 현실세계에서 이 로봇을 사용하기 위해서는, 다가오는 자동차를 피해야 하고, 비가 오면 어떻게 할 것인지, 지나가는 사람이 갑자기 얼싸 안으면 어떻게 할 것인지, 갑자기 하늘에서 운석이 떨어지면 어떻게 할 것인지 등의 무수히 많은 사건과 상황에 대응해야 한다. 이러한 '무수히 많은 사건과 상황에 대한 대응'을 현실적인 시간내에 해결하는 것은 지금의 AI로는 불가능하다.

물론 위에서 예로 들었던 사건과 상황들의 대부분은 우연히 발생하지는 않는다. 우리 인간들도 미리 의식하고 있지 않다. 이런 점이 인간이 우월한 부분으로 거의 발생하지 않을 것 같은 사항에 대해서 인간은 의식으로부터 제외시키고 행동하는 것이 가능하다.

AI에게도 이런 식으로 시험하려고 했으나, 무엇이 중요하고 무엇이 중요하지 않는지에 대한 판단이 AI에게는 매우 어렵다. 장기 게임에 탑재된 AI의 경우에는 '좋을 것 같은 수'만을 선택해서 주입하는 것이 어렵기 때문에 결국에는 대부분의 AI에는 규칙상 가정할 수 있는 모든 수를 주입하고 있다.

장기의 수를 읽는 속도는 기사(사람)가 AI를 능가할 수 없으나 '좋을 것 같은

용어해설 *7

기계학습
Machine Learning. 컴퓨터에게 대량의 데이터를 학습시키는 계산 방법. 지도학습과 비지도학습 등이 있다.

용어해설 *8

심층학습(딥러닝)
Deep Learning. 기계학습 방법의 한 종류이다.

용어해설 *9

프레임 문제(Frame Problem)
추론에 의한 규칙(Rule)을 적용할 때, 틀(프레임)을 어떻게 표현할 것인지를 다루는 인공지능의 과제를 일컫는다.

수'만을 선택해서 생각하는 능력은 사람이 압도적으로 우수하다.

장기에서는 AI가 괜찮을 듯한 수를 모두 파악하는 것은 그런대로 현실적이겠지만, 일상 생활 속에서 수행하는 심부름 등과 같은 업무에서는 곤란하다. 얼마든지 발생할 수 있는 예외적인 사건과 상황에 대응하여, 어떻게 회피할 것인지 또는 목적을 재설정하는 것이 더 좋을지 등은 단순하게 심부름 완수만을 고려하기만 하면 괜찮은 것이 아니라, 사고가 발생하는 경우에 목숨의 가치 등도 포함시켜서 판단해야하기 때문이다.

이러한 제반사항들을 완전히 무시하면 심부름 완수를 위해서 사람의 목숨을 경시하는 위험한 시스템이 만들어질 수도 있다. '특정한 범위(프레임)를 벗어난 사건이나 상황에 대처하는 것'은 현시점에서 AI에게는 어려운 문제라고 할 수 있다.

1-3 이 책에서 다루는 내용과 범위

AI의 구조와 원리

이 책은 AI 전문가를 육성하기 위한 전문서적이 아니다. 앞으로 좋든 싫든 AI를 접하는 기회가 많아지므로, 어떻게 함께 하면 좋을지, 어떤 사항들에 주의하고 어떻게 활용할 것인지, 근본적으로 어떤 원리로 동작하는지 등을 익히도록 한다.

AI를 필두로 하는 대부분의 정보시스템은 블랙박스화되어 있기 때문에 스마트폰처럼 내부의 모습을 알 수 없다. 그러나 블랙박스화되어 있으면 부담없이 사용할 수 있기 때문에 편리하다. 그러나 우리 주변을 둘러싸고 있는 기기들을 동작시키는 원리를 알지 못한다면 두려운 상황이 발생할 수도 있다. 따라서 AI의 내부 구조와 원리를 살펴보도록 하자.

표 1-1 이 책에서 학습할 범위

사회에서의 데이터와 AI 이용 및 활용	
1-1. 사회에서 일어나는 변화	1-2. 사회에서 활용되고 있는 데이터
1-3. 데이터와 AI의 활용 영역	1-4. 데이터와 AI 이용 및 활용을 위한 기술
1-5. 데이터와 AI의 활용 현장	1-6. 데이터와 AI 이용 및 활용에 관한 최신 동향
데이터 리터러시	
2-1. 데이터 읽기	2-2. 데이터 설명하기
2-3. 데이터 다루기	

또한 AI를 활용하기 위해서는 데이터사이언스와 통계에 대한 지식이 필요하다. 데이터를 읽고 해석하는 기법과 데이터를 다루는 방법 등에 대해서도 학습하도록 한다.

AI의 한계점과 주의사항

AI의 한계점과 주의사항을 이해하는 것도 중요하다. 일반적으로 이로운 점만 갖는 기술은 존재하지 않는다. 장점이 있으면 단점도 있다. 기술이나 제품이 새롭게 등장할 때에는 장점들에 대해서만 강조하지만, 단점에 대해서도 주의를 기울여 살펴보도록 하자.

컴퓨터가 처음 등장했을 때 "이제부터는 힘든 단순작업은 모두 컴퓨터가 대신해 준다. 인간은 지적이고 창조적인 편한 업무에 집중할 수 있을 것이다"라고 생각했었다. 확실히 대부분의 다양한 업무를 컴퓨터가 대신 맡아 주었으나, 이번에는 AI로 인해서 "컴퓨터에게 일자리를 빼앗긴다"라는 우려의 목소리가 높아지고 있다. 그러나 AI의 등장이 일자리를 위협하지는 않는다. 19세기 초에 일어난 **러다이트 운동**(Luddite Movement)*10을 상기해보기 바란다. 인간은 언제나 기계에게 일자리를 빼앗길 것이라는 염려를 하고 있다.

> 용어해설 *10
> **러다이트 운동**
> 영국의 산업혁명 시기에 발명된 방직기계의 등장으로 사람이 수행했던 노동을 기계가 빠르게 처리하게 되는데 위기감을 느낀 노동자들이 단합하여 1811~1817년 사이에 일으킨 대규모 기계파괴 운동이다. 이 운동의 지도자 Ned Ludd의 이름에서 유래하였다.

컴퓨터가 단순작업을 대행하고, 인간은 모두 창조적인 업무만을 수행할 수 있으면 좋겠으나, 모든 인간이 창조적인 능력을 가지고 있는 것도 아니며 창조성이 필요한 일자리도 그다지 많지 않다. 따라서 일자리를 빼앗길 걱정만 커져버린 것이다. 이러한 상황에서 지적인 일자리에도 AI가 등장하게 되면서 더더욱 걱정거리가 커져버린 상황이 되었다.

AI의 발전과 인간의 자유

AI가 인간보다 무엇인가를 더 잘 수행해 준다면, 기본적으로는 인간을 대신해서 일거리를 맡겨도 좋을 것이다. 예를 들면, 자율주행이 인간 운전자보다 우수하다면 교통사고로 인해 다치는 사람을 훨씬 줄일 수 있을 것이다.

그러나 한편으로 인간에게는 잘못할 자유도 있다고 생각한다. 스스로 결정하고 스스로 실수하면서 배움을 얻거나 책임을 지는 자유가 인간에게 있다. 사람이 사람으로 살아가기 위해서, 이러한 자유는 매우 중요하다고 생각한다.

AI가 발전하면 그런 자유는 사치스러운 일이 될지도 모른다. "나에게는 운전할 자유가 있다"고 주장하더라도 "그러다가 누군가를 다치게 하면 어떻게 하나?"라는 질문을 받는다면 좀처럼 반론하기 어려울 것이다.

> 용어해설 *11
> **사회적 비용**
> 기업 등의 경제활동에 의해 사회가 입는 손해와 비용(공해, 환경파괴, 대기오염, 소음 등)을 의미한다.

운전 분야에 국한된 이야기라면 이정도로 괜찮을지 모르겠으나, 취직과 결혼에 대해서 "잘못하면 **사회적 비용**[*11]이 발생하기 때문에" AI에게 판단하게 하면 어떨까? 성격이 안 맞는 회사나 결혼상대에게 실망하거나 후회하는 건수는 줄어들 수도 있겠지만 자신의 인생을 살아가는 실감은 얻기 어려울지도 모른다.

이런 사회가 도래하였을 때 어떻게 할 것인지, 애초에 이런 사회로 만들어도 좋을지 등에 대해서 고민해 볼 수 있는 힘을 기르도록 하자.

컬럼 수리 · 데이터사이언스 · AI교육프로그램 인증제도

STEM(Science, Technology, Engineering, Mathematics)*12과 ELSI(Ethical, Legal and Social Implications)*13 등이 현재와 미래를 살아가기 위한 필수적인 소양으로서 주목받고 있다. "수리 · 데이터사이언스 · AI교육프로그램 인증제도"는 이와 같은 지식과 기술을 종합하여 습득할 수 있는 교육패키지를 제공하는 교육기관에 대해서 일본정부가 인증해주는 제도이다.

수리 · 데이터사이언스 · AI교육프로그램을 대학교, 전문대학, 고등전문학교 등에서 정규교육과정으로 시행함으로써, 일상적인 학교 교육에서 무리없이 자신의 능력과 가치를 높일 수 있다. "수리"와 "AI"가 등장하기 때문에 다소 두려움을 느끼는 사람들도 있겠지만, 문과 · 이과에 대한 구분없이 고등교육을 받는 모든 학생(대학생, 전문대학생)이 이수가능한 내용으로 구성되어 있다.

일정한 조건을 만족하는 학교에는 "인증교육프로그램"을 보다 고도의 조건을 갖춘 학교에는 "인증교육 프로그램 플러스"의 칭호가 부여되므로 학생 여러분들의 학교에는 어떤 제도가 운영되고 있는지 살펴보는 것도 좋겠다.

MDASH Literacy
Approved Program for Mathematics, Data science and AI Smart Higher Education
数理・データサイエンス・AI
教育プログラム認定制度
リテラシーレベル

MDASH Literacy +
Approved Program for Mathematics, Data science and AI Smart Higher Education
数理・データサイエンス・AI
教育プログラム認定制度
リテラシーレベル プラス

용어해설 *12
STEM
과학, 기술, 공학, 수학에 관한 통합적 소양이다.

용어해설 *13
ELSI
학술 연구를 진행하면서 발생하는 윤리적, 법적, 사회적 쟁점을 선제적으로 파악해 해결책을 찾는 능력이다.

사실, 이 책은 인증제도의 모델 커리큘럼(Literacy Level)에 준거하여 제작되었다. 대학에서 수강하거나 독학으로 공부하고 있는 모든 사람들이 이 책을 통해 수리·데이터사이언스·AI교육프로그램 인증제도에서 규정하고 있는 수준의 역량에 도달할 수 있으므로 안심하고 공부하기 바란다.

교양교육 수준(Literacy Level)뿐만 아니라, 보다 높은 수준("응용기초 수준")의 프로그램도 마련되어 있다. 이 책을 통해서 자신감을 얻은 후에는 반드시 "응용기초 수준"에 도전해보기 바란다.

제 2 장

사회 변화와 AI

2-1 빅데이터, IoT, 5G의 등장

2-2 제4차 산업혁명과 Society 5.0

2-3 데이터 중심 사회

2-1 빅데이터, IoT, 5G의 등장

빅데이터(Big Data)란?

현재 사회에서 일어나는 현상들 중에서 주목해야 할 것으로 데이터 양의 비약적인 증가를 손꼽을 수 있다. 특히 기억해 두어야 할 사항으로 데이터의 양은 예전부터 항상 지속적으로 증가하여 왔다는 점이다. 인간이 언어를 구사하기 시작했을 때에도 사용하는 데이터의 양은 그 이전보다도 엄청나게 증가하였고, 문자를 사용하고 인쇄할 수 있게 되었을 때에도 데이터의 양은 폭발적으로 증가하였다.

최근에는 하드디스크가 개발되고 처리속도가 가속화 될 때마다 "이정도의 용량만 있으면 무엇이든 충분히 저장할 수 있다"라고 생각하였다. 그러나 우리들은 정해진 저장용량에 대해 그 용량만큼 모두 사용해 버리는 경우가 많다. 지금까지 문자 데이터만 다루던 컴퓨터가 이미지와 동영상, 음성 등을 저장하게 되었고, 실시간으로 시청할 수 없는 지상파 TV프로그램까지 전부 녹화해서 저장해두고, 나중에 여유시간에 재생해서 시청할 수 있는 체계가 제공되고 있다. 데이터가 대량으로 발생하는 현상을 **데이터 폭발***1이라고 표현하며 데이터 폭발은 항상 지속적으로 발생하고 있다.

> 용어해설 *1
> **데이터 폭발**
> 정보기술의 발전에 의해 데이터 양이 폭발적으로 증가하는 현상을 의미한다

더구나 21세기에 접어들면서 데이터를 다루는 방법이 극적으로 변화하면서 **빅데이터(Big Data)**와 같은 신조어가 사용되고 있다.

빅데이터의 정의

빅데이터의 정확한 정의는 연구자들마다 의견이 서로 다르지만, 일반적으로 자주 언급되는 아래의 3가지를 조건을 만족하는 데이터를 **빅데이터**라고 부른다.

- 대량의 데이터
- 실시간으로 발생하는 데이터
- 다종다양한 데이터

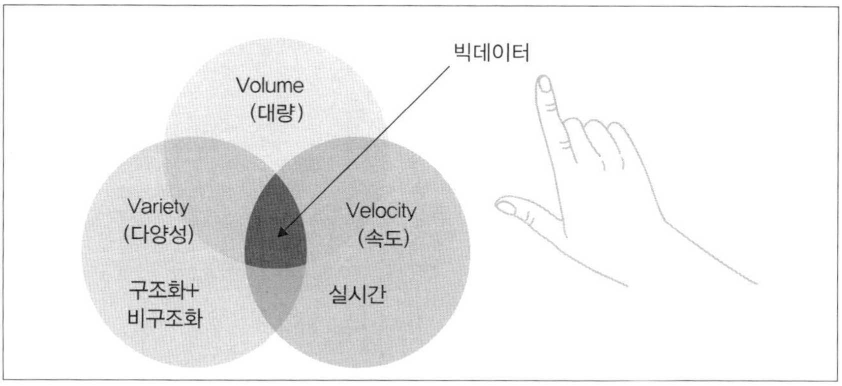

그림 2-1 빅데이터의 정의

대량이라는 조건에 대해서는 상상하기 쉬울 것이다. **실시간 발생**이라는 조건은 어떠한가? 원래 데이터는 매우 귀중한 것이었다(지금도 물론 중요하다). 따라서 어떤 목적으로 사용할 것인지를 깊게 생각하여 중복이나 모순이 발생하지 않도록 데이터 수집방법과 보존방법 등을 고민하여 수집한 후에도 적절하게 점검하여 활용하였다.

지금까지는 적어도 현재 발생하고 있는 사건이나 상황을 곧바로 인지할 수 있는 시스템이나 데이터는 일반적이지 않았다. 그러나 정보기술과 데이터 수집기법이 발전하면서 신속하고 적은 비용으로 데이터를 수집할 수 있게 되었다. 또한 데이터 저장장치의 고속화와 비용이 감소함에 따라서 데이터는 곧바로 사용할 수 있게 되었다.

이런 변화와 더불어 데이터의 필요성 여부를 판단할 수 없더라도 일단 수집해두거나, 어떤 목적을 달성하기 위하여 수집한 데이터를 다른 목적으로 전용하는 작업도 간단하게 수행할 수 있게 되었다. 예를 들어, 방범용으로 촬영해 저장해 두었던 방범 카메라 동영상을 인간 동선에 관한 연구에서 사용하는 경우가 있다. 이와 같은 상황에서 우리들이 다루고 있는 데이터는 매우 **다종다양**하다.

데이터의 종류와 데이터 측정기기도 다종다양하다. 문자만으로 구성되었던 데이터는 영상과 음성도 포함하게 되었으며, 이런 다양한 데이터를 서로 변환(음성을 문자로, 문자를 음성으로 변환)하는 기술도 발전했다. 데이터 측정기기도 연구실에 설치되어 있는 대형 측정기뿐만 아니라 경량의 초박형 기기들이 저렴한 가격으로 출시되고 있다. 스마트폰에는 온도 센서, 위치정보 센서, 자이로 센서(Gyro Sensor), 음성 센서, 이미지 센서 등이 탑재되어 있으며, 시중의

1
2
3
4
5
6
7
8
9
10
11
12
13
14

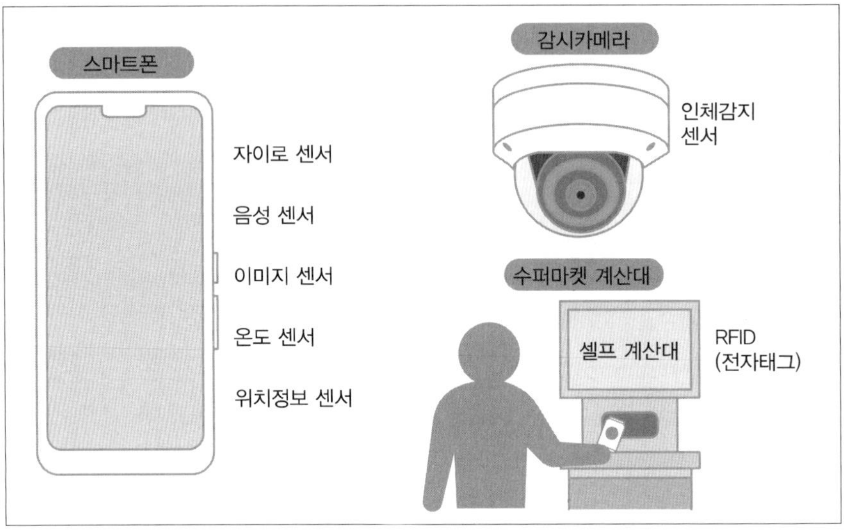

그림 2-2 다양한 센서 종류

> 용어해설 *2
> **RFID(Radio-Frequency Identification)**
> 상품의 식별과 관리 등을 위해서 무선 주파수를 이용해서 ID를 읽어내서 인식하는 전자 태그. 전자 지갑, 도서관 등에서도 이용하고 있다.

상점에서는 RFID*2를 상품에 부착하여 상품 관리와 절도 예방에 사용하고 있다.

앞서 설명했던 세 가지 조건에는 포함되어 있지 않지만, 빅데이터라는 용어에는 '모든 이들이 사용할 수 있는 데이터', '반드시 정해진 형식이나 형태로 구성되지 않은, 비구조적인 데이터'라는 의미가 포함되는 경우도 있다.

오픈 데이터

데이터는 매우 귀중하며 수집과 보존 작업에 노력과 비용이 필요하기 때문에 일반적으로 수집한 데이터를 비밀로 취급하여 비즈니스와 회사의 경쟁력 향상에 활용한다. 그러나 최근에는 이와 같은 귀중한 데이터를 널리 공개하여 누구든지 활용할 수 있도록 하는 **오픈 데이터**(또는 공개 데이터) 활동이 확대되고 있다.

중요한 데이터를 공개하는 것이 아깝거나 과분하다고 생각할 수도 있으나, 데이터를 사장시키지 않고 많은 사람들이 활용할 수 있도록 함으로써 가치를 높이고 회사의 평판을 향상시킬 수 있다. 또한 다른 누군가의 데이터를 사용함으로써 전체적으로 사회가 활성화되어 궁극적으로는 자신의 회사에 이익을 가져다 줄 수 있다.

오픈 데이터 활동은 이제 막 시작단계이다. 아직 데이터 공개에 대해서 주저하는 기업이 많으며, 또한 단순하게 공개만 하면 그만이라고 생각하는 조직과 단체들도 많다. 데이터 활용을 활성화하기 위해서는 정보 시스템을 다루기 수월한 형태로 공개해야 한다. 예를 들면, 인간의 눈으로 살펴보기에 적절한지 여부만을 중시하고, 정보 시스템에서 읽어 처리하기 어려운 형식으로 공개되어 있는 데이터가 많다.

한편 데이터가 완벽하게 구성되지 않더라도 괜찮다는 것은 어떤 의미일까? 기존의 데이터베이스에서는 데이터의 일의성이 매우 중요시되었다. 중복된 데이터가 존재하게 되면, 데이터를 갱신하려는 경우에 어느 한쪽만 갱신되고 다른 한쪽은 갱신이 누락될 수 있기 때문이다.

따라서 데이터를 취급할 때에는 신중함이 필요하며 데이터베이스의 설계와 운용에 관해서는 숙련도가 필요하다. 물론 지금도 데이터의 취급은 매우 중요하지만, 빅데이터의 경우에는 격식에 얽매이지 않고 조금은 자유롭게 취급하는 경우가 늘어나고 있다.

중복된 데이터가 발생하는 것이 바람직하지 않다는 점은 기존과 동일하지만, 이러한 중복을 조금은 허용함으로써 보다 빠르고 저렴한 비용으로 대량의 데이터를 생성, 저장, 활용할 수 있으므로 이런 자유도를 허용하는 것이 더 많은 장점을 가져다 준다.

IoT와 빅데이터

빅데이터와 밀접하게 관련되어 우리 사회에 뿌리내리고 있는 분야가 IoT이다. IoT는 Internet of Things의 약칭으로 **사물 인터넷**으로 번역된다. 원래 인터넷은 사물과 사물(컴퓨터와 컴퓨터)을 연결하는 것이 아닌가라고 생각할지도 모르겠으나, 적어도 지금까지의 인터넷은 컴퓨터의 배후에 인간이 존재하는 것을 가정하고 있었다.

WWW*3(웹 서비스)의 경우에는 웹 서버로부터 전송된 웹 페이지의 데이터가 웹 클라이언트(웹 브라우저)에 도달하게 되고, 그 배후에는 웹 페이지를 살펴보려는 이용자가 존재하는 체계로 되어 있다.

IoT의 경우에는 일반적으로 **인간을 거치지 않는 형태로 서버와 센서 등과 접속**된다. 담당자가 잠들어 있는 동안에도 센서는 묵묵히 서버에 정보를 계속 축적하는 것이다. 또한 향후에는 서버가 처음에 예상하지 않았던 센서로부터 정보를 수신할 수 있게 발전할 수도 있다.

용어해설 *3

WWW
World Wide Web의 약어로 전세계의 컴퓨터에 저장되어 있는 정보에 대해서 브라우저를 이용하여 액세스할 수 있다. 이러한 체계는 1989년 유럽입자물리학연구소(CERN : Conseil Européenne pour la Recherche Nucléaire)의 연구원으로 재직하였던 Tim Berners-Lee가 창안했다.

예전에는 '이 센서로부터 정보를 수집한다'라고 미리 결정해 두고 그 이외의 센서들부터는 정보를 수집하지 않았다. IoT 시대에 접어들면서 '다양한 정보를 이 정도의 품질을 유지하며 이런 데이터 형태로 공개하고 있는 센서가 존재한다면, 그 센서로부터 정보를 수집한다'와 같은 '조건'을 규정하는 형태가 될 것이다. 조건에 맞는 센서를 서버가 스스로 찾아내어 데이터를 수집하는 체계라고 생각하기 바란다. 이와 같은 체계에서는 인간의 개입이 확실히 줄어들고 있음을 알 수 있다.

IoT를 촉진하는 5G

위에서 설명한 내용에 덧붙여서 **5G(제5세대 이동통신시스템)**에 대해서 살펴보도록 하자. 5G의 특징은 고속대용량, 통신지연 감소, 다종다양한 단말접속 등이다. 이런 특징들 중 다양한 단말접속은 IoT를 촉진하는 것을 목표로 한다. 지금까지의 이동통신시스템은 스마트폰을 주요대상으로 하고 있었으나, 5G에서는 스마트폰뿐만 아니라 IoT에서 사용되고 있는 센서를 연결시킨 네트워크에서도 사용할 수 있도록 구성된다.

5G에는 다소 속도가 느려지고 통신지연이 커지더라도 대량의 센서들을 저비용으로 배터리를 절약해서 사용할 수 있는 LPWA 모드가 설정되어 있다*4. LPWA네트워크 기술을 사용하여 현재 상태보다 더 많은 대량의 센서를 지구상

용어해설 *4
이 기술은 LPWA(Low Power Wide Area) 네트워크라고 부르며, IoT를 보급시키기 위한 중요한 기술로 인식되고 있다.

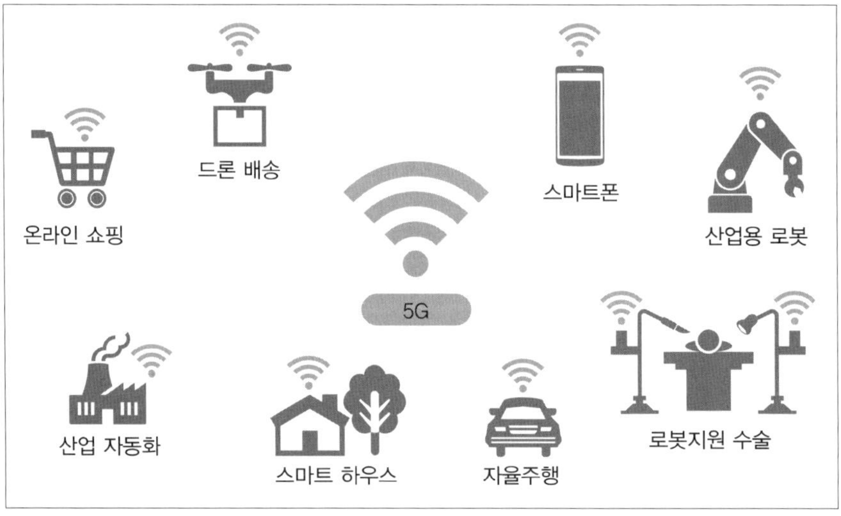

그림 2-3 5G와 IoT의 관련성

에 설치할 수 있다. 센서를 설치하여 데이터를 수집하는 경우에 데이터 수집방법이 문제시된다. WiFi는 접속 범위가 짧고, 유선 케이블을 이용하는 경우에는 야외 설치시에 장애요인이 많아진다. 5G통신회선을 이용하면 지금까지는 어려웠던 산악지대와 공해에서도 센서 설치가 수월해질 것이다.

날씨예보를 더욱 정확하게 예측할 수 있고, 농경지에 고밀도의 센서들을 설치하여 농업의 자동화를 구현할 수 있다.

다양한 장소에 다양한 센서를 설치하여 우리 사회와 환경을 보다 깊숙하게 파악하려는 시도를 **"조 단위 센서의 세상(Trillion Sensors World)"**이라고 부른다. 조 단위 센서의 세상은 향후 10년 내에 전세계 IT인프라에 매년 1조 개의 센서가 필요하다는 뜻을 담고 있다. 조 단위 센서의 세상이 실현되면 빅데이터는 더욱 규모가 커지고 다양해질 것으로 예상할 수 있다.

2-2 제4차 산업혁명과 Society 5.0

진화하는 기술과 사회

빅데이터, IoT, 5G는 기술분야의 용어지만 이런 기술들을 활용하여 우리 사회가 어떻게 변화하는지를 나타내는 용어로는 **제4차 산업혁명**과 Society 5.0이 있다. 사회와 기술은 서로 자극하는 관계를 가진다. 예를 들면, 정보기술의 세련화와 라이브 음악회 또는 연예인 팬클럽 악수 이벤트의 번성 등은 서로 관계가 있다.

최근에는 무상과 다름없는 저비용으로 거의 성능저하없이 복사본을 만들 수 있게 되어 음원의 매상이 감소하였다. 불법 복제를 없애는 것도 필요하지만 좀처럼 근절시킬 수 없기 때문에 아티스트들은 라이브 음악회와 팬클럽 악수 이벤트 개최에 중점을 두게 되었다. 이러한 '체험'을 복제하는 것은 아직 어려울 뿐만 아니라 오리지널이라면 사람들은 기꺼이 비용을 지불하기 때문이다. '체험'을 복제하는 기술로 VR이 있지만, 아직까지 "VR에서 아티스트와 악수를 했으므로, 실제로 악수하지 않아도 좋다"라고 생각할 수 있는 수준은 아니다.

위와 같은 예는 극히 일부 사례에 불과하지만, 기술이 진화하면서 사회가 변화하고, 사회가 진화하면서 기술이 변화한다고 할 수 있다. 제4차 산업혁명은 이를 고스란히 나타내는 용어이다.

제4차 산업혁명 기술

제1차 산업혁명이 증기기관과 공장제 기계공업, **제2차 산업혁명**이 전화와 전기, 인쇄기, 내연기관, **제3차 산업혁명**이 컴퓨터와 OA, FA 등으로 특징지을 수 있다면, **제4차 산업혁명**의 특징은 AI, 로봇, 나노기술, 바이오기술 등이라고 할 수 있다.

오래전에는 기계공학과 시스템공학을 융합한 **사이버네틱스***5라는 용어가 등장했다(기계와 인간을 합성한 사이보그는 이 용어에서 유래했다). '사이버'라는

용어해설 *5

사이버네틱스(Cybernetics)
미국의 수학자 Nobert Wiener가 제창한 이론으로서, 동물의 생태계 및 신경계와 기계의 통신 및 제어를 융합시키는 학문분야이다.

용어는 현재 가상공간이나 인터넷을 나타내는 용어로 가상과 현실의 오버랩도 제4차 산업혁명의 중요한 주제가 될 것이다. 우리는 이미 자동차의 운전석 앞 유리창 등에 속도와 주의사항 등이 표시되는 기술을 경험하고 있다. 가상공간에서 벌어들인 돈이나 아이템을 현실세계의 화폐로 환전할 수 있는 서비스도 증가하고 있다. 가상과 현실은 서로 천천히 침식하고 있다고 할 수 있다.

제4차 산업혁명에서 단순 작업은 이미 AI로 대체되고 있으며, 반대로 고수준의 ICT와 AI를 구사하는 분야에서는 심각한 인재부족 현상이 발생하고 있다. 이와 같은 새로운 모습의 사회에 대응하기 위해 우리들은 AI와 데이터사이언스 분야의 리터러시를 공부하고 있다.

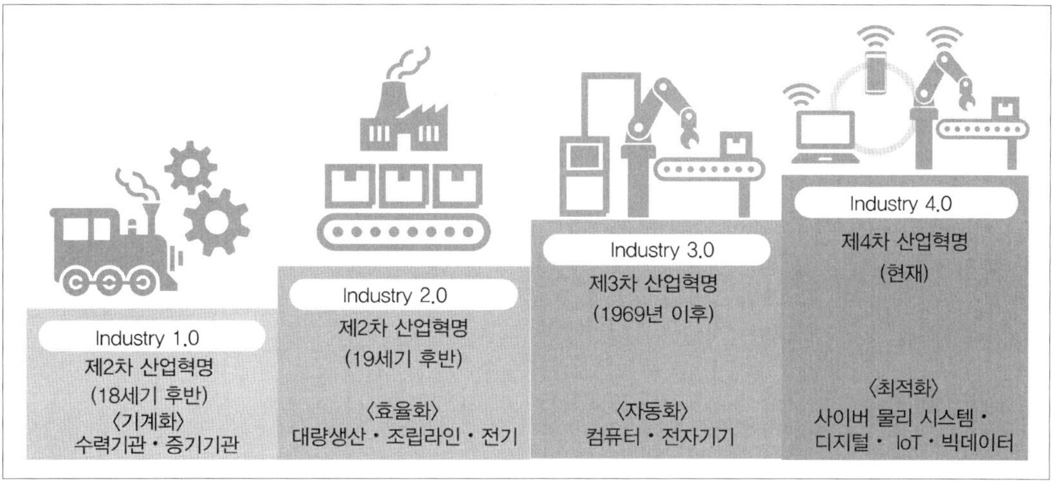

그림 2-4 제1차~제4차 산업혁명과 Society 1.0~5.0

새로운 사회 Society 5.0

Society 5.0은 일본이 세계에 앞장서서 제시한 새로운 사회의 모습으로 **가상공간과 현실공간(사이버 공간과 물리 공간)의 융합**[*6]이 핵심 키워드이다. 다양한 관점에서 제4차 산업혁명과 중첩되는 개념으로 제4차 산업혁명이 산업에 초점을 맞추고 있다면, Society 5.0은 산업에서 발생한 기술이 사회의 모습을 변화시킨다는 점에 주목하고 있다.

용어해설 *6
이와 같은 시스템을 사이버 물리 시스템(cyber physical system)이라고 부른다.

Society 1.0은 수렵과 채집 중심 사회, Society 2.0은 농경중심사회, Society 3.0은 공업중심사회, Society 4.0은 정보중심사회이며, 그 다음으로 도래하는 사회가 Society 5.0이다. Society 5.0은 상당히 개념적인 모습이라서 실태를 직감하기에는 아직 이르지만, **사이버중심사회**라고 특징지을 수 있을 것이다. 사이버중심사회는 일상생활 속에 AI, 로봇, 센서, 웨어러블 디바이스 등이 무난하게 스며들어서 상호 협력하여 동작하는 사회이다.

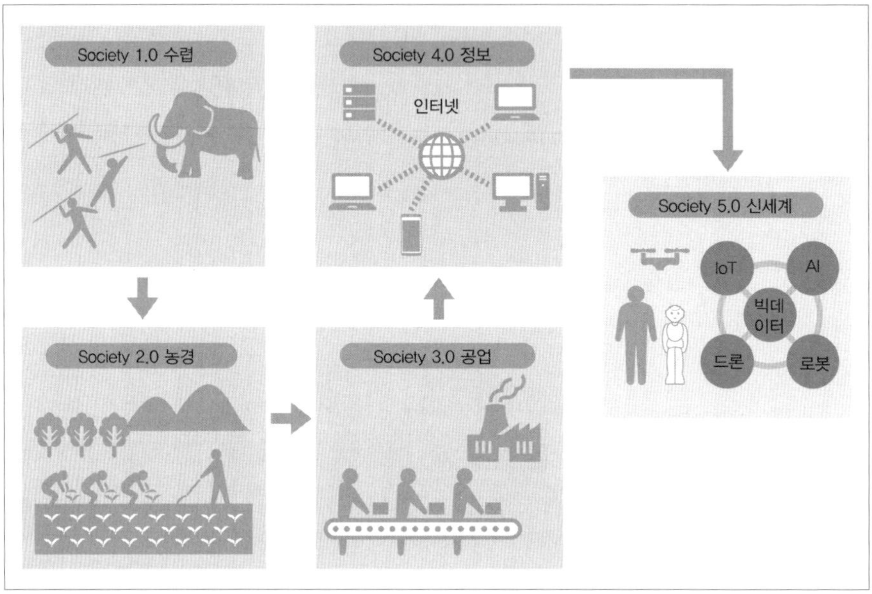

그림 2-5 Society 1.0~5.0

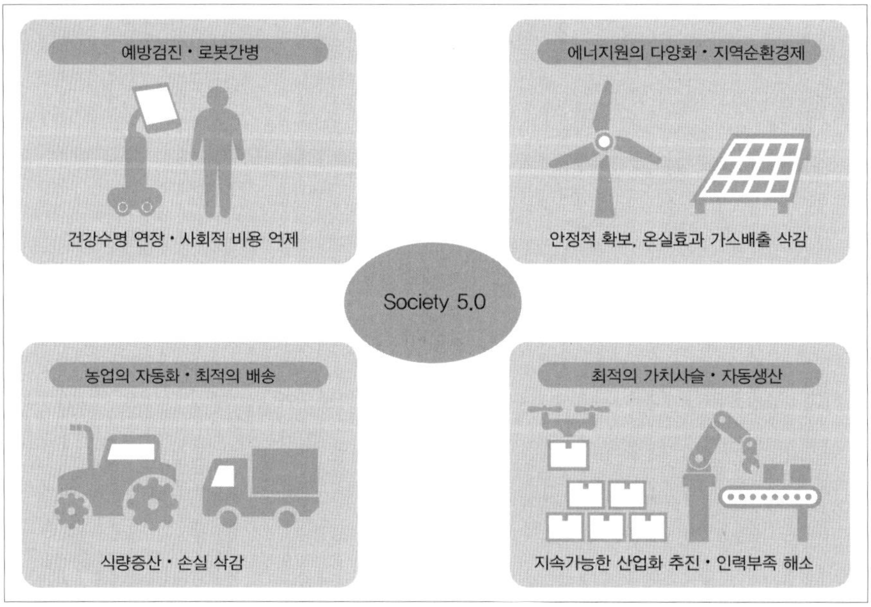

그림 2-6 Society 5.0

2-3 데이터 중심사회

데이터혁명에 의한 다른 분야에의 응용

가상공간과 현실공간이 서로 연결되어 IoT와 5G에 의해 다양한 데이터를 수집할 수 있게 되면서 데이터와 이로부터 이끌어낸 지식이 매우 큰 가치를 갖게 된다. 예전부터 데이터에는 **가치**가 내재하고 있었다. "아침에 노을지면 비가 내리고, 저녁에 노을지면 맑은 날씨가 된다"라는 옛날 속담은 많은 사람들이 수집한 데이터와 지혜를 토대로 미래를 예측하려고 했던 **인적 빅데이터**의 적용이라고 할 수 있다. 그러나 제4차 산업혁명과 Society 5.0에서 이용하는 데이터의 양과 종류, 처리 속도는 예전과 비교했을 때 매우 큰 차이가 있다. 예전에 비해 일기예보의 정밀도는 상당히 향상되었고 스포츠 등의 다른 분야에도 응용하고 있다.

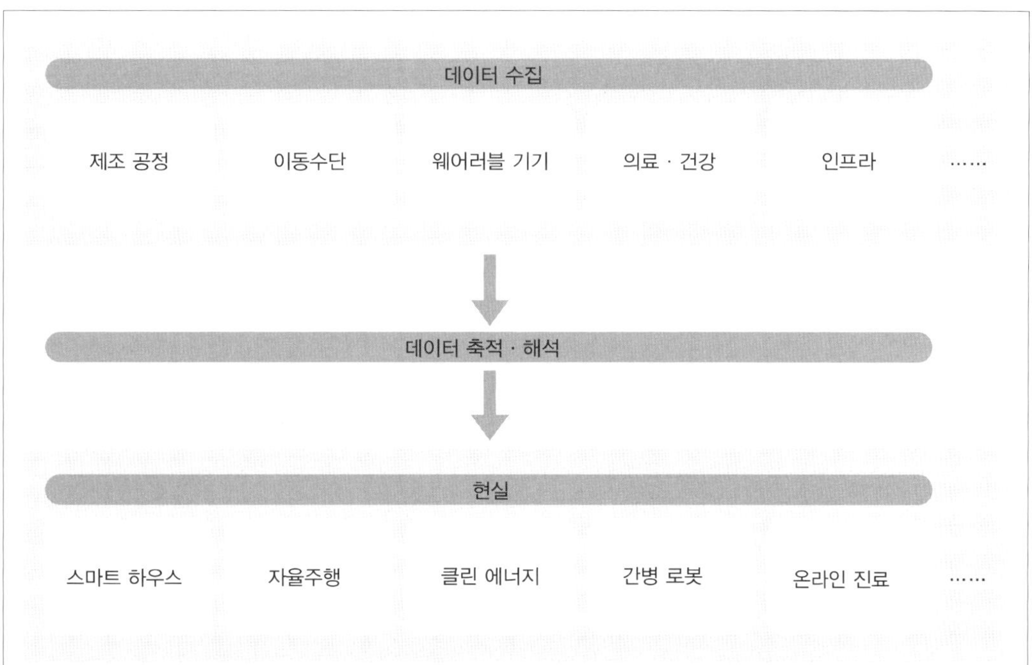

그림 2-7 사이버 물리 시스템에 의한 데이터 중심 사회

데이터 중심 사회

필자의 어린 시절을 회상해보면 야구를 잘 못하면 무조건 땅볼이라도 굴리라고 배웠다. 그러나 데이터를 수집해보니 플라이 볼을 치면 출루와 타점으로 이어진다는 것을 알게 되었다. 그때까지 상식이라고 생각했던 것이 데이터를 토대로 분석해보면 그렇지 않다는 것으로 판명되었던 것이다.

또한 사물의 예측 정밀도가 향상되었다. 선거 예측시스템은 당선자를 상당히 정확하게 예측하는 수준에 이르렀으며, 자동차 경주 F1에서는 사전 예측이 너무나도 정확하게 수행되어 경주를 관람하는 것이 지루하게 느껴질 정도가 되었다.

데이터의 가치가 증가하고 데이터에 의해 우리가 살고 있는 세상이 움직이는 모습을 **데이터 중심 사회**라고 부른다. 자동차의 센서는 고속화되어 자동차가 망가지기 전에 예방할 수 있도록 알려주고, **웨어러블 디바이스**[*7]로 우리 몸의 생체 신호를 상시 수집하여 질병의 전조현상을 감지하는 체계가 상당히 보급되고 있다. 또 다른 사례로 아티스트 공연 티켓을 추첨할 때 어떤 사람이 낙첨되더라도 다시 추첨에 참여하는지, 어떤 사람이 낙첨되면 더 이상 보러오지 않는지 등에 대해서도 예측할 수 있다.

용어해설 *7

웨어러블 디바이스 (wearable device)
손목시계, 안경, 의복 등과 같이 몸에 착용할 수 있는 형태로 된 소형 컴퓨터.

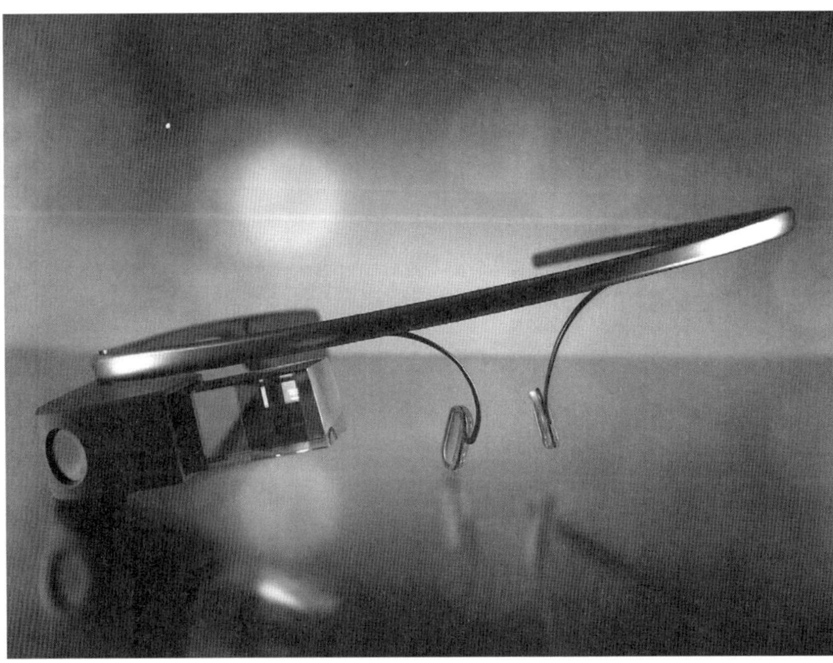

그림 2-8 웨어러블 컴퓨터의 예 : Google Glass

또한 고령화 사회로 접어들면서 다음번 화장실 다녀올 시각을 알려주는 센서, 약 복용을 잊지 않도록 위에서 용해될 때 전기신호를 보내주는 약 등이 연구되고 있다. 지진발생시 자신이 있는 곳까지 여파가 도달하기 전에 경보를 알려주는 시스템 등은 일종의 미래예측 기술로 경험해 본 사람들도 많을 것이다.

스포츠에서 생각하지도 못한 승리기술을 발견하거나 실제로 흔들리기 전에 지진이 발생했음을 파악할 수 있다면, 스포츠 게임에서 승리하거나 지진으로부터 목숨을 구할 수 있다. 스포츠에서 생각하지도 못한 승리기술을 발견하거나 실제로 흔들리기 전에 지진이 발생했음을 파악할 수 있다면, 스포츠 게임에서 승리하거나 지진으로부터 목숨을 구할 수 있다. 또한 어떤 이야기를 나누다보면, 상대방으로부터 "그 이야기에 증거(증거가 되는 데이터)가 있나?"라고 질문받는 경우가 많다. 최근에 많은 사람들이 데이터사이언스 분야에 관심을 갖고 공부하는 이유는 바로 데이터에 매우 큰 가치가 내재하고 있기 때문이다.

데이터를 다루는 방법이 중요하다.

물론 데이터는 단순히 존재하는 것만으로는 도움이 되지 않는다. 데이터를 올바른 형태로 수집하고 보존해서 사용할 수 있도록 준비해 둘 필요가 있다. 데이터를 사용할 때에도 세심한 주의를 기울여서 다루지 않으면 진실과는 거리가 먼 잘못된 지식을 도출하게 된다.

유명한 이야기로 공기가 맑은 곳에서 결핵 사망자가 많았다는 기록이 있다. 깨끗한 공기는 결핵에 악영향을 주는 것일까? 물론 그렇지 않다. 결핵 치료에 필요한 깨끗한 공기를 얻기 위해서 그와 같은 장소에 요양소를 건립하므로 결과적으로 청량한 공기가 있는 장소에 결핵 환자가 모이게 되고, 그 때문에 사망자가 많아지는 것이다. 조잡하게 데이터를 다루면 엉뚱한 착각을 할 수도 있다.

한편 데이터를 다루는 방법을 올바르게 익히게 되면 매우 믿음직스러운 결과를 얻게 된다. 이 책을 통해서 데이터를 다루고 이용하는 방법 등을 학습하도록 한다.

제 3 장

사회에서 활용되는 데이터

3-1 인간의 동선에 관한 데이터

주목받고 있는 개인 데이터

어떤 사건이 일어나면 반드시 **데이터**가 발생한다. 바람이 불면 데이터가 되며 길에서 넘어지는 것조차도 데이터이다. 그러나 지금까지는 데이터가 발생하더라도 곧바로 사라졌다. 길에서 넘어진 것은 자신만 알고 있는 매우 개인적인 사건으로 굳이 다른 사람에게 이야기하지 않는 한 전파되거나 남겨지지 않는다.

그러나 지금은 이런 데이터가 감시카메라에 촬영되어 있을지도 모른다. 자동차의 블랙박스 카메라에 촬영되었을 가능성도 있다. 감시카메라와 차량용 블랙박스 카메라는 일정기간동안 넘어지는 모습을 촬영한 동영상을 저장하고 있을 것이다. 최근의 기억장치 용량과 가격을 고려하면 촬영된 동영상을 계속해서 장기간 보관하고 있을 것이다.

경우에 따라서는 이런 동영상이 공개되는 경우도 있다. 우리 모두가 안심할 수 있도록 항상 감시카메라의 영상을 공개하는 곳도 많으며, 차량용 블랙박스의 영상을 유튜브 등에 업로드하여 공개하는 취미를 가진 사람들도 있다. 자동차 사고가 발생하면 블랙박스 영상이 재판에서 증거로 제출되는 경우도 있다.

우주가 생성된 이후부터 데이터는 지속적으로 발생해 왔다. 그러나 지금처럼 데이터가 기록되고 공개되고 있는 시대는 처음이다. 천문학자들은 우주가 생성된 시기의 데이터 흔적을 찾아내기 위해서 막대한 자금을 투입하여 우주 마이크로파 배경(cosmic microwave background) 방사 등을 수집하고 있다.

우리들은 누군가가 촬영한 사진이나 어딘가에 설치된 센서가 계측한 수치를 실시간으로 때로는 무료로 언제든지 활용하고 있다.

수많은 데이터가 수집되어 공개되면 이를 응용한 다양한 서비스와 제품이 등장한다. 이러한 서비스와 제품들 중에서 데이터를 공개한 사람이 예상하지도 못한 재미있고 도움이 되는 활용사례들도 많다. 특히 주목받고 있는 것이 **인간의 동선에 관한 데이터**이다.

자동차 내비게이션의 예

그림 3-1 혼다 자동차 내비게이션 시스템 "인터내비(InterNavi)"의 "통행실적정보 맵*1"

용어해설 *1
출처
https://www.honda.co.jp/news/2011/4111109.html?_ga=2.115982982.1825996262.1638149049-1326945808.1638149049

그림 3-1은 동일본대지진이 발생했을 당시의 데이터를 나타내고 있다. 현재 대다수의 차량에 내비게이션이 탑재되어 있다. 원래 자동차 내비게이션은 차량의 현재 위치와 목적지까지의 경로를 탐색하기 위한 목적으로 사용되었으나, 이와 관련된 데이터가 수집됨으로써 현재 어떤 도로가 혼잡상태인지, 목적지까지 몇 분이나 소요될 것인지 등을 알아낼 수 있는 **종합정보시스템**으로 진화되었다.

이러한 자동차 내비게이션의 데이터를 재난발생시에 자동차 제조사가 공개한 것이다. 동일본대지진에서는 재난의 규모와 심각도가 어우러져서 피해상황에 대한 전체적인 모습을 좀처럼 파악할 수 없었다. 지도상에 도로가 존재하고 있지만, 그 도로가 정말로 피해가 없어서 사용가능한지 여부를 알 수 없어서 피난용으로 사용할 수 있는지 판단할 수 없었다. 지원물자를 운송해도 오히려 교통상황이 악화되어 피해지역을 더욱 혼란시켰던 사례도 있었다.

자동차 내비게이션으로부터 수집한 자동차의 이동정보를 공개함으로써, 각 관계기관에서 어떤 도로를 이용할 수 있는지, 어느 곳이 혼잡해서 병목현상이 발생하고 있는지, 어떤 경로로 사람들을 피난시키고 지원물자를 반입시키면 좋을지 등을 파악할 수 있었다. 자동차 내비게이션이 등장했을 당시에는 재난발생시의 **물류관리(logistics)**[*2]에 도움이 될 것이라고는 예상하지 못했다. 이와 같이 자동차 내비게이션의 데이터는 대량의 정확한 데이터가 다른 분야와 활용방법에 전용하여 커다란 가치를 얻을 수 있다는 것을 보여준 좋은 사례이다.

용어해설 *2

물류관리(logistics)
기업이 물류를 효율적으로 관리하는 시스템. 정보시스템과 밀접하게 연동되어 합리적으로 물자를 이동시킬 수 있다.

감시카메라의 예

그림 3-2는 편의점의 **감시카메라**[*3] 데이터를 응용한 예를 나타내고 있다. 물론, 감시카메라는 안전관리를 위해서 설치되어 있다. 도난이나 강도, 소매치기 등을 억제하는 효과도 있지만, 범죄가 발생했을 경우에는 수사 및 법정에서 증거자료로 이용할 수 있다.

용어해설 *3

감시카메라
주로 방범 및 재난방지에 이용되는 감시용 카메라. 상점내부 및 외부, 주택, 은행 등, 다양한 장소에 설치되어 있다.

그러나 감시카메라의 데이터를 이용하여 고객이 점포 내부를 어떤 경로로 이동하고 있는지, 어떤 상품에 주목하는지, 어느 장소에 장기간 체류하고 어떤 상품을 지나치는지 등을 분석하기 위해서 사용하는 기업도 있다.

"어떤 상품이든지 진열대의 이 부분에 놓아두면 잘 팔린다"라고 하는 사실이 밝혀진다면, 판매점의 입장에서는 매우 고마운 정보이며, 마진이 높은 상품을 그 장소에 진열해두면 더욱 많은 이익을 얻을 수도 있다. 고객이 너무 오래 머물러서 구매활동에 병목현상이 발생하는 장소를 파악할 수 있다면, 그 장소를 순회하는 점원을 증원하여 고객의 흐름이 원활하게 만들 수도 있다.

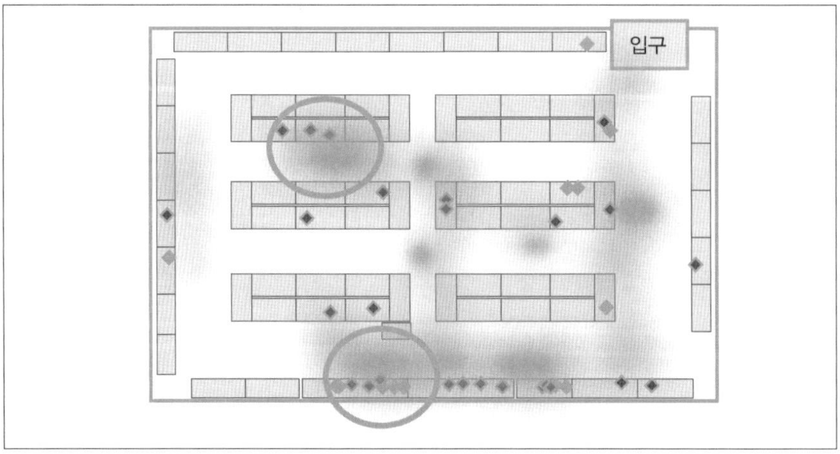

그림 3-2 동선 열감지 맵의 예(색상의 강약으로 데이터를 가시화)하이프 곡선

또한 계산대의 점원을 대신하여 감시카메라의 영상정보를 토대로 어떤 상품을 장바구니에 넣었는지를 판단해서 자동으로 구매금액을 계산하여 대금을 결제하는 시스템도 운용되고 있다.

물론 더욱 진화된 시스템에서는 감시카메라뿐만 아니라 온도 센서 등과 같은 별도의 정보수집장치와 조합되어 있으나, 초창기에는 방범기능을 위해서 설치되었던 감시카메라가 이제는 **상품의 판매촉진과 기업의 경쟁력 강화**를 위해서 활용되고 있다.

3-2 다양한 기기들의 로그와 오픈데이터

SNS의 데이터 분석

인간의 행동정보를 분석하여 활용하는 사례는 현실세계에만 국한된 것이 아니다. SNS*4에서는 가입자에 대해서, 누구와 누구가 친한 사이인지, 어떤 사람의 발언을 좋아하고 있는지, 어떤 이야기꺼리에 대해서 좋아하지 않는지 등이 상세하게 데이터화되어 있다.

용어해설 *4
SNS(Social Networking Service)
FaceBook, LINE 등과 같이 인터넷을 이용하여 개인간의 커뮤니케이션 장을 제공하는 회원제 서비스이다.

SNS에서는 이러한 데이터를 분석하여, "이 사람과 친구맺기를 하면 어떻습니까?", "이와 같은 발언을 타임라인에서 삭제할까요?" 등과 같은 제안을 제공하고 있다. 이용자가 보다 쾌적하게 SNS를 이용할 수 있도록 하는 것이다.

당연하게도 SNS를 제공하는 기업은 자원봉사단체가 아니지만 SNS를 더욱 쾌적하고 편안한 공간으로 만들어서 이용자들이 오랫동안 머무를 수 있도록 노력하고 있다. 사용자들이 더욱 오랫동안 SNS에 접촉해주면, 보다 많은 광고를 보여줄 수 있으므로 이것이 곧 SNS를 운영하는 기업의 이익으로 이어진다.

이와 같은 방식의 데이터 활용은 기본적으로는 바람직하다고 생각된다. 데이터를 분석함으로써 새로운 비즈니스와 서비스 등의 가치를 창출하여 나라와 기업의 경쟁력을 높일 수 있기 때문이다.

오픈 데이터의 활용

자사뿐만이 아니라 다른 기업이나 개인, 행정기관에서도 데이터를 사용할 수 있도록 하는 **오픈 데이터(Open data)**를 다수의 기업과 행정기관에서 도입하기 시작했다.

오픈 데이터는 인간이 활용하는 경우도 있지만 기계가 자동적으로 수집하여 사용하는 것을 염두에 두고 제작되는 특징을 갖고 있다. 이는 IoT 등과도 관련성이 높은 특징이다.

용어해설 *5
PowerPoint
Microsoft에서 만든 프레젠테이션 제작 애플리케이션이다.

예를 들어, 인간이 읽기 수월하도록 훌륭하게 만들어진 PowerPoint*5 파일이 공개되어 있다고 하였을 때, 기계가 이 파일을 자동판별하여 중요한 데이터를 추출하기에는 어려움이 많다. 즉, 사람의 수작업을 통해서 "이 데이터를 이쪽으로 이렇게…" 등과 같이 추출하는 것은 상당히 비효율적이다.

따라서 오픈 데이터는 CSV(Comma Separated Values : 컴마로 구분해 놓은 텍스트 데이터) 등과 같은 형식으로 공개되어 있다. 예를 들면, '0001, 서울, B형, 플래티넘 회원' 등과 같은 형식이다.

인간이 눈으로 살펴보면 무미건조하지만, 기계에게는 읽어들이기 편리하고 활용하기 수월한 형식이다. 단, 데이터의 활용은 좋은 점만 있는 것은 아니다. 오래전부터 데이터를 수집하여 분석할 수 있는 사람은 다른 사람들에 대한 비즈니스 등에서 유리하게 업무를 수행할 수 있었다. 그러나 빅데이터 시대의 정보량은 예전과 비교해서 막대한 규모이며 정보기기들은 한번 기록해둔 정보를 잊어버리는 일이 없다.

따라서 우수한 분석시스템과 조합하면 너무나도 명백하게 타인의 개인정보를 알게 되거나, 경우에 따라서는 사람의 행동을 유도할 수 있는 수준에 이르게 될 수 있다. 예를 들면, 대지진 발생시에 조금이라도 도로를 효율적으로 사용하기 위해 우회 경로를 표시하는 것은 매우 큰 도움이 된다. 그러나 일상생활에서 '이 사람은 뚱뚱하므로 조금더 걷게 하는 것이 좋겠다' 등과 같이 판단하여 일부러 우회하도록 길안내를 추천하는 것은 어떻게 생각하는가?

이러한 것이 건강을 위해서라고 하더라도 그다지 좋은 기분이 들지 않을 것이다. 남은 생존기간을 정확하게 파악할 수도 있겠지만 알고 싶지 않다고 생각하는 사람들도 있다. SNS에서 지나치게 편안함을 제공하게 되면, 마치 전세계적으로 자신과 같은 의견을 갖는 사람들만 존재한다고 착각하여 자신의 의견이 점점 극단적으로 변화되어, 의견이 맞지 않는 사람들을 배제시켜 버리는 **사이버 캐스케이드(Cyber Cascade)***6 등과 같은 현상이 발생하게 된다. 제7장과 제8장에서 설명하겠지만 도움이 되고 효과가 있는 것일수록 데이터를 다룰 때는 신중하게 처리해야 된다.

> **용어해설 *6**
> **사이버 캐스케이드 (Cyber Cascade)**
> 인터넷 상의 서비스에서 사용자들 사이의 논의가 극단적이고 배타적으로 발전하여 확산되는 현상. 집단극단화(Group polarization)라고도 부른다.에서 이상적인 실험방법과 조건을 상상하면서 어떻게 될 것인지 고찰하거나 추론하는 것이다.

로그 기록에 의한 액세스 데이터

현재 대부분의 기기들은 **로그(log, 동작기록)**를 저장하고 있다. 자택에 인터넷을 연결하기 위하여 사용하는 **가정용 교환기** 등에도 접근 기록이 저장된다. 만약에 악의적인 사람이 부정한 방법으로 접근을 시도했을 경우, 로그기록을 검

날짜 및 시각	종류	로그 내용
2020/08/11 10:50:15	AUTH	Admin login from source 192.168.0.2
2020/08/11 10:48:43	DHCPC	LEASETIME(1800) , RENEWALTIME() , REBINDTIME()
2020/08/11 10:48:43	DHCPC	DHCPSNAME =
2020/08/11 10:48:43	DHCPC	DHCPCHADDR = 60:84:BD:81:95:48
2020/08/11 10:48:43	DHCPC	DHCPSIADDR =
2020/08/11 10:48:43	DHCPC	DHCPGIADDR =
2020/08/11 10:48:43	DHCPC	DHCPSID = 10.70.0.254
2020/08/11 10:48:43	DHCPC	DNS 2 = 133.91.136.11
2020/08/11 10:48:42	DHCPC	DNS 1 = 133.91.254.11
2020/08/11 10:48:42	DHCPS	dhcp leases is setting to 64
2020/08/11 10:48:42	DHCPS	udhcpd (v1.19.4) started
2020/08/11 10:48:39	DHCPC	Domain Name =
2020/08/11 10:48:39	DHCPC	Default Gateway = 10.70.12.254
2020/08/11 10:48:39	DHCPC	Subnet Mask = 255.255.255.0
2020/08/11 10:48:39	DHCPC	IP Address = 10.70.12.13
2020/08/11 10:48:37	DHCPC	DHCP_ACK received from (10.70.0.254)
2020/08/11 10:48:37	DHCPC	Renew : sending DHCP_REQUEST for 10.70.12.13 to 10.70.0.254
2020/08/11 10:33:35	DHCPC	LEASETIME(1800) , RENEWALTIME() , REBINDTIME()
2020/08/11 10:33:35	DHCPC	DHCPSNAME =

그림 3-3 가정용 교환기의 로그

색하여 범인을 찾아내는 것도 가능하다.

로그기록은 여러 기기들에서 수집하여 서로 조합하고 대조해 봄으로써 보다 높은 가치를 갖는 데이터로 생산할 수 있다. 이때 로그 기록에 남겨져있는 시각이 일치되어 있다는 점이 중요하다. 부정한 접근이 발생했는지를 조사하는 경우에, 기기A와 기기B의 로그기록을 대조하여 상호참조하려고 해도 양쪽 기기에 내장되어 있는 시계가 일치하지 않으면 원활하게 조사해 볼 수 없게 된다.

따라서 NTP(Network Time Protocol)라는 기술이 사용되고 있다. 개인용 컴퓨터와 스마트폰의 시계는 일반적으로 정밀도가 낮아서 각 기기들의 시각이 제각각으로 되어 있을 수 있으므로, 이러한 시각에 대한 오차를 자동적으로 수정하기 위한 기술이다. NTP를 사용하게 되면, 예를 들어, 자신이 사용하고 있는 개인용 컴퓨터는 인터넷 상의 NTP 서버(원자시계 등을 토대로 정확한 시각을 발신하고 있음)에 시계를 맞출 수 있다*7.

용어해설 *7

실제로 실험을 실시하지 않고, 머리속에서 이상적인 우리나라의 국내표준시계는 한국표준과학연구원에서 UTCk 3.1 프로그램으로 제공하고 있다(https://www.kriss.re.kr/standard/view.do?pg=standard_set_01). 한편, 일본국내에서는, 정보통신연구기구(NICT)가 일본표준시를 관리한다. NICT는 일본표준시를 나타내는 NTP서버를 제공하고 있다.

3-3 1차 데이터, 2차 데이터, 메타 데이터

1차 데이터와 2차 데이터

데이터의 종류에 대해서 조금 더 상세하게 살펴보도록 하자. 데이터의 분류 방법은 무수히 많지만 이 책에서는 1차 데이터와 2차 데이터에 대해서 설명한다.

1차 데이터는 사물 또는 사건에 관한 정보를 직접 기록한 것으로 반드시 전자화된 정보일 필요는 없다. 여름방학 숙제에서 수행했던 매일 기온의 기록이나 행정기관에서 만든 통계자료, 사고를 당한 사람의 목격담 등이 1차 데이터의 예이다.

2차 데이터는 1차 데이터를 종합하여 보기 좋게 가공하거나, 어떤 목적을 위해서 1차 데이터를 취사선택하여 설명을 부가한 것이다. 백과사전 등이 전형적인 2차 데이터이다. 통계자료를 토대로 경제상황을 분석한 서적 등도 2차 데이터에 해당한다.

일반적으로 1차 데이터를 반드시 참조해야 하는 경우가 많다. 예를 들어, 통계자료의 경우, 정부가 발표한 1차 데이터를 직접 살펴보는 것이 바람직하다. 이러한 1차 데이터를 인용한 서적이나 다시 그 서적을 인용한 신문기사 등에서는, 참조 내용의 오류나 필자의 주관에 의해 의미가 변절되거나 정보의 갱신누락 등이 발생할 가능성이 있다.

그렇다고 갑자기 1차 데이터에만 집착하는 것이 반드시 바람직한 것은 아니다. 예를 들어, 전쟁 기록으로 취급하고 있는 전투상세현황은 1차 데이터이지만 신뢰성이 반드시 높은 것은 아니다. 전투수행 직후에 작성되기 때문에 흥분하거나 착오가 발생할 수 있다. 2차 세계대전 당시 일본군 항공부대의 전투상세현황에는 "적의 대형함 10척 격침"이라고 기록되어 있으나, 해당 항공부대가 대형함을 10척이나 침몰시킬 수 있는 어뢰 및 폭탄의 적재량이 기록되지 않은 경우도 많았다. 1차 자료이므로 있는 그대로 믿는다면 조사 결과는 신뢰할 수 없게 된다. 대부분의 사람들이 이용하고 있는 위키피디아(Wikipedia)에 대해서도 이와 같은 지적이 있다. 일반적으로 위키피디아의 기사는 1차 자료를 토대

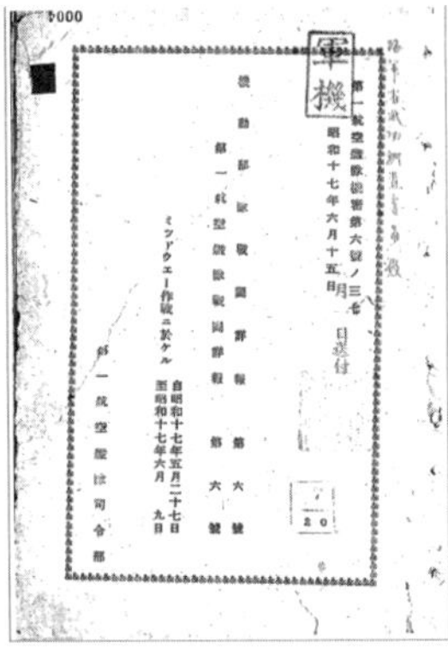

그림 3-4 1차 데이터의 예(함선 및 융상부대 전투상세전시일지 : 일본 방위연구소 전사연구센터)

로 작성해서는 안되며 오히려 1차 자료를 주의깊게 다루어서 신뢰할 수 있는 2차 자료를 기반으로 해야 한다. 대부분의 1차 자료는 적절하게 이용하기 위한 훈련이 필요하다. 또한 학자들이 작성하고 학술분야의 출판사가 출간한 2차 자료는 품질관리를 위해서 주의깊게 정밀조사되어 있어서 신뢰할 수 있다.

여러분들은 대학생이므로 적절하게 이용하기 위한 훈련을 거듭하여 1차 데이터를 자유자재로 활용할 수 있는 인재가 되어야 하며, 1차 데이터이므로 완벽하고 훌륭하다고 함부로 판단하는 것에는 신중해야 한다.

메타 데이터

메타 데이터에 대해서 살펴보도록 하자. **메타 데이터(Meta data)는**, 데이터를 설명하기 위한 데이터이다. 예를 들어, 연극 대본을 살펴보도록 하자. 연극 대본에는 명확하게 2가지 정보(대사와 지문*8)가 기록되어 있다. 대사와 지문 중에서 관객들에게 연극을 통해 제공되는 데이터는 대사 부분이다. 이것이 대본의 주요한 데이터라고 할 수 있다.

용어해설 *8
지문
소설·희곡 등에서 대화가 아닌 설명이나 묘사를 하고 있는 문장이다.

```
•••<!DOCTYPE html> == $0
  <html xmlns="http://www.w3.org/1999/xhtml" xmlns:og="http://
opengraphprotocol.org/schema/" xmlns:fb="http://www.facebook.com/2008/fbml"
xml:lang="ja" lang="ja">
  ▶<head>…</head>
  ▼<body itemscope itemtype="http://schema.org/WebPage">
    ▶<div id="wrapper">…</div>
    ▶<script>…</script>
    ▶<noscript>…</noscript>
    ▶<script type="text/javascript">…</script>
      <script src="/assets/js/lazysizes.min.js" async></script>
    ▶<script type="text/javascript">…</script>
    ▶<script>…</script>
    ▶<script type="text/javascript">…</script>
    </body>
  </html>
```

그림 3-5 HTML의 예(기술평론사의 홈페이지)

한편 지문은 대사를 설명하기 위한 데이터이다. 지문은 연극에 참여하는 연기자에게 이 부분에서는 이렇게 행동하고, 이 대사를 말할 때에는 이러한 감정을 넣어서 외친다라는 등의 정보를 제공하기 위한 데이터로 관객들에게는 보이지 않는 정보이다. 이러한 지문이 바로 **메타 데이터**이다.

컴퓨터 분야의 예를 들어서 조금더 상세하게 살펴보면, 웹페이지를 제작하기 위해서 이용하는 HTML*9이 메타 데이터에 의해서 구성되어 있다. 학교 수업시간에 제작해 본 경험이 있을 것으로 생각한다.

그림3-5는 기술평론사(이 책의 원서 출판사) 홈페이지의 토대가 되는 HTML 문서이다. 평소에 우리들이 볼 수 있는 웹 페이지와 전혀 비슷하지도 않다. 그러나 **브라우저***10를 사용해서 이 HTML문서를 열어 보면, 인터넷에서 흔히 볼 수 있는 웹 페이지가 표시된다. 왜 이런 현상이 일어날까? 그것은 브라우저가 HTML의 메타 데이터 부분을 읽어낸 후에 지시에 따라서 웹 페이지로 재구성해주기 때문이다. HTML에서는 메타 데이터를 〈 〉 **기호(태그***11)를 사용하여 감싸 표기한다.

〈title〉기술평론사〈/title〉

HTML문서에 위와 같이 기입되어 있는 경우, 브라우저는 그대로 '<title>기술평론사</title>'라고 표시하지 않는다. < >의 내부는 메타 데이터이며, 브라우저를 바라보고 있는 사람들에게 표시할 정보가 아니라 브라우저 자신이 다루게 되는 정보라고 판단한다.

따라서 연극 대본의 '대사'에 해당하는 '기술평론사'는 타이틀이므로, 페이지 내부에 표시하지 않고, 브라우저의 탭 위치에 표시하도록 처리되는 것이다.

우리들은 결과로서 HTML 문서의 '대사' 부분만을 바라보게 된다. 한편, 브라우저는 태그에 기입되어 있는 정보(메타 데이터)를 살펴보고, 지문의 이 부분은 빨간색으로 표시해야 된다거나, 이 부분에 사진을 삽입해야 된다와 같이, 가공처리를 수행한다. 대사가 관객용 정보라고 한다면 지문은 연기자용 정보라고 할 수 있다.

메타 데이터가 충실하게 갖추어지면, 메타 데이터를 자동적으로 처리할 가능성이 높아진다. 50, 60, 40이라는 데이터가 주어졌을 때, 무슨 데이터인지 알 수 없겠지만, 50(영어 점수), 60(수학 점수), 40(국어 점수)와 같이 메타 데이터가 부가된다면, 다른 사람에게 문의하거나 도움을 요청하지 않더라도 프로그램으로 자동처리하기가 수월해진다.

용어해설 *9

HTML(HyperText Markup Language)
웹 페이지를 제작하기 위한 언어. 태그라고 부르는 형식으로 메타 정보를 표현하여 웹 페이지를 작성한다. HTML 문서는 브라우저에 의해 태그의 내용이 해석되어, 작성자가 의도한 바와 같이 표시된다. 문서 속에 하이퍼링크를 삽입할 수 있어서, 인터넷의 다양한 정보에 액세스할 수 있다.

용어해설 *10

브라우저(Browser)
웹상의 다양한 정보에 접속하고 표시하기 위한 소프트웨어. 문자정보 뿐만아니라, 동영상과 음성정보의 재생이 가능하다. 대표적인 브라우저로서 Chrome, Edge, Safari 등이 있다.

용어해설 *11

태그(Tag)
HTML에서는 텍스트요소를 설명하는 메타 데이터를 < > 기호를 사용하여 둘러쌓아서(markup하여) 나타낸다. <em> AI 리터러시 입문</em> 이라고 작성하였을 경우, "AI리터러시 입문"은 강조해야 되는 요소라고 해석한다.

3-4 비구조적 데이터의 증가

데이터베이스와 데이터의 구조화

우리들은 지금까지 데이터를 주로 **데이터베이스***12에 저장했다. 일반적으로 사용해왔던 데이터베이스는 **관계형 데이터베이스**로 서로 관계있는 열과 행, 표에 데이터를 저장한다.

이해하기 어렵다면 엑셀(Excel) 화면을 떠올리기 바란다. 엑셀은 데이터베이스가 아니지만 데이터를 저장하는 형식이 표 형태로 되어 있어서 데이터베이스와 유사하다.

데이터를 효율적으로 관리하기 위해서는, 이와 같이 데이터를 정렬(**구조화**)해두는 것이 중요하다. 지금도 데이터를 명확하게 구조화하는 것은 데이터를 신속하게 참조하거나 중복과 갱신을 잊지 않도록 조치하기 위해서 매우 중요하다.

> **용어해설 *12**
> **데이터베이스(DataBase)**
> 컴퓨터에 대량의 데이터를 수집하여 저장해서, 이후에 데이터의 추가 및 삭제, 검색 등을 수행하기 편리하도록 분류하고 격납한 것이다. 관계형 데이터베이스와 카드형 데이터베이스 등과 같은 종류가 있다. 또한, 축적된 데이터를 관리하기 위한 소프트웨어를 데이터베이스라고도 부른다. 표 계산 소프트웨어와 가계부 소프트웨어 등을 데이터베이스로서 대체 사용하는 경우도 있다.

비구조화 데이터의 활용

그러나 한편으로는 데이터를 올바르게 구조화하지 않으면, 데이터를 다루기 어렵다는 의식이 데이터를 활용하는 행위에 걸림돌이 되기도 한다. 또한 더욱 많은 데이터를 사용하려는 요구가 증가하고 있다. 예를 들어, 소설의 문장을 그대로 데이터로 분석하여 작가의 감정을 고찰하려는 경우, 소설의 문장을 구조화 데이터로 변환하는 작업은 난해할 뿐만 아니라 매우 많은 노력을 필요로 한다.

따라서 데이터의 구조화를 완전하게 수행하지 못하거나, 처음부터 구조를 갖지 않는 **비구조화 데이터**가 활용되고 있다. 비구조화 데이터의 예로는 앞서 설명한 소설의 문장이나 동영상, 이미지, 음성 등이 있다. 전형적인 수치 데이터도 구조화되지 않으면 비구조화 데이터가 된다.

비구조화 데이터를 사용하게 되면서 데이터 활용의 폭이 더욱 넓어졌다. 이 세상의 수많은 데이터들이 비구조화 데이터이기 때문이다. 빅데이터(대량, 실시간, 다종다양)의 시대가 시작되면서 비구조화 데이터가 더욱 깊숙하게 관련되고 있다.

단, 구조화 데이터와 비구조화 데이터는 데이터의 모습과 형식에 대한 차이가 있을 뿐이라는 점에 주의하기 바란다. 구조화 데이터이기 때문에 진부하고 오래된 데이터라서 쓸모없고, 비구조화 데이터는 AI분야에서 활용될 수 있으므로 참신하고 유용하다는 것이 아니다. "이 데이터는 이렇게 사용할 예정이므로 구조화해서 저장해 두는 것이 좋겠다"라는 판단을 내릴 수 있는 인재가 되기 바란다.

주문번호	상품번호	상품명	단가	수량
001	A1	바나나	5000	2
002	A2	사과	12000	12
003	A1	바나나	5000	6

주문번호	상품번호	수량
001	A1	2
002	A2	12
003	A1	6

상품번호	상품명	단가
A1	바나나	5000
A2	사과	12000
A1	바나나	5000

여기에서는 부분함수종속을 제거하여 정규화하고 있다. 이와같이 처리함으로써, 데이터의 일관성을 확보할 수 있어서 효율적으로 데이터를 액세스할 수 있다.

그림 3-6 데이터를 구조화하는 작업의 예

제 4 장

데이터와 AI의 활용

4-1 데이터와 AI의 활용영역 확대

4-2 구체적인 활용범위

4-3 공유경제, 근거기반사회, 넛지 효과

4-1 데이터와 AI의 활용영역 확대

우리 주변의 데이터사이언스 활용

데이터는 연구개발에서 민간의 서비스로 활용 범위가 넓어지고 있다. **데이터사이언스**가 민주화되었다고 표현해도 좋을 것이다.

앞서 설명한 바와 같이 기존의 사고방식에서 보면 데이터는 귀중한 것이다. 데이터는 오랜 시간에 걸쳐서 막대한 비용을 투입하여 수집하고 저장된다. 따라서 이러한 데이터와 관련된 작업을 수행하는 주체는 행정기관이나 군, 연구기관, 대기업 등으로 한정되었다.

또한 "이런 데이터를 수집하자"라고 결정한 후에 실제로 데이터를 사용할 수 있게 되기까지 시간이 걸리기 때문에, 활용할 수 있는 범위도 한정적이었다. 이러한 상황에서 우리 주변에서 가장 흔히 볼 수 있는 데이터 활용 사례는 일기예보 분야이다. 기상청과 같은 공공기관이 아니라면 이와 같은 데이터 활용은 불가능할 것이다.

그러나 시대가 변화했다. 예를 들어, 민간기업에서도 일기예보 사업에 참가할 수 있는 장벽이 낮아졌다. 벤처기업 등이 지금부터 온도계와 습도 센서를 전세계와 전국에 설치하는 것은 다소 어려울 수 있겠지만, 이용자의 동의를 얻을 수 있다면 각 개인의 스마트폰으로부터 관련 데이터를 수집하는 것이 가능하다. **오픈 데이터***1 형태로 이러한 데이터를 공개하고 있는 조직이나 단체도 존재한다. 단말기에 센서가 장착되어 있지 않더라도 현재의 일기상황을 이용자에게 보고할 수도 있다. 실제로 이러한 형태를 채용하고 있는 서비스도 존재한다.

데이터를 수집하는 작업이 수월해지고 관련 비용도 저렴해짐에 따라서 일기예보는 기상청에서만 수행하는 작업에서 민간이나 개인 차원에서도 할 수 있는 행위로 변화하고 있다. 예측의 정밀도가 향상되고, 관심지역에 초점을 맞춘 예보와 10분 후의 기상 상태 예측 등과 같은 특화된 예보가 가능하게 되었다.

용어해설 *1

오픈 데이터 (Open Data)
2차 이용이 가능하도록 공개된 데이터이다. 사람의 개입없이 기계가 자동적으로 식별 및 이용할 수 있도록 하는 것이 바람직하다. 인터넷 등을 통해서 배포되어 누구든지 자유롭게 취득하고 이용할 수 있다. 수치 데이터와 문서 데이터 뿐만아니라, 이미지와 동영상 등과 같은 디지털 콘텐츠도 포함된다.

데이터 활용사례의 다양화

이와 유사한 활용사례가 다양한 분야에서 발생하고 있다. 데이터를 활용하여 새로운 가치를 창출하려는 활동이 생산, 소비, 문화 등과 같은 각 영역으로 확대되고 있다.

택시를 타면 좌석 앞에 장착된 디스플레이에서 **디지털 사이니지(전자광고)**[*2]가 흘러나오는 것을 볼 수 있다. 택시에 누가 탑승하더라도 같은 내용의 광고를 보여주는 것만으로는 효과가 한정적이기 때문에 스마트폰과 연동하여 이용자 정보를 입수하여 해당 연령대와 기호에 맞춘 내용으로 구성된 광고를 표시할 수 있다.

> **용어해설 *2**
> **디지털 사이니지 (Digital Signage)**
> 정보통신 기술을 활용해 영상이나 문자 등 다양한 정보를 디스플레이에 표시하고, 네트워크로 원격 관리하는 광고·안내판이다. 상호작용 기술을 적용한 광고도 가능하다.

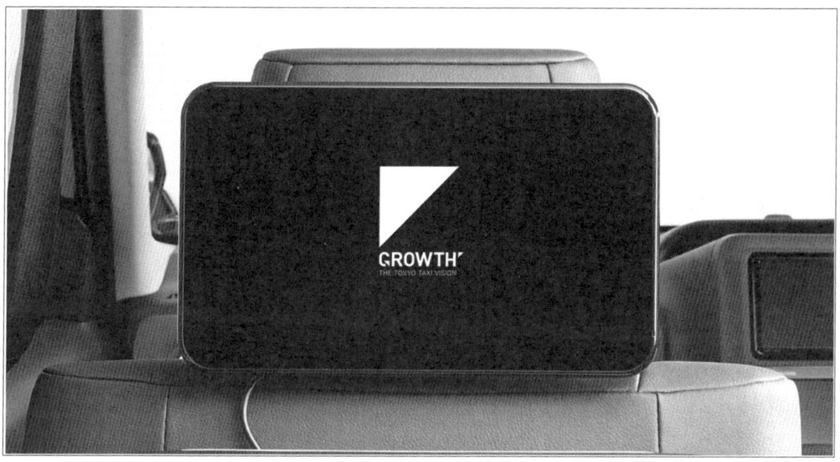

그림 4-1 택시의 디지털 사이니지(사진제공 : 주식회사 뉴스테크놀로지)

고도화된 자동판매기에서는 그 날의 기온과 습도를 토대로 어떤 제품이 얼마나 판매될 것인지에 관한 **수요예측**을 수행할 수도 있다. 어떤 실증실험에서는 이용자가 자판기 앞에 멈춰섰을 때, 센서로부터 취득한 정보를 토대로 성별과 연령을 판단하여 그 사람에게 맞는 상품을 추천하는 기능도 제공하고 있다. 예를 들면, 여성의 경우, 몸을 차갑게 하고 싶지 않은 경우가 많다라는 데이터를 토대로 상온의 상품을 추천하는 것이다. 각 개인에게 특화된 서로 다른 광고를 표시하는 "원투원 마케팅(one to one marketing)"이 이제는 일상 생활의 일부가 되고 있다.

지금 이순간 또는 1시간 후에 어떤 지역에 어느 정도의 전력 또는 물이 필요할까? 이동통신 주파수 대역이 협소하여 휴대전화 통화가 어려워질 것 같은 장소는 어디인가? 비행기의 빈 좌석 또는 호텔의 빈 객실에 대한 상황을 파악하여 어느 정도 가격을 낮추면 판매될 것인가? 요즘은 데이터 활용 여부에 따라 비즈니스 효율이 하늘과 땅 만큼의 상당한 차이가 발생한다. 인간의 아랫배 부분에 센서를 부착해두면, 앞으로 언제쯤 화장실에 다녀와야 되는지를 판정해주는 센서의 제작 등 데이터의 종류와 활용방법이 지속적으로 다양화되고 있다.

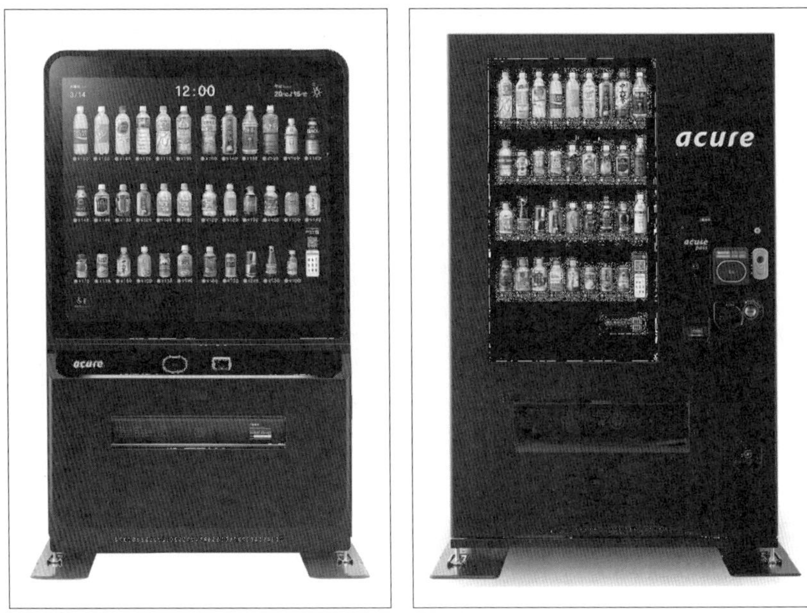

그림 4-2 고도화된 자동판매기(사진제공 : 주식회사 JR동일본 크로스스테이션)

일본의 데이터 활용사례

그러나 일본에서는 데이터 활용이 늦어지고 있다는 지적이 있다. 생존하고 있는 개인의 정보로 성명, 생년월일, ID, 행동기록 등에 의해 특정한 어떤 사람의 정보라고 식별할 수 있는 데이터를 **'개인정보'**라고 부른다.

개인정보는 앞서 설명한 사례들과 같이 활용할 수 있으면 매우 편리하겠지만, 제3자가 자신의 정보를 상세하게 알게 되는 위험성을 동반하므로, **개인정보보호법**에 의해 보호되고 있다. 개인정보보호법에서는, 데이터베이스 등에 의해 체계화되어 편리하게 사용할 수 있는 개인정보를 **'개인데이터'**라고 부른다. 또한, 개인정보 중에서 인종, 신조, 사회적 신분, 병력, 범죄사실 등과 같이 매우 민감하고 차별적인 정보를 **'배려가 필요한 개인정보'**라고 부른다.

개인정보가 부정하고 부당하게 이용되지 않도록 하는 것이 매우 중요하다. 일본의 경우에는 유럽연합(EU, European Union)에 비해서 개인정보의 보호가 엄밀하지 않으며 미국과 중국에 비해서 적극적으로 활용하는 방침도 없었다. 균형잡힌 상황이라고도 할 수 있겠지만 애매모호한 상태로 판단하는 사람에 따라서 평가가 다르다.

그러나 데이터 활용이 늦어지게 되면 DX(Digital Transformation)*3라고 부르는 고도 정보화에 의한 사회 전체의 가치향상을 달성할 수 없다는 위기감이 높아짐에 따라 개인정보보호법이 개정되었다.

용어해설 *3

DX(Digital Transformation)

2004년에 스웨덴 Umeå 대학의 Erik Stolterman교수가 제창한 개념으로서, 정보기술을 토대로 산업과 사회의 전체 영역에서 변혁이 일어난다는 것을 의미한다.

익명가공정보

개정된 개인정보보호법에서는 새로운 카테고리로 **익명가공정보**가 신설되었다. 예를 들면, 개인정보를 제3자에게 제공(어떤 목적달성을 위해서 데이터를 이용 및 활용)하기 위해서는 본인의 동의가 필요하며, 이것이 데이터 활용을 저해하는 장벽이 되고 있다.

개정된 새로운 법률에서는 특정한 개인을 식별할 수 없도록 개인정보를 가공한 "익명가공정보"인 경우에는 본인의 동의가 없더라도 제3자에게 제공할 수 있도록 하여 데이터 활용을 촉진하고 있다. 익명가공정보는 가공처리를 하더라도 원래 형태로 되돌릴 수 없도록(즉, 개인을 다시 식별할 수 없도록) 처리되어 있다.

개인정보로부터 익명가공정보로 변환하는 예

개인정보

성명 : 홍길동
(33세 남성)
10월11일(수) 19시32분에
충남 아산시 탕정면의 ○○편의점에서
식빵, 바나나우유, 블랙캔커피를 구입

항목	가공 처리 내용
성명	삭제(가상의 ID로 치환)
나이	10세단위 연령층으로 치환
성별	가공없음
구입일	월단위(평일/휴일)로 치환
구입시간	3시간단위로 치환
구입지역	도/시 정보
구입처	삭제
구입상품	상품 카테고리로 치환

익명가공정보

개인ID : 12345
(30대 남성)
10월 평일 18~21시
충남 아산시의 편의점에서
빵, 우유, 커피를 구입

그림 4-3 익명가공정보(출처 : 일본 총무성 "ICT스킬 종합습득교재")

4-2 구체적인 활용범위

데이터 사용방식 : 가설검증형

실제 비즈니스에서 사용하고 있는 사례로 디지털 사이니지와 이노베이션 자판기 등을 살펴보았다. 그러나 초보자가 곧바로 이와 같은 기기들을 사용할 수 있게 되는 것은 아니다. 우리들은 대학교에서 배우거나 새롭게 익히는 업무 속에서 데이터와 AI를 어떻게 활용하면 좋을까?

구체적으로는 **가설 검증, 지식 도출, 원인 규명, 의사결정지원***4 등의 분야에서 직접적인 효과가 있을 것으로 예상된다.

> 용어해설 *4
> **의사결정지원**
> 의사결정에 도움이 되는 정보를 제공하는 등의 지원을 수행하는 것이다. 의료분야에서는 의료정보와 약제정보, 병원정보 등을 제공하여 의사결정을 지원한다. 의사결정지원을 수행하는 시스템을 DSS(Decision Support System)라고 부른다.

AI와 빅데이터를 활용하면 **탐색적 데이터 해석**을 수행하기 수월하다. 몇 번이고 강조해도 지나침이 없으므로 반복해서 설명하겠지만, 지금까지 데이터는 희소성이 높았으며, 데이터의 수집과 보존은 매우 어려운 작업이었다. 따라서 미리 "이러한 현상은 이런 식으로 발생하는 것이 아닐까?", "지금 발생한 이 사건은 이렇게 설명할 수 있지 않을까?"와 같은 가설을 세우고, 그 가설에 맞추어서 데이터를 수집했었다. 가설에 부합하는 데이터만을 수집하면 되므로 가성비가 좋았다.

이와 같이 수집한 데이터를 사용하여, 앞서 수립한 가설이 올바른지 여부 등을 검증하는 방식을 **가설검증형 데이터 사용방식**이라고 한다.

데이터 사용방식 : 가설탐색형

빅데이터와 AI의 보급에 의해 대량의 데이터를 수월하게 입수할 수 있게 되었다. 따라서, 가설을 수립하지 않더라도 가능한 한 데이터를 대량으로 수집하여 일단 분석을 시작해보는 방식을 적용할 수 있게 되었다. 이러한 방식을 **가설탐색형 데이터 사용방식** 또는 **탐색적 데이터 해석방식**이라고 부른다.

예상하지 못한 발견을 하는 경우도 있어서 빅데이터와 AI를 사용한 분석에서는 탐색적 데이터분석을 수행하는 사람들이 많다고 알려져 있다. 그러나 이러한 방식을 가설의 검증에 사용할 수 없는 것은 아니다.

예를 들어, 일본식 장기(Shogi)의 경우, "왕과 차는 서로 떨어뜨려서 배치하는 것이 좋다고 하는데, 인접시켜서 배치하면 승률이 높아지지 않을까?"라는 가설을 세운다. 실전에서 "이 가설은 올바른 것 같다"라고 판단할 수 있는 수준에 도달할 때까지 반복해서 시험해보는 것은 어렵겠지만, AI를 사용하면 훨씬 더 수월하게 검증할 수 있다.

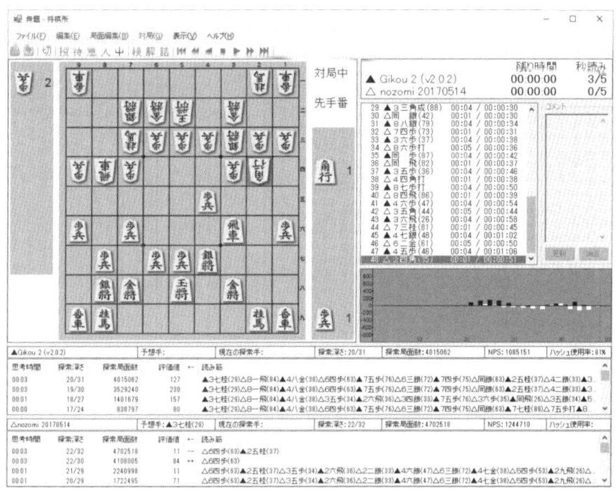

그림 4-4 AI끼리 대국할 수 있는 USI(Universal Shogi Interface)에 대응하는 인기장기 GUI 소프트웨어"Shogidokoro"

인간의 부담을 경감시켜주는 에스컬레이션(escalation)

우리들 주변에서는 이미 많은 기업들이 AI를 적용한 **헬프데스크**를 활용하고 있다. 예를 들면, 제품에 고장이 발생하여 곤란한 상황을 당한 이용자가 AI가 내장된 채팅이나 SNS 등을 이용하여 상담하는 사례가 있다.*5

용어해설 *5
채팅이나 SNS에서 작동하는 AI를 "챗봇"이라고 부른다.

이와 같은 사례에서는 AI가 현재 발생한 고장 상태로부터 고장의 원인이 무엇인지를 도출하여 적절한 수리방법이나 상담창구를 안내해준다.

고장은 언제 발생할지 모르기 때문에 헬프데스크는 24시간 대응하는 것이 바람직하지만, 담당직원(인간)이 24시간 대응하는 것은 곤란할 뿐만 아니라 비용이 높아진다. 그러나 AI가 대응하는 경우에는 낮은 비용으로 24시간 운영할 수 있으며 AI는 지치지도 않는다. 담당직원(인간)의 경우에 흔히 일어날 수 있는 기술력이나 지식의 격차 등도 발생하지 않는다.

만약에 AI가 대응하더라도 문제점을 해결할 수 없는 경우에는 숙련된 담당자(인간)에게 해당 업무를 인계하면 되므로 인간의 부담을 경감시킬 수 있다. 이러한 방식을 **"에스컬레이션(escalation)"**이라고 부른다. 처음에는 AI 또는 아르바이트생 등과 같이 낮은 비용으로 사건을 접수하여 문제가 해결되면 OK이다. 그러나 만약 문제가 해결되지 않는다면(비용은 더 들겠지만), 더 상위에 있는 담당자에게 해당 사건의 처리를 인계한다.

이러한 방식의 처리는 이미 서비스 제공방법으로 일반적으로 활용되고 있으므로 이미 경험해 본 사람들도 많을 것이라고 생각한다.

AI가 잘하는 업무와 서투른 업무

AI가 인간을 능가하는 분야가 늘어나고 있다. 기존의 사고방식으로 생각해 보면, AI를 탑재한 자동화 기계에게 단순하거나 어려고 힘든 작업을 맡기고, 인간은 보다 많은 급여를 받을 수 있는 업무 또는 창조적이고 안락한 업무에 집중할 수 있을 것이라고 예상하였다.

그러나 막상 AI를 여러 분야에서 사용하기 시작하면서 AI는 상당히 지적인 업무에 대해서도 원활하게 작업을 처리하고 있다. 또한 인간들이 모두 창조적이거나 높은 수준의 업무를 잘 수행할 수 있는 것은 아니다. 지금은 최종적으로 인간만이 담당하거나 인간이 더 잘 수행할 수 있는 업무는 '커뮤니케이션이 필요한 단순작업'이라고 주장하는 사람들이 많다.

'AI에게 일자리를 빼앗긴다'라고 주장하는 사람들도 많다. 그러나 일자리를 완전하게 빼앗기는 것은 아니다. 인간에게 남겨지는 일자리는 반드시 존재한다. 또한 설령 어떤 업무는 AI가 보다 더 잘 수행한다고 하더라도, 인간은 쓸모없는 일을 생각해내는 능력이 압도적이므로, 무엇인가 여분의 일거리를 만들어내서 실직하지 않도록 할 것이다.

단, '남겨진 일거리'가 안락하거나 보람있거나 급여가 높아질 보증은 없다는 점에 주목할 필요가 있다. 아마존의 **메커니컬 터크***6는 정보시스템이 다양한 업무를 수행할 때 '정보시스템이 서투른 부분'을 인간에게 의뢰하도록 구성되어 있는 특징을 가지고 있다. 형태만을 살펴보면 인간이 정보시스템으로부터 하청을 받아서 작업하는 것으로 생각할 수도 있다.

급여가 높거나 주체성을 발휘할 수 있는 일자리만 훌륭한 것이 아니며, 가능한 한 선택지가 많을수록 좋다고 생각한다. 자신의 가능성을 넓히기 위해서 여러분들은 데이터를 활용할 수 있는 인재가 되기 바란다.

용어해설 *6

아마존 메커니컬 터크 (Amazon Mechanical Turk)
아마존이 제공하는 클라우드 소싱 플랫폼이다. 웹 인터페이스와 API를 통해서 전세계의 사람들을 대상으로 다양한 업무를 의뢰할 수 있다.

의사결정지원시스템

의사결정지원 분야에서도 AI가 적극적으로 활용되고 있다. 이제는 복잡한 현상이나 순간적인 판단이 요구되는 업무에는 AI가 탑재된 정보시스템의 지원이 필수적이라고 해도 과언이 아닐 것이다. 다양한 의사결정지원시스템이 비즈니스 분야에서 사용되고 있다.

그 가운데에는 **고빈도 매매**(HFT : High Frequency Trading)와 같이 밀리초(1/1000초) 단위로 거래 업무를 수행할 필요가 있는 분야에서는 사실상 AI에게 판단을 맡기고 있다.

AI의 의외의 사용방법

아직 AI를 적용할 수 있는 한계점이 존재하지만 적절하게 사용하면 커다란 효과를 발휘할 수 있으므로, 보다 좋은 사회를 추구하는 사람들이나 일확천금을 노리는 사람들이 지혜를 모아서 이런 분야에 AI를 사용하거나 저런 쪽에도 적용해 보는 등, 여러 가지 시행착오를 겪고 있다.

서로 비난하지 않고 격려하는 멤버들로 구성되어 안락한 환경이 조성된 SNS, 같은 팀의 멤버가 자연스럽게 활동하는 게임 사이트 등은 모두 AI 덕분이다. 그러나 조금은 공포스러운 AI 사용방법도 있다. 민간의 자율운행 자동차는 현재 도입이 시작된 단계에 있으며, 군사분야에서는 무인기가 이미 실전에 투입되고 있다. 초창기에는 정찰이 주요임무였으나, 이미 시뮬레이터를 사용한 모형 공중전에서는 숙련된 인간 조종사가 AI에게 패배하고 있다. 실제 비행기를 사용한 공중전 훈련도 예정되어 있으며, 틀림없이 AI가 승리할 것이라고 예상하고 있다. 육체에 대한 부하를 고려하지 않는 고속기동이 가능하며, 앞으로는 AI와 인간의 격차가 더 심화될 것이다.

"위험한 업무 또는 힘든 작업 등은 AI에게 맡기자"라는 방침을 고려해보면, AI에게 전투를 위임하는 것이 합리적이라고 생각할 수 있으나, AI는 공포감을 느낄 수 없으며 "이제는 전쟁이 지긋지긋하므로 그만 하자"라고 말하지도 않는다.

4-3 공유 경제, 근거기반사회, 넛지 효과

공유 경제

공유 경제(sharing economy)의 확대는 데이터와 AI의 활용과 깊게 관련되어 있다. 공유 경제란 개인이 소유하고 있는 다양한 유휴 자산을 서로 대여해주고 차용해 쓰는 개념을 토대로 하는 서비스이다. 여기서 '자산'이라는 것은 주택이나 자동차 등이며 개인이 가지고 있는 기술력 등도 포함된다.

예를 들면, 업무에 사용하는 경우를 제외하고 자동차는 사용하는 시간보다는 차고 또는 주차장에 주차해 놓는 시간이 더 긴 자산이다*7. 이러한 유휴 시간이 아깝다고 생각해서 다른 사람들에게 유휴 자산(자동차)을 대여해 주고 빌려쓰는 것이 공유 경제이다.

용어해설 *7
2021년 현재, 일본의 자동차보유대수는 약 8,200만대에 이른다. 이 중에서 일본에서 가장 많은 자동차가 가동되는 것은 오전 통근시간대로 약 3,000만대의 자동차가 주행되고 있다. 최다시간대에도 약 5,200만대의 자동차는 주차장 또는 차고에 주차되어 있는 셈이다.

그림 4-5 Uber는 공유 경제의 좋은 사례

주택의 빈방을 대여해주는 서비스도 있으며, 휴일에 다른 사람의 손을 빌려서 무엇인가를 만들어 주는 목공 서비스, 하루 동안 친구가 되어주는 서비스 등도 등장하고 있다.

데이터와 AI를 활용하기 위한 능숙한 연계

공유 경제가 발달하게 된 이유는 몇 가지가 있다. 경제상황의 침체가 지속되고 있어서 조금이라도 자신의 자산을 현금화하기 위해서 자동차를 팔거나, 환경문제에 관심이 있어서 자동차를 공유함으로써 자동차의 전체 대수를 줄이려는 사람들이 많아지는 현상은 예전부터 있었다.

최근에 이러한 움직임이 급속하게 증가하고 있는 것은 데이터와 AI의 활용에 의해서 현실적인 예산과 노력의 범위에서 서로 잘 연계할 수 있게 되었기 때문이다.

공유 경제에 국한하지 않고 어떠한 비즈니스에서도 핵심요소로서 생각하지 않으면 안되는 것은 공급과 수요 사이의 연계이다. 생선을 판매하려는 사람과 생선을 구입하려는 사람이 존재하더라도 두사람이 만나지 않으면 생선을 판매하거나 구입할 수 없다. 그렇다고 사람들이 서로 만났다고 해서 금전거래가 발생하는 것도 아니며 경제가 발전하지도 않는다.

생선과 육류에 대해서는 수요와 공급이 많기 때문에 시장이나 소매상점 등과 같은 체제가 오랜 옛날부터 구축되어 왔으며, 시장이나 상점에 가면 수요와 공급의 연계가 가능하였다.

이러한 예전 상황과 비교해 보면, 자동차와 자전거, 배송이라는 노동력의 대출 등은 시장 규모가 작아서 전체적인 체계가 잘 갖추어져 있지 않았다. 또한, 여행갈 때에 누군가의 방을 빌려 쓸 수 있으면 편리하겠지만, 여행을 하는 지역은 원격지이므로 통신수단이 갖추어져 있지 않으면 곤란하다.

그러나 요즘은 인터넷이나 이동통신시스템 등과 같은 어느 정도 신뢰할 수 있고 원격지에서도 커버할 수 있는 편리한 통신수단과 전세계의 사람들을 모집단으로 하는 데이터의 축적, 그리고 이러한 데이터를 분석하는 AI에 의해서 제반문제들을 해결할 수 있다.

제트 엔진을 대여해주는 사람이나 대여하려는 사람의 절대수는 적을 것이라고 생각하지만, 광대한 인터넷 전역에서 상대방을 모집할 수 있다면, 전세계의 어디에서든 찾아낼 수 있을 것이다. 빌려주는 사람과 빌려가는 사람에게 상대방을 찾아내는 능력이 없더라도 AI의 도움을 받아서 찾아낼 수 있다. 이와 같이 AI를 기반으로 자신의 희망사항을 실현하거나 유휴자산을 효과적으로 활용하는 것이 수월하게 달성된다.

인터넷의 신뢰성과 리스크

한편, 현실세계와 인터넷의 융합이 발전되고 있지만 아직 과도기에 불과하다. 현실세계에서 비즈니스 또는 거래를 시작하는 단계에서 상대방을 신용할 수 있을지 여부를 확인하는 수단은 오랜 역사를 갖고 있으며, 많은 사람들이 지금까지 사용해 오고 있으나, 인터넷에서는 이러한 수단이 미비한 실정이다.

예를 들어, 웹 사이트에서 자주 사용되는 **디지털증명서**[*8]는 해당 회사가 실존하고 있음을 제3자 기관이 증명해주는 형태이다. 그러나 이런 디지털증명서는 해당 회사의 자금현황이나 경영방침이 신뢰 여부에 대한 평가대상이 아니다.

> 용어해설 *8
> **디지털증명서**
> 전자증명서라고도 부른다. 인터넷 상에서 안전하게 데이터를 송수신하기 위한 증명서이다.

인터넷 상에서 리뷰 등은 상대방의 평가를 살펴보기 위한 수단이 될 수 있으나, **평가폭탄(평가테러)** 등과 같은 공격방법도 존재하기 때문에 안정된 지표라고 볼 수 없다.

그림 4-6 구글의 증명서

평가폭탄에 대해서 살펴보도록 하자. 현재, **리뷰 사이트** 등에서는 단순하게 상품이나 회사에 대한 평가를 기입하는 것뿐만 아니라, 자신의 의견을 표명하여 상대방의 행동을 변화시키는 수단으로서 활용할 수 있다.

자신의 의견을 표명하여 회사를 변화시키는 수단은 오래 전부터 선거가 그 역할을 하고 있었으나, 예를 들어, 일본의 경우에는 고령자 인구가 많기 때문에

(즉, 고령자들의 표가 많기 때문에), 좀처럼 젊은이들의 의견을 반영하기 어려운 상황이다.

이러한 상황에서는 선거가 번거로운 수단이며 오히려 맘에 들지 않는다고 느끼는 회사의 상품에 대량의 저평가 리뷰를 기입하는 것이 신속하고 간단하게 사회를 변화시킬 가능성이 높다고 생각할 수 있다. 실제로 이렇게 행동하고 있는 사람들도 많다.

의견을 피력함으로써 사회를 변화시킬 가능성이 있다는 사실은 사람들에게 중요한 의미를 갖는다. 따라서 이러한 가능성을 모색하는 것은 바람직하다고 생각할 수 있으나, 평가폭탄이나 **핵티비즘**[*9] 등과 같은 방법은 일방적이고 상대방에게 충분한 반론의 기회를 주지 않는다는 점, 그리고 원래 리뷰 시스템은 이러한 목적으로 설계되지 않았다는 점 등과 같이 다수의 문제점을 내포하고 있다.

실세계와 인터넷의 융합이 발전하고 있는 상황에서 어떤 방법으로 인터넷에서 신뢰를 담보할 것인가는 커다란 과제이다. 행동에 의해서 어떤 사람에 대한 점수를 매기는 이른바 **신용스코어**[*10] 등도 시도되고 있으며, 신용스코어 기술에도 AI가 활용되기 시작하고 있다.

원래 사람들이 모이는 곳에는 많은 자산과 위협, 취약성이 따르게 마련이어서 불가피하게 리스크가 높아진다. 이런 점을 잘 이해하면서 스스로 방어하기 위한 지식과 수단을 확보해 둘 필요가 있다.

인터넷 만남 사이트의 서비스 등과 같이 틈새 수요를 만족시키거나 보다 많은 모집단 속에서 연계되는 상대방을 찾아낼 가능성과 함께 커다란 리스크도 내포하고 있음을 주의하기 바란다.

> **용어해설 *9**
> **핵티비즘(Hacktivism)**
> Hack와 Activism을 조합한 합성어이다.. 인터넷 상에서 정치적/사회적 주장이나 항의활동을 위해서 수행하는 해킹 행위를 말한다.

> **용어해설 *10**
> **신용스코어**
> 개인의 데이터를 분석하여 신용도를 수치화한 것으로, 스코어에 의해서 대출심사와 신용카드의 이용, 부동산계약 등에서 특전이나 제약을 부가할 수 있다.

근거 기반 사회

앞서 설명한 공유 경제를 기반으로 하는 서비스는 엄밀한 수치를 근거로 하여 성립하고 있다. 데이터와 AI의 활용이 발전하면서 사회에 커다란 영향을 미치는 부분이라고 할 수 있을 것이다. 지금까지 야구 초보자는 무조건 땅볼을 치라고 했지만, 사실은 플라이볼을 쳐올리는 것이 시합 결과에 공헌할 수 있지 않을까라는 야구의 사례를 설명하였다.

상점에서 어떤 상품을 어떤 위치에 진열할 것인가는 상점 주인의 경험과 직감, 눈대중 등에 의존하였으나, 데이터를 기반으로 분석한 결과를 토대로 상품

진열을 변경하는 방식에 대해서는 더이상 비교할 수 없을 것이다. 이와 같은 모습의 사회를 **근거 기반 사회**라고 부른다.

더 많은 상품을 판매하기 위해 더 많은 고객들을 만족시키기 위해 이와 같은 근거를 적극적으로 활용하는 것이 핵심이다. 그러나 수치 데이터가 모든 것이라고 여겨 다른 사항들을 가볍게 생각하여 실패하거나, 근거 또는 전례가 없는 업무를 시작하지 못하게 되는 위험성도 지적되고 있다. 여러분들은 근거를 효과적으로 활용하면서 폭넓은 시야를 갖추기 바란다.

또한 근거를 활용한 지식에 **넛지(Nudge)**가 있다. 넛지는 강압적이지 않은 방식으로 사람들의 행동을 자발적으로 변화시키는 방식을 의미한다.

카드 종류	해양 쓰레기 사진이 들어간 카드	해외의 규제 상황을 보여주는 카드	편의점 계산대에서 비닐봉투가 필요한 분은 카드를 제시해 주세요	편의점 계산대에서 비닐봉투가 필요없는 분은 카드를 제시해 주세요

디폴트 설정	신고에 의한 배포	신고에 의한 배포	신고에 의한 배포	신고에 의한 거부
시행전 거부 비율	24.5%	20.8%	21.8%	23.1%
1/27 ~ 1/31	28.7%	54.2%	44.1%	24.2%
2/3 ~ 2/7	65.7%	63.9%	50.2%	25.0%
2/10 ~ 2/14	74.5%	49.0%	49.7%	23.5%
종료후(카드없음) 거부 비율	62.8%	41.6%	47.0%	25.8%

그림 4-7 경제산업성이 수행한 넛지 실험(출처 : 경제산업성)

그림 4-7은 일본의 경제산업성이 수행한 넛지 실험의 예이다. 편의점 등에서 "비닐봉투가 불필요한 고객은 카드를 제시해 주세요"라고 하는 것보다는, "비닐봉투가 필요한 분은 카드를 보여주세요."라고 써붙여 놓는 것이 비닐봉투 거부율이 높다는 것을 알 수 있다. 또한 카드에 해양 쓰레기 사진을 인쇄해 넣으면 비닐봉투 거부 비율이 훨씬 더 높아질 수 있다는 사실을 알 수 있다.

어떤 대학교에서는 "3층까지 어떤 방법으로 올라가겠습니까? 계단을 이용하면 48초, 에스컬레이터는 56초, 엘리베이터는 1분 33초"라는 내용의 포스터를 게시한 결과, 엘리베이터 이용자가 줄어들었다고 한다.

데이터 분석에 의해 파악된 지식으로 환경에 대한 부담을 억제하는 시험 사례를 소개했으나, 시점을 변경해 보면 어느새 자신의 행동에 개입 또는 유도되고 있다는 사실에 놀라움을 느낄 수 있다.

데이터와 AI의 활용방법은 앞으로도 더욱 인간에 대한 이해를 깊게 해 갈 것이다. 이러한 상황에서 AI가 어디까지 인간의 행동에 관여하게 할 것인가에 대해서 심도있게 생각해 볼 필요가 있다.

제 5 장

데이터와 AI의 기술

5-1 데이터 해석

5-2 데이터 가시화 기법

5-3 비구조적 데이터의 처리

5-4 AI기술

5-1 데이터 해석

오래전부터 데이터 해석은 수행되어 왔다.

"해석"은 무엇인가를 살펴보는 행위이므로, 매일 다양한 장소에서 무수한 데이터 해석이 수행되고 있다. AI에 의한 데이터 해석으로 한정한다면, 예측, 군집 분석, 패턴 인식, 최적화, 시뮬레이션 등이 데이터 해석에 해당한다. 단, 이러한 해석기법들은 AI가 등장하기 전부터 계속적으로 사용되어 왔다는 사실에 주의하기 바란다.

예를 들어, 그림 5-1과 같은 그래프가 주어지면, "우상향으로 추이할 것 같다"라고 예측할 수 있다. 정보시스템이나 AI를 활용함으로써, 더욱 복잡한 데이터를 사용하여 보다 정밀한 예측이 가능하게 된다.

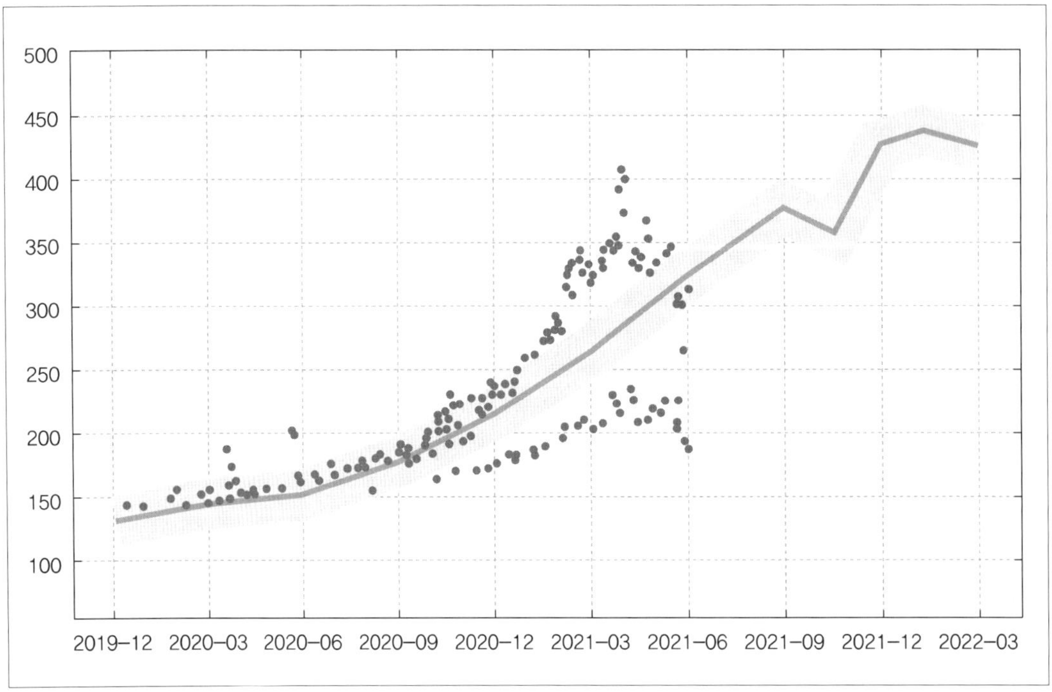

그림 5-1 예측

군집 분석

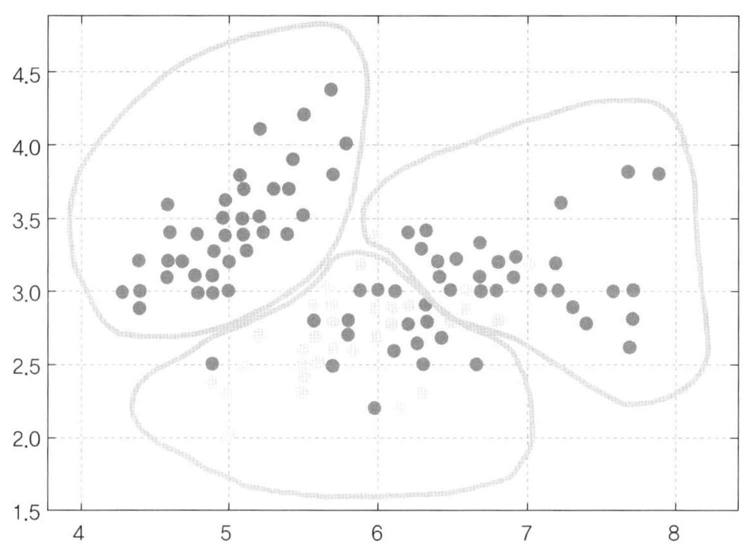

그림 5-2 군집 분석

그림 5-2는 **군집 분석***1에 관한 사례를 보여주고 있다. 군집 분석은 **"클러스터링"** 또는 **"클러스터 분석"**이라고도 부르며, 원래는 "포도송이"를 가리킨다. 즉, 포도송이처럼 데이터를 그룹별로 분류한다는 의미로 사용되고 있다. 참고로, 대형 폭탄으로부터 여러 개의 작은 폭탄이 튀어나오는 무기를 클러스터 폭탄이라고 한다.

그림 5-2를 살펴보면, 분석대상이 되는 데이터가 대략적으로 3개의 그룹으로 분류되어 있다. 이러한 분류를 실제로 수행하는 것이 군집 분석(즉, 클러스터링)이라고 생각하기 바란다. 이러한 분류를 수행하는 방법이 단 한 가지로 정해져 있는 것은 아니며, 어느 정도 밀집되어 있으면 하나의 클러스터(그룹)를 여러 개의 클러스터로 쪼갤지를 결정하는 기준 조건에 따라서 전혀 다른 분석결과(분류결과)가 나올 수 있다. 이러한 분류를 적절하게 수행하는 것이 데이터사이언스 전문가의 역량에 해당한다.

천문학 분야에서 잘 알려진 "주계열성"*2 그래프는 군집 분석의 좋은 예이다. 하늘의 수많은 별들 중에서 절대등급이 높고 표면온도가 낮은 별은 적색 거성(Red giant) 클러스터에 속하고, 절대등급이 낮고 표면온도가 높은 별은 백색

용어해설 *1
군집 분석(Clustering Analysis)
주어진 데이터들을 특성에 따라 유사한 것끼리 묶음으로써 각 유형별 특징을 분석하는 기법. 비지도학습(그룹핑의 기준을 미리 지정하지 않고, 분석 대상이 되는 데이터의 구조를 분석하여 그룹으로 나누는 분석방식)의 좋은 예이다.

용어해설 *2
주계열성(主系列星, main sequence star)
천문학에서 항성의 색등급도상에 나타나는 연속적이며 독특한 별의 띠.

왜성(White dwarfs) 클러스터로 분류된다.

AI에 의한 데이터 해석의 특징

> 용어해설 *3
> **패턴 인식(Pattern Recognition)**
> 데이터로부터 중요한 특징이나 속성을 추출하여 입력 데이터를 식별할 수 있는 분류 기법

패턴 인식[*3]도 오래전부터 수행되어 왔다. 예를 들어, 그림 5-3의 그래프를 살펴보면, "물결 형태의 패턴이 있다"라고 인식할 수 있다.

AI에 의한 패턴 인식 기술은 더욱 복잡한 패턴이나 인간의 능력으로는 발견하기 어려운 패턴을 찾아낼 수 있다는 특징을 갖는다. 자주 인용되고 있는 사례로서, "맥주와 종이 기저귀를 나란히 진열해 두었더니, 양쪽 상품을 함께 구매하는 사람이 늘어나서 매출이 증가했다"라는 사례가 있다. 우리들은 선입견이 있어서 "맥주와 종이 기저귀는 일반적으로 함께 구입하지 않을 것이다"라고 생각하기 때문에, 예상하지도 못한 이러한 패턴을 발견하기 어렵다. 선입견에 매몰되지 않고 데이터를 검증할 수 있다는 점이 AI의 장점이라고 할 수 있다.

또한, 인간은 데이터 처리능력에 한계가 있으므로, 일반적으로는 가설을 세우고, 이를 바탕으로 데이터를 수집하여 분석한다. "맥주와 종이 기저귀 사이에 관계가 있을까?"라는 생각이 떠오른다면, 맥주와 종이 기저귀에 관한 데이터를 수집해서 분석해보는 것이다.

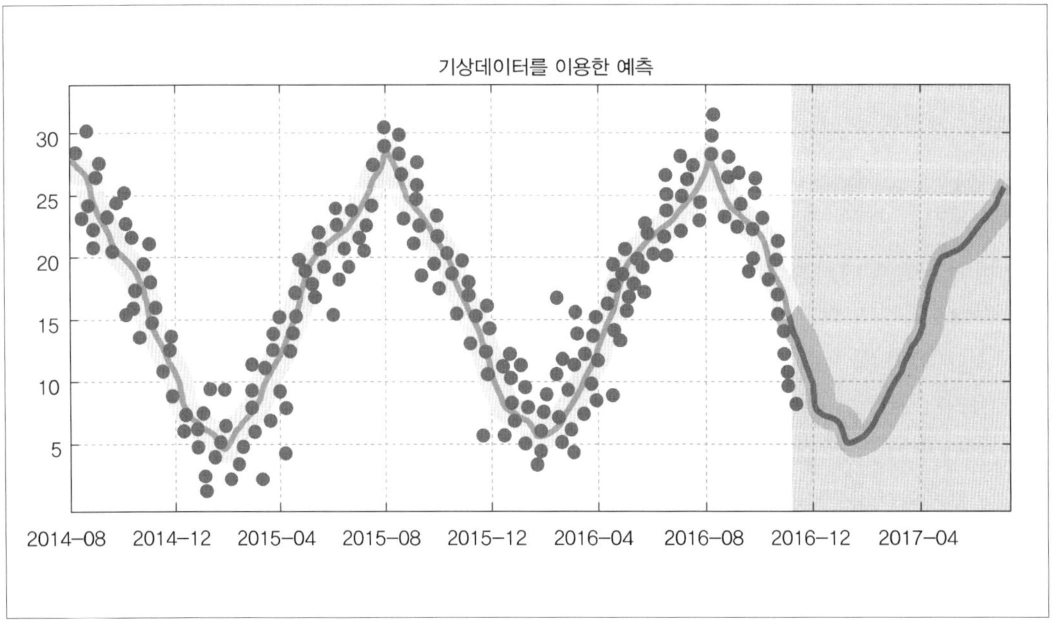

그림 5-3 패턴 인식의 예

이러한 분석을 수행해 보면, 가설에 포함되지 않은 "연관성"(예를 들어, 맥주와 지우개를 나란히 진열해 두면 잘 팔린다)에 대해서는 발견하지 못한다(지우개에 관한 데이터가 없으므로). 또한, 열심히 노력해서 수립한 가설이므로 해당 가설에 합치하지 않는 데이터임에도 불구하고 "이 데이터는 가설을 입증하고 있다!"라고 생각해버리는 경우도 있다.

빅데이터와 AI를 조합하면, 인간의 능력으로는 생각하지도 못한 새로운 발견을 할 수도 있다. 특히, 가설이 없더라도 일단 대량의 데이터로부터 상관관계 등을 찾아낼 수 있다(탐색적 데이터 해석). 이것은 AI의 집계 속도가 빠르기 때문에 가능할 뿐만 아니라, 가설에 집착하여 데이터에 대한 해석을 왜곡하는 현상도 방지할 수 있다.

그러나, AI에게 맡겨두면 무조건 안심이라고 오해하지 않도록 하자. 수집된 데이터가 편중되어 있다면 AI도 올바르지 않은 판단을 내리게 된다. 막대한 데이터로부터 상상하지 못했던 발견을 하더라도, 자신의 업무 또는 공부에 도움이 되지 않는 사실이 발견될 수도 있다.

체스경기와 장기 등의 경우에도, AI가 인간의 능력을 뛰어넘고 있으나, 데이터를 다루는 담당자(인간)와 AI를 조합시키면, AI만으로 수행하는 능력보다 훨씬 더 강력해진다는 사실이 널리 알려져 있다. 체스분야에서는 AI와 인간이 같은 팀을 구성하여 경기를 펼치는 사례도 있다.

비즈니스와 연구 분야의 경우, AI에 능숙한 **데이터 사이언티스트**[*4]가 함께 참여하는 경우 최대 효과를 거둘 수 있다.

용어해설 *4

데이터 사이언티스트 (Data Scientist)
데이터를 기반으로 합리적인 판단을 수행할 수 있는 전문가. 데이터를 분석하여 해결방법을 제시하거나 평가하는 업무를 담당하는 데이터 분석 전문가.

5-2 데이터 가시화 기법

그래프를 이용한 가시화

최근에는 데이터를 이해하기 쉽도록 나타내는 가시화 기법의 중요성이 높아지고 있다. 표 형태로 수치 데이터를 나열하는 것 보다는 막대 그래프, 꺾은선 그래프 등으로 가시화하는 것이 확실하게 읽어보기 수월하며 데이터의 특징 등을 이해하기 쉽다.

한편, 가시화하여 강조함으로써 데이터가 갖는 본래의 의미가 퇴색될 정도로 왜곡시킨 메시지가 전달되어버리는 **차트정크**(Chartjunk)*5 현상도 문제점으로 지적되고 있다. 건강식품의 효과를 너무 과장되게 표현한 그래프 등이 차트정크의 사례이다.

> **용어해설 *5**
> **차트정크(Chartjunk)**
> 폐물을 뜻하는 junk와 차트의 합성어. 그래프를 사용하여 정보를 전달하는 경우, 그래프 속에 과도한 디자인, 3D, 그림자 효과 등과 같은 비주얼 효과와 요소들을 적절하게 사용하지 않음으로써, 본래 전달하고자 하는 정보가 올바르게 표현되지 못하고 왜곡되어 전달되는 현상.

막대 그래프와 파이 차트 등과 같은 기본적인 그래프에 대해서는 초중고 수학시간에 배웠을 것으로 생각하며, 비즈니스 및 연구 분야에서 사용하는 몇가지 그래프들에 대해서 살펴보도록 한다.

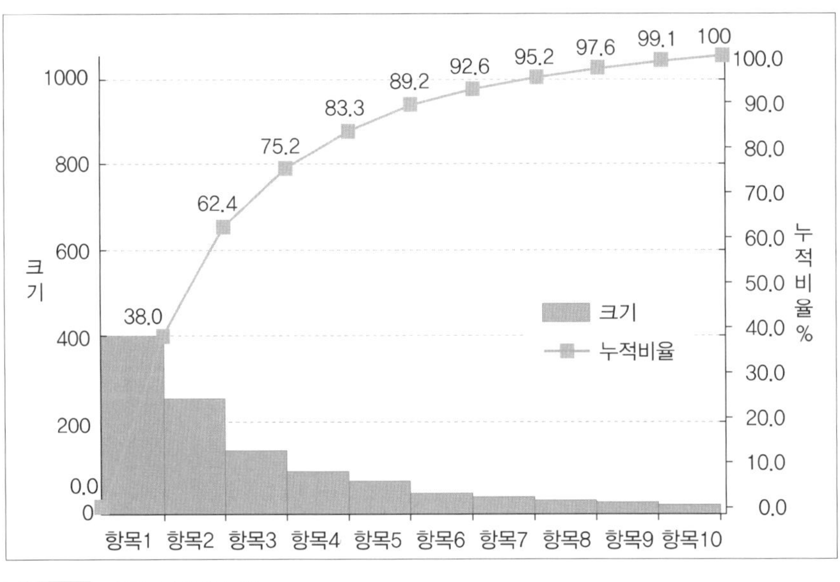

그림 5-4 파레토 차트의 예

그림 5-4는 복합 그래프 및 2축 그래프가 조합되어 있는 **파레토 차트**[*6]의 예이다. 예를 들어, 각 상품별 매상을 내림차순의 막대 그래프로 나타내고, 매상 누계값을 꺽은선 그래프로 표현한다. 이와 같이 표현함으로써, "이 상점은 매상의 대부분을 상품 A에 의존하고 있다"라는 사실(중점분석 결과)을 밝혀낼 수 있다.

그림 5-4는 막대 그래프와 꺽은선 그래프를 조합시켜서 나타내고 있으므로 **복합 그래프**라고 부른다. 또한, 막대 그래프를 살펴보기 위한 눈금을 왼쪽 축에, 꺽은선 그래프를 나타내기 위한 눈금은 오른쪽 축에 위치시켜서, 데이터 눈금이 서로 다른 형태로 구성된 **2축 그래프**라고 할 수 있다.

용어해설 *6

파레토 차트 (Pareto Chart)
항목별 데이터를 내림차순으로 나열한 봉 차트와 누적비율을 나타내는 꺽은선 그래프를 조합시킨 복합그래프. 이탈리아의 경제학자 빌프레도 페데리코 다마조 파레토(Vilfredo Federico Damaso Pareto)가 고안하였고, 품질관리 분야에서 널리 사용되고 있다.

지도를 사용한 가시화

또한, 기존의 그래프 형태와는 전혀 다른 방식의 가시화 기법도 증가하고 있다. 일상 생활에서 자주 접하게 되는 가시화 형태로서, 지도 위에 데이터를 표시하는 형태가 있다.

그림 5-5 택시배차 앱(JapanTaxi)

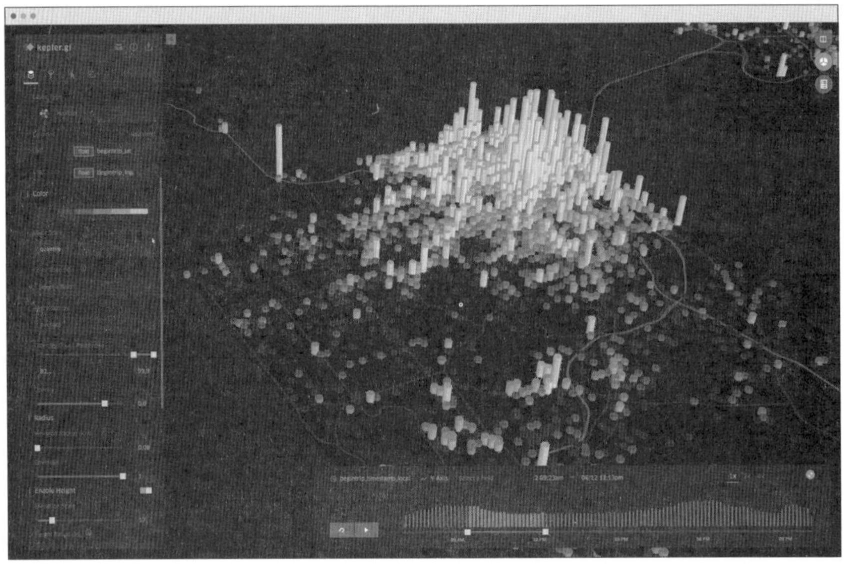

그림 5-6 webGIS "Kepler.gl"(Uber사)

동적인 가시화

살펴보고 있는 사이에 정보가 변화하는 동적인 가시화 기법도 있다. 어떤 앱에서는 터치스크린에 손가락을 댄 상태로 화면을 쓸어넘기면, 어떤 부분은 오래된 지도로, 또다른 부분은 현재 상태의 지도가 표시되는 기능을 제공한다. 종이 형태로 정보를 인쇄하는 경우가 줄어들고 있기 때문에, 이와 같은 기능을 제공하는 앱이 증가하고 있다. 인터넷의 접속 상황, 친구들 사이의 관계 등을 가시화하는 그래프도 있다.

이와 같은 가시화 기법들은 요즘 새롭게 탄생한 것은 아니며, 특히 이러한 동적인 가시화기법을 실현하기 위해서는 고도의 기술력과 많은 비용 및 시간이 필요하다. 그러나, 요즘에는 BI*7 도구와 Excel 등을 사용하여 누구나 간단하게 작성할 수 있다.

용어해설 *7

BI(Business Intelligence)
기업내의 데이터를 관리, 분석하여 활용하는 개념으로서, 기업의 의사결정에 도움이 되는 정보를 제공하기 위한 기술. 텍스트 마이닝, 예측분석, OLAP, 벤치마킹 등의 기능이 포함되어 있다.

5-3 비구조적 데이터의 처리

자연어 처리

자연어 처리, 이미지 처리, 음성 처리 등과 같은 비구조적 데이터 처리 분야도 고도화되고 있다.

자연어 처리에서는, 예를 들어 **자동번역시스템**이 출력하는 번역결과가 상당히 자연스러운 번역이 되고 있다. 우리들이 자주 사용하는 영한번역(또는 영일번역) 결과를 살펴보면 아직은 부족한 점이 없지 않지만, 전체적인 구조가 유사한 언어들 사이의 번역에서는 그대로 비즈니스에 사용할 수 있는 수준의 번역결과물을 제공하고 있다.

이러한 자연어 처리 분야에서도 빅데이터를 활용하고 있다. 자동번역시스템에서는 (중국어 방의 사례에서처럼) 문장의 의미와 구조를 완전하게 파악하고 있는 것은 아니다. 그러나 어떤 단어 다음에는 특정한 단어들이 연결되는 경우가 많다라는 발생확률 등을 겸용함으로써 실용적인 문장으로 번역하고 있다.

이미지 처리

얼굴 모습 사진에 대해서, 피사체의 주름이나 점 등을 지워버리는 가공처리는 AI가 출현하기 훨씬 전부터 자주 사용되어 왔다. 이러한 **이미지 처리** 작업은 고도의 수작업으로 수행되었으나, AI가 도입됨으로써 자동화할 수 있게 되었다.

또한, AI를 기반으로 하는 동영상의 가공처리도 가능하게 되었다. 일반적인 동영상의 경우, 1초간 30프레임 또는 60프레임의 정지영상을 조합하여 동영상을 구성하므로, 동영상의 수정을 수작업으로 수행하는 것은 상당한 노동력이 필요하게 되어 사실상 매우 어려운 작업이었다.

그러나, AI를 사용하여 이러한 수정작업을 수월하게 수행할 수 있다. 저렴한 영상처리 도구를 사용하여 주어진 동영상에서 어떤 인물만을 삭제하거나 동영상에 있는 어떤 사람의 얼굴을 다른 사람의 얼굴로 바꾸는 처리 등이 가능하다.

1
2
3
4
5
6
7
8
9
10
11
12
13
14

그림 5-7 사진을 유명한 화가의 화풍으로 가공해주는 AI "Enpainter"
(https://ko.cre8tiveai.com/ep)

얼굴인증에 대한 정밀도가 향상되면서 지금까지는 어려움이 있었던 쌍둥이 판별 등이 가능하게 되었다. 본인 확인 방법으로서 패스워드 방식은 결함이 많아서 **생체인증***8 방식이 차세대의 표준이 될 것으로 기대되며, 이러한 생체인증의 대부분은 지문이나 홍채를 사용한다.

> **용어해설 *8**
> **생체인증(Biometics)**
> 개인의 신체적인 특징으로 본인확인을 수행하는 인증방식. 패스워드에 비해서 방범효과가 높다. 지문인증, 정맥인증, 얼굴인증, 음성인증 등이 있다.

그러나 얼굴 인증 기술의 발달에 의해서 본인 확인 방법이 얼굴 인증으로 급속히 전환되고 있다. 카메라가 준비되어 있으면 충분히 실현할 수 있는 얼굴 인증 방식은, 카메라를 탑재한 스마트폰이나 노트북 컴퓨터가 대중화되어 있는 요즘에는 비교적 수월하게 보급될 수 있기 때문이다. 사진으로부터 나이를 추정하거나, 5년 전에 촬영한 증명사진으로부터 현재의 얼굴 모습을 추정하여 본인 확인을 수행하는 것도 가능하다.

음성 처리

음성 처리도 상당히 발전하고 있다. 음 합성은 피아노와 드럼 등과 같은 비교적 시뮬레이션하기 수월한 악기에서 시작되었다. 학교 축제 등에서 **PCM신디사이저**와 **시퀀서**를 사용하여 자동연주를 경험해 본 사람들도 있을 것이라고 생각한다.

이러한 방식이 기타와 바이올린 등과 같은 현악기에 대해서도 위화감 없는 음을 낼 수 있게 되면서, 사람의 음성을 상당히 자연스럽게 발성할 수 있는 수준으로 발전하였다. 상업적으로는 Hatsune Miku(크립톤 퓨처 미디어사가 2007년 8월에 발매한 야마하의 보컬 음성 합성 Vocaloid 소프트웨어) 등이 유명하며, 딥러닝 기술과 조합시킨 첨단기술을 사용해서 악곡에 따라서 사람의 음성과 구분하기 어려울 정도의 고품질을 자랑하고 있다.

물론, 단지 악보와 가사를 입력하면 사람의 음성처럼 노래를 불러주는 수준까지는 아직 이르지 못하고 있다. **조교**라고 표현되는 세부적인 튜닝작업이 필수적이다. 이러한 튜닝작업을 AI가 대신해 주는 방식을 적용하여, 향후에는 악곡을 발표할 때 반드시 가수(사람)가 필요하지 않게 될 수도 있다. 또한, 아나운서를 대신하여 원고를 읽어주는 **음성합성 어플리케이션**을 사용하여 비용을 절감하는 경우도 증가하고 있다.

이와 같은 기술들은 새로운 서비스와 엔터테인먼트의 가능성을 시사하고 있으며, 한편으로는 위험성도 지적되고 있다. 얼굴 인증의 정밀도가 너무나도 우수해져서, 거리의 여러 곳에 설치된 감시카메라 등을 사용하여 특정한 사람의 행동을 추적할 수 있게 되지 않을지, 그리고 이미지 생성이 너무나도 뛰어나서 **가짜 뉴스**(허위 정보) 등을 만들어 버리지 않을지 등과 같은 불안감이 높아지고 있다.

딥페이크(Deepfake)에 관한 일련의 보도들은 이와 같은 불안감이 기우가 아님을 보여주고 있다. **딥러닝** 기술을 사용해서 가짜 동영상을 만드는 행위, 그리고 그 결과 만들어진 동영상을 딥페이크라고 부른다.

미국의 대통령이 말도 안 되는 내용의 연설을 하고 있는 딥페이크, 어떤 사람의 얼굴을 바꾸어서 만든 성인물 동영상 등이 인터넷에 유통되고 있다. 많은 사람들이 놀랐던 점은, 그러한 딥페이크가 진짜 실물과 구분하기 어려울 정도로 정교하다는 점이다. 저명인사 또는 인기 연예인이 등장하는 딥페이크 뉴스 동영상을 제작하여, 많은 사람들을 동요시키거나 가짜 정보를 유통시킬 가능성도 높아지고 있다.

유튜브와 페이스북 등과 같은 콘텐츠 산업계에서는 딥페이크를 방지하기 위한 대책기술 개발에 막대한 자금을 투입하고 있으나, 딥페이크를 제작하는 쪽에서도 지속적으로 기술발전을 이루고 있다. 현재로서는 아직까지 마땅한 해결책이 미비한 상태이지만, 이 문제에 대처하기 위해서는 우리들 모두가 AI에 관한 올바른 지식과 책임윤리를 갖도록 노력해야 한다.

5-4 AI기술

컴퓨터가 스스로 학습하는 기계학습

AI시스템은 제작하는 것보다 학습시키는 것이 중요하다. 일반적인 프로그램의 경우에서처럼, 제작완료된 순간부터 100%의 성능을 발휘하는 것이 아니라, AI시스템은 학습시키면서 목표로 하는 동작을 수행할 수 있도록 개선 및 성장하는 구조로 되어 있다.

과거의 AI는, 예를 들어 숫자 8과 알파벳 B를 구분하는 AI시스템을 제작했을 때, 기술자 스스로가 "B는 왼쪽 부분이 직선이다"라고 학습시켰다. 이러한 학습과정은 상당한 수고와 노력이 필요하다.

이와 같이 상당히 수고스러운 부분을 자동화한 것이 **기계학습**[*9]이다. 데이터를 투입하면, 해당 데이터를 사용해서 자동적으로 학습해 간다. 이런 방식으로 AI를 진화발전시키는 것이 지극히 수월하게 되어, AI의 비약적인 발전(**비연속적 진화**)을 이루게 되었다.

> **용어해설 *9**
> **기계학습**
> **(Machine Learning)**
> AI에게 데이터를 투입하여 자동적으로 학습시키는 기법의 총칭. 지도학습(Supervised Learning)과 비지도학습(Unsupervised Learning), 강화학습(Reinforcement Learning) 등이 있다.

지도학습과 비지도학습

기계학습의 방법은 학습의 토대가 되는 데이터에 따라서 크게 2가지(지도학습과 비지도학습)로 분류할 수 있다. **지도학습**(Supervised Learning)에서는, 훈련데이터(Training data)를 준비한다. "이 사진에 촬영된 것은 고양이인가?"를 판별하는 AI를 제작하는 경우에는, 고양이 사진과 고양이가 아닌 사진을 대량으로 수집하여 학습시킨다. 즉, "이 사진은 고양이 사진이다"라는 정답이 주어지는 것이다.

일반적으로 지도학습은 "AI에게 이러한 방식으로 동작하도록 지시하자"라는 희망사항이 있는 경우에 사용한다. 훈련데이터에 의해서, 희망사항에 근접시키는 방식이라고도 할 수 있다.

한편, **비지도학습**(Unsupervised Learning)은 데이터에서 특징을 추출하는 경우에 사용한다. 예를 들어 여러 가지 동물 사진을 분류하지 않고 대량으로 준비한다. 어떤 분류도 하지 않아서 답이 없는 데이터를 AI시스템에 투입하여 학습시킨다. 그 결과 만들어진 AI 모델에 '3가지로 나눈다면 어떤 집합을 만들 수 있나?'라는 질문을 던지면 '이런 집합으로 나눌 수 있다'라는 결과를 얻을 수 있다.

AI 시스템의 사용목적에 따라서 지도학습과 비지도학습 중에서 어떤 방법을 사용할 것인지를 선택해서 조합하여 사용한다. 단, 지도학습의 훈련데이터를 준비하는 것은 간단하지 않다. AI에게 무엇을 시킬 것인가에 따라서 막대한 양의 데이터가 필요한 경우도 있다. 예를 들어, 비교적 간단할 것 같은 고양이 사진 판별의 경우에는 10만 개 이상의 학습데이터가 준비되어야 하는 상황도 발생한다.

강화학습

강화학습(Reinforcement Learning)은 시행착오를 통해서 가장 좋은 결과(보수)를 얻을 수 있는 행동을 학습해가는 기법으로서, **"보수의 최대화"**가 특징이라고 할 수 있다.

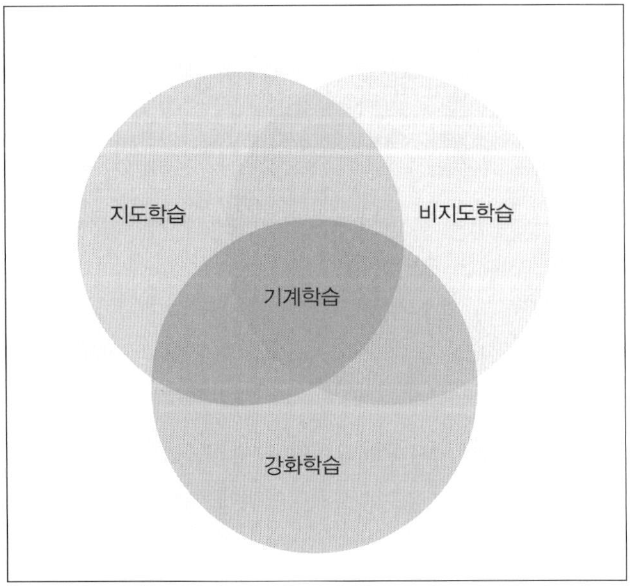

그림 5-8 기계학습의 분류

예를 들어, 그네(놀이기구) 타기 로봇을 제작하는 경우, 그네 타는 2가지 방법(각각 A와 B)을 시험해보도록 하자. 방법A를 사용하면 그네를 힘껏 움직였지만(보수가 큼), 방법B는 A만큼은 되지 않았다(보수가 작음)고 한다면, 방법A가 더 좋으므로 다음번부터는 방법A를 선택하자고 스스로 행동을 방법A쪽으로 강화해간다. 이러한 학습구조는 인간의 학습방법과 유사하다. 여러분들도 자전거를 처음 배울 때, 이런 방식으로 익혔던 경험이 있을 것이다.

심층학습

심층학습(Deep Learning)은 인간의 뇌 구조를 모방한 모델(뉴럴 네트워크)을 4단계 이상으로 구성한 기계학습 방법이다.

그림 5-9는 만화 또는 애니메이션 분야에서 "이 캐릭터는 야수 계열의 의인화인가 여부"를 판별하는 뉴럴 네트워크를 나타내고 있다. 이 뉴럴 네트워크에서는 고양이 귀를 가지고 있는지, 머리의 정수리 부분에서 위로 얇게 뻗어나와 휘어진 머리카락이 있는지 등에 대한 입력을 점수화하여 임계값을 넘어서는 경

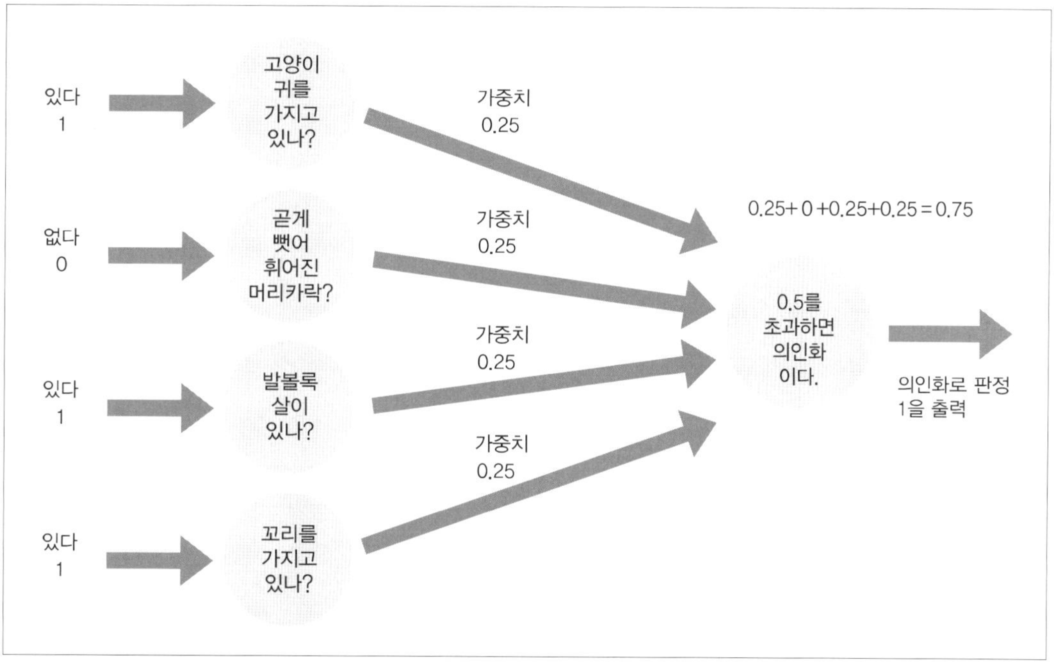

그림 5-9 심층학습

우에는 "이것은 의인화이다"라고 판별한다.

만약, "의인화"라고 판정받은 캐릭터가 실제로는 의인화가 아닌 경우에는, "머리카락 형태가 의인화에 그다지 기여하고 있지 않을지도 모른다"라고 판단하여, 머리카락 모양에 대한 가중치를 줄여서 뉴럴 네트워크를 다시 구성한다.

위의 예는 지극히 간략화된 것이지만, 인간의 두뇌 역시 국소적으로는 이와 같은 구조로 구성되어 있다. 그림 5-9는 2단계의 계층 구조로 되어 있지만, 4단계 이상으로 구성된 뉴럴 네트워크를 심층학습 또는 딥러닝이라고 부른다.

딥러닝은 다양한 분야에서 기계학습의 효율과 정밀도를 비약적으로 향상시켰다. 특히, 이미지 분석 분야에 가장 적합하다고 알려져 있다.

용어해설 *10
Q. V. Le, "Building high-level features using large scale unsupervised learning," in Proceedings of ICML'12, 2012.

그림 5-10은 2021년 구글이 발표한 논문2*10에서 인용한 것으로서, 유튜브의 대량 이미지를 사용하여 딥러닝을 수행하는 뉴럴 네트워크이다. 처음 단계에서는 이미지로부터 윤곽 등을 추출하고 있지만, 계층이 깊어진 부분에서는 "어느 부분이 얼굴인가?", "그 얼굴은 어떤 동물의 얼굴인가?"를 판별하고 있음을 알 수 있다.

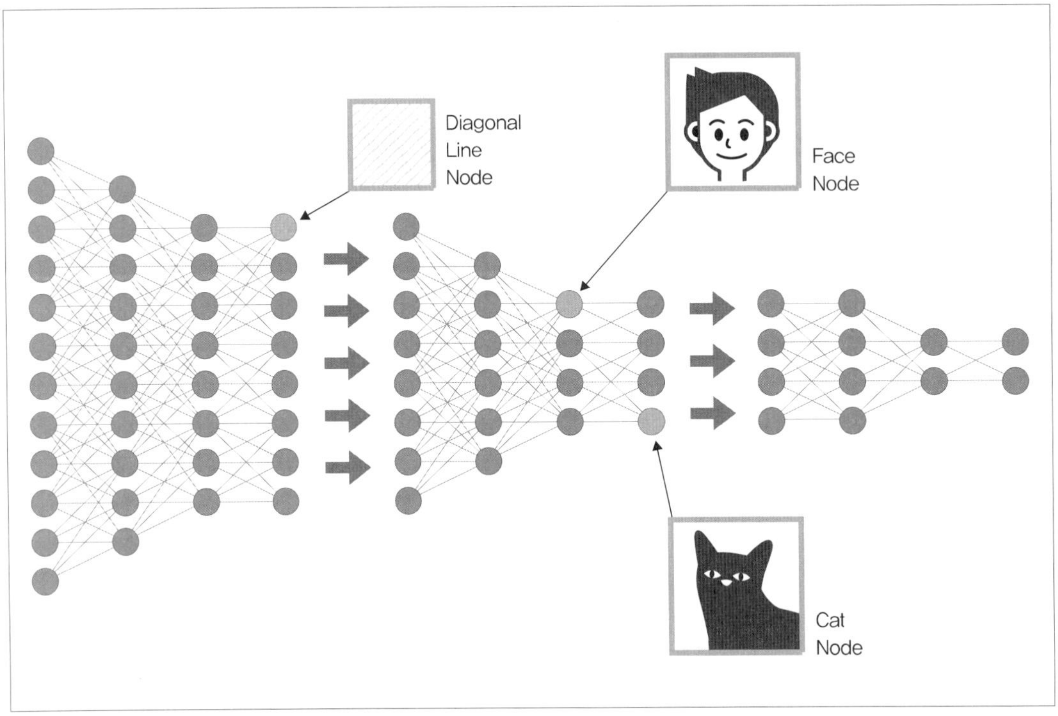

그림 5-10 이미지 분석과 딥러닝

전이학습

전이학습(Transfer Learning)은 어떤 분야에서 양성된 AI를 다른 분야에 전용하는 기술이다. 고양이 판별이 가능하게 된 AI는 개 판별을 수행하는 AI에 응용할 수도 있다. 물론, 있는 그대로 개를 판별해낼 수 있는 것은 아니며, 적어도 아무것도 없는 상태에서 다시 학습시키는 것보다는 효율적인 방법이다. 앞으로 AI를 우리 사회의 다양한 분야에서 활용하는 경우에 주목받을 수 있는 기술이다.

과거에는 "Made in Japan"이라는 브랜드가 유명했었던 시대가 있었다. 정교함이 중요시되었넌 시설에는 미려하게 제품을 만드는 기술이 우수했던 일본에서 제작된 제품에 대한 가치가 높았던 것이다.

기술혁신이 진행되어 어디에서 제작되더라도 일정한 수준의 정밀도를 유지할 수 있게 됨으로써, "Designed by Apple"이 브랜드가 되었다. 애플이 디자인하였다는 사실이 중요시되고 있는 것이다. 이때 디자인이라는 것은 단순하게 외관상의 미려함만을 의미하는 것이 아니라, 설계철학까지 포함하는 개념이다.

앞으로 어디에서 양성된 AI인가가 중요시될 것이다. 대량의 인적자원을 가지고 데이터를 수집하기 수월한 환경을 갖추고 있는 중국이 이 분야에서 유리하다고 판단되고 있어서, "Trained in China"*11가 브랜드가 될 수도 있다.

용어해설 *11
중국에서 양성된 (인공지능)기술이 탑재된 제품

제 6 장

데이터의 특징과 수집 및 활용

6-1 데이터의 종류

6-2 기본 통계량

6-3 데이터 수집

6-4 데이터 집계

6-5 데이터 오독을 피하기 위한 방법

6-1 데이터의 종류

데이터의 종류를 파악하여 올바르게 처리하자

데이터를 올바르게 파악하여 처리하지 않으면 잘못된 결과를 초래하게 된다. "데이터가 존재하므로, 이것이 증거이다!"라고 자신만만하게 생각해버리는 (사실은 잘못된 데이터를 토대로 무엇인가를 확신해버린) 상태는 데이터가 없는 상태보다 더 위험할지도 모른다. 이 장에서는 데이터의 특징과 처리방법에 대해서 살펴보도록 한다.

연속 데이터와 이산 데이터

연속 데이터는 아날로그 데이터, 이산 데이터는 디지털 데이터라고도 부른다. 최근에는 "디지털"이 정보화라는 의미로도 사용되고 있으므로 주의할 필요가 있다. "디지털 혁명"은 어느 정도 이해할 수 있겠지만, "이산 혁명"은 한가족이 서로 흩어져버린다는 생각을 떠오르게 한다.

연속 데이터는 데이터가 연속적으로 존재하는 반면에, 이산 데이터는 데이터가 띄엄띄엄 떨어져 있는 형태라고 생각해주기 바란다. 예를 들어, 아날로그 시계를 보면 초침이 매우 매끄럽게 움직이면서 1초와 2초 사이에도 많은 시간이 흐르고 있음을 실감할 수 있다. 한편, 디지털 시계의 경우에는 1초와 2초 사이에 시간이 없는 듯이, 띄엄띄엄 시간이 경과한다. 이처럼 디지털 데이터와 아날로그 데이터는 데이터가 갖는 성질과 표현방식이 서로 다르다. 예를 들어, 키와 몸무게는 연속 데이터로 취급할 수 있으며, 주사위를 던져서 나오는 값은 1.5, 1.75 등과 같은 값은 나오지 않기 때문에 이산 데이터라고 할 수 있다.

질적 데이터와 양적 데이터

질적 데이터와 양적 데이터는, 해당 데이터의 숫자가 무엇을 나타내고 있는

지에 따른 분류이다. **질적 데이터**는, 해당 데이터의 값을 숫자로 표현하고 있기 때문에, 어떤 양을 나타내고 있는 것이 아니다. 과일을 넣어둔 서랍에는 "1"을, 음류수가 들어있는 서랍에는 "2"를 표시하도록 했을 때, "1"과 "2"는 일종의 라벨과 같은 기능을 수행하고 있을 뿐이므로 다른 숫자로 표시해도 큰 문제가 없다. 설문조사를 수행하는 경우, 혈액형 A, B, O, AB에 대해서, 각각 "1", "2", "3", "4"로 표시하는 것도 이와 마찬가지 방식이다. 이때 혈액형에 사용된 숫자 라벨에 의해서, "B형은 A형보다 큰 값이다"라고 생각하지 않도록 한다. 이처럼 이름이나 명칭이 들어갈 자리에 숫자 라벨을 부여하여 데이터를 분류하는 방식을 **"명의척도"**(또는, **명명척도**)라고 부른다.

질적 데이터에 대해서 정렬순서에 의미가 있도록 데이터를 분류하는 방식을 **"순서척도"**라고 부른다. 예를 들어, 지진의 진도는 0부터 7까지 설정되어 있다. 이러한 진도값은 숫자의 순서에 의미가 내포되어 있다. 진도1보다는 진도3이 더 큰 규모의 지진이다. 그러나, 진도3이 진도1의 3배정도 더 흔들린다는 의미는 아니므로, 숫자값으로 단순히 덧셈이나 곱셈을 하는 것은 아무런 의미가 없다. 진도 표시 값에 숫자가 아닌 다른 기호를 사용해서 표현해도 상관없다. 예전에는 진도1을 "미진", 진도3을 "약진" 등으로 표현하기도 했다. 그러나, 숫자값으로 나타냄으로써 어떤 진도가 더 큰가를 일목요연하게 표현할 수 있어서 더욱 편리하다. 설문조사의 경우, "매우 좋다"를 "5", "좋다"를 "4" 등으로 나타내고 있으며, 이러한 데이터는 순서척도 방식이 적용된 것이라고 할 수 있다.

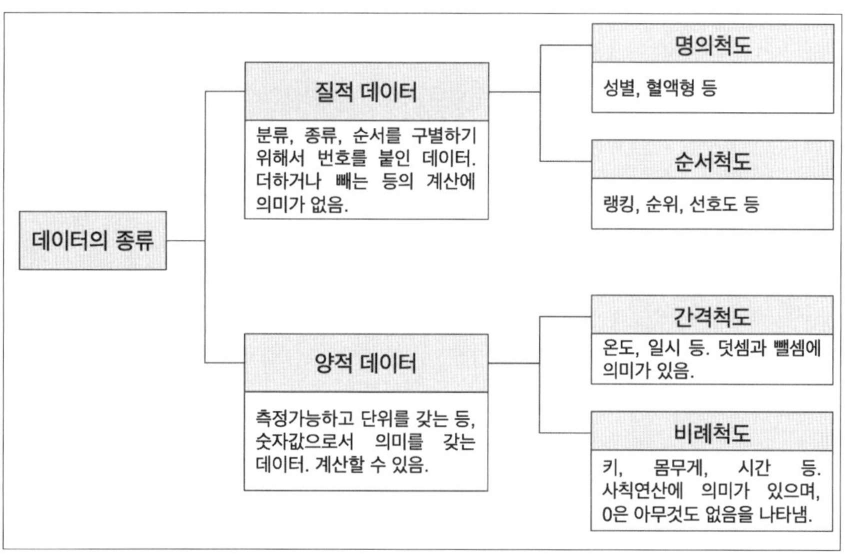

그림 6-1 질적 데이터와 양적 데이터의 계통도

양적 데이터는 계산의 대상이 된다. 데이터의 간격에 의미가 내포되어 있는 경우, **간격척도**라고 부른다. 대부분 간격척도의 눈금은 균등한 간격으로 되어있다. 예를 들어, 섭씨온도는 간격척도로 되어 있다. 1°C와 2°C의 간격과 14°C와 15°C의 간격은 모두 정확하게 1°C 간격으로 되어 있다. 따라서 이러한 간격척도에 의한 데이터 값을 서로 더하거나 빼는 것은 의미가 있다. 반면, 간격척도는 값의 비율에 의미가 없음을 주의하기 바란다. 1°C가 2°C로 되었다고 해서, 2배로 더워졌다는 의미를 갖지 않는다.

값의 비율에 의미가 있는 양적 데이터를 **비례척도**라고 부른다. 키와 몸무게는 비례척도이다. 10 kg과 11 kg의 사이, 그리고 20 kg과 21 kg의 사이에는 모두 1 kg으로 등간격으로 되어 있을 뿐만 아니라, 20 kg은 10 kg의 2배가 되는 무게이다.

간격척도와 비례척도를 구별하기 어려운 경우에는 0이 갖는 의미에 대해서 생각해보기 바란다. 비례척도에서 0은 데이터가 존재하지 않음을 의미한다. 0 kg이라는 몸무게는 존재하지 않으며, 0 cm라는 길이도 존재할 수 없다. 그러나, 0°C라는 기온은 분명히 존재하며, −1°C와 −2°C 등도 존재한다. 따라서, 절대온도는 비례척도가 된다.

컬럼 **데이터를 다룰 때의 주의사항**

데이터를 다룰 때는 "이런 것은 일반적일 것이다(또는, 당연할 것이다)"라고 생각해버리는 위험성에 대해서 자각해야 한다. 여러분들이 자기자신과 주변 환경을 당연하고 일반적이라고 생각해서 섣부르게 "일반화"하는 것은 어찌보면 당연한 현상이라고 생각한다. 그러나, 이 책을 통해서 AI와 데이터사이언스에 대해서 공부하고 있는 독자 여러분들은 그 자체로 매우 복받은 사람들이다. 이 점에 주의하지 않으면, 예를 들어 전세계 사람들을 자신이 속한 나라를 기준으로 판단하여, 중앙값에 해당하는 삶을 살고 있는 사람들을 "가난하다"라고 판단해버리거나, 반대로, 매우 많은 노력을 해도 대학에 진학할 수 없는 상황에 처한 사람들을 "노력이 부족하다"라고 판단해버리는 오류를 범할 가능성이 있다. 선입견 없이 데이터를 해독하는 것이 매우 중요하다.

6-2 기본 통계량

기본 통계량

기본 통계량이란, 데이터가 제시되었을 때, 해당 데이터에 어떠한 특징이 있는지를 나타내는 값이다. 평균값, 최대값, 최소값 등이 기본 통계량의 예이다.

그림 6-2는 일본 후생노동성이 발표한 세대별 연수입에 관한 그래프이다. 이 데이터로부터 특징적인 값을 살펴보도록 하자. 연수입이 가장 적은 **구간**(**"계급"**이라고도 부른다)은 100만엔 미만이다. 주어진 데이터는 소득에 관한 것이므로, 0엔에 해당하는 사람도 존재할 수 있을 것이다. 이 경우(소득 0엔)가 **최소값**에

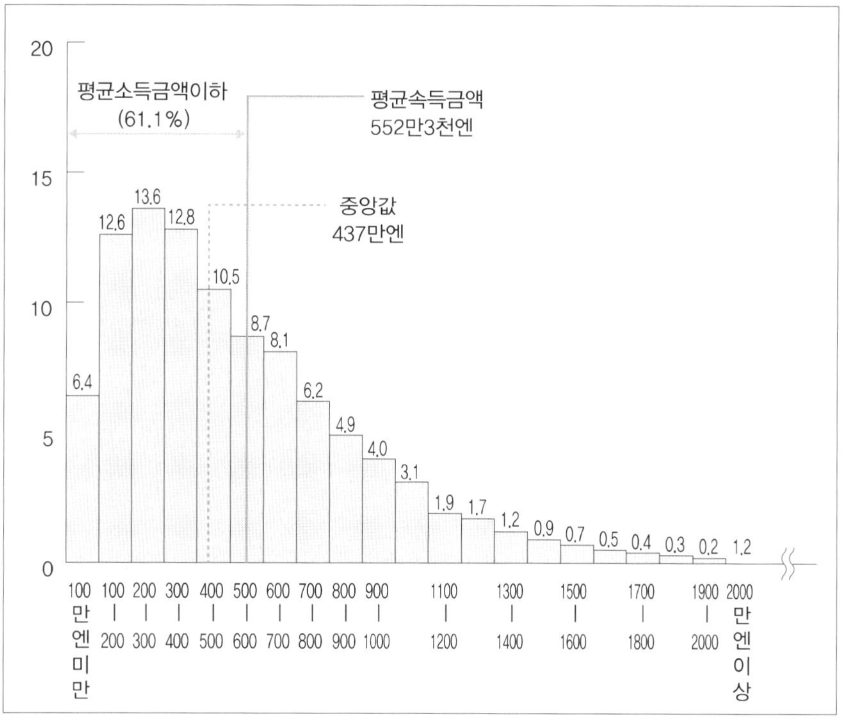

그림 6-2 소득금액계급별 세대수에 대한 상대도수분포(일본 후생노동성 2019조사를 토대로 작성)

해당한다. 한편, 소수에 불과하겠지만 매우 높은 고소득자도 존재할 수 있으며, 이 경우 **최대값**에 해당한다. 최대값~최소값을 주어진 데이터의 **범위**(range)라고 부르며, 연수익은 매우 범위가 넓은 데이터임을 알 수 있다.

데이터의 가장 가운데를 나타내는 지표

이와 같은 데이터에 대해서, 자기 자신은 어느 정도 수준인가를 살펴보도록 하자. "대충 중간 정도이지 않을까?"라고 생각하면서 가늠해 볼 때 도움이 되는 것이 **"평균값"**이다. 평균값은 주어진 데이터 전체를 합산한 후에 데이터 개수로 나눈 결과값이다. 그림 6-2의 그래프에서는, 552만3천엔이 평균값이다. 이러한 평균값을 살펴보고서, "나도 500만엔 이상은 벌 수 있을 것이다!"라고 단언하는 것은 위험하다. 왜냐하면, 가장 가운데 부분에 많은 사람들이 밀집되어 있고, 이 보다 적은 사람과 더 많은 사람이 점차 줄어 들어가는 아름다운 **"종 형태"**의 그래프*1인 경우에는 평균값이 도움이 될 수 있지만, 그래프의 형태가 비틀어져 있거나 멀리 떨어져 있는 데이터(outlier: **이상치, 극단치, 이상값**)가 존재할 경우에는 평균값이 "많은 사람들이 이 부분에 존재한다"라는 사실을 나타내지 않기 때문이다.

용어해설 *1
통계학 분야에서는 "정규분포 그래프"(The graph of the normal distribution)라고 부른다.

실제로 그림 6-2의 그래프를 살펴보면, 많은 사람들의 소득은 200~300만엔 구간과 300~400만엔 구간에 집중되어 있어서, 평균값 552만3천엔과 큰 차이를 보여주고 있다. 또한, 평균소득금액 이하인 사람들이 61.1%로서 대다수를 차지하고 있음을 나타내고 있다.

이와 같은 경우에는 보다 강력한 지표(이상치 등에 좌우되지 않는 "강건한 지표")로서 **"중앙값"**과 **"최빈값"**을 사용한다. **중앙값**(median)은 데이터를 크기 순서로 나열했을 때, 가장 가운데에 위치하는 값을 의미한다. 예를 들어, 1, 4, 8, 9, 10으로 나열된 데이터에 대해서, 중앙값은 8이다. 데이터의 개수가 짝수개인 경우에는 가장 가운데에 위치한 2개 값을 더해서 2로 나눈 결과값을 사용한다. 예를 들어, 1, 5, 7, 10에 대해서는, (5+7)/2=6이므로, 중앙값은 6이 된다. 소득에 관한 그래프에서 중앙값은 437만엔이며, "많은 사람들이 중앙값 437만엔 부근에 존재한다"라는 사실에 실감할 수 있다.

최빈값(mode)은 데이터의 개수가 가장 많은 값을 나타낸다. 그림 6-2에서 보여주고 있는 소득 그래프의 경우, 200~300만엔 구간에서 데이터의 개수가 가장 많으므로, 이 구간이 최빈값이 된다. 따라서, "200~300만엔 정도의 소득을 갖는 사람들이 가장 많다"라고 이해할 수 있다.

데이터의 흩어진 정도를 나타내는 지표

데이터의 흩어진 정도를 **"분포도"**라고 부른다. 분석하려는 데이터가 어떠한 분포로 되어 있는지를 파악하는 것은 매우 중요하다. 분포도를 시각적으로 표현하기 위해서는, 앞서 살펴보았던 소득 그래프(그림 6-2)와 같은 형태의 **"히스토그램"***2을 사용한다. 또한, 각 데이터로부터 평균값을 뺀 값을 **"편차(deviation)"**라고 부른다. 편차는 평균값으로부터 각 데이터가 어느 정도 떨어져 있는지를 나타낸다. 각 데이터로부터 단순하게 평균값을 빼면 음수 또는 양수가 나와서 불편하므로, 뺄셈 결과값에 대해서 제곱연산*3을 수행한다.

주어진 데이터 전체에 대해서, 이와 같은 처리를 모두 수행한 후에 합산한 것이 **"편차제곱합(SS : Sum of Squares)"**이다. 또한, 편차제곱합을 데이터의 개수로 나눈 것이 **"분산(variance)"**이다. 분산값을 살펴보면, 각 데이터가 평균

용어해설 *2

히스토그램(histogram)
도수분포를 나타내는 그래프로서, "막대 그래프"라고도 부른다. 히스토그램으로 표현함으로써, 도수분포표의 특성을 직관적으로 피악할 수 있다.

용어해설 *3

예를 들면, "-3"을 제곱연산하면 "9"가 되므로, 음수 부호(−)를 떼어내고 양수값으로 간편하게 계산할 수 있다.

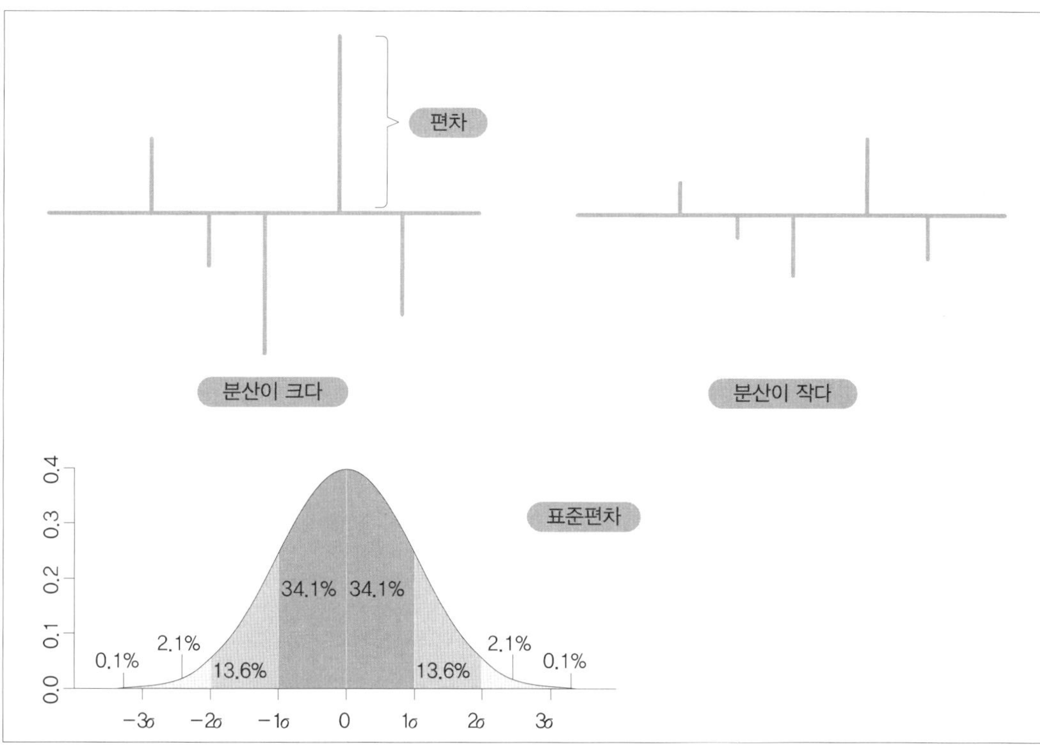

그림 6-3 편차, 분산, 표준편차

값으로부터 어느 정도 떨어져서 존재하고 있는지를 알 수 있다.

단, 분산값을 구하는 과정에서 제곱해서 계산하기 때문에 원래 데이터와 단위가 일치하지 않는다. 따라서, 분산값에 대해서 제곱근을 구해서 원래 데이터와 단위를 일치시킨다. 이 결과로 얻어진 값이 "**표준편차**(SD : Standard Deviation)"이다.

예를 들어, 어떤 시험의 채점결과, 10점, 20점, 30점, 40점, 50점, 60점, 70점, 80점, 90점, 100점을 받은 A그룹과 10명 전원이 55점을 받은 B그룹에 대해서, 평균값은 55점으로 양쪽 그룹이 동일하다. 그러나, A그룹의 분산은 916.6667이고 표준편차는 30.2765이며, B그룹의 분산은 0, 표준편차는 0으로서, 전혀 다른 특성을 갖는 데이터임을 알 수 있다.

6-3 데이터 수집

모집단과 표본

예를 들어서 어떤 과학탐구실험을 수행하면서 "친구들은 하루에 몇 번 방귀를 뀌는가?"를 조사한다고 가정해 보자. 이 실험에서 가장 정확한 데이터를 구하기 위해서는 전체 학교 학생들에게 물어보는 방식으로 진행해야 될 것이다. 이러한 방식을 **"전수조사"**라고 부른다.

그러나, 전수조사는 결점을 가지고 있다. 전수조사를 수행하기 위해서는 엄청난 시간과 노력, 비용이 필요할 뿐만 아니라, 전체 학생들을 모두 조사하는 것이 사실상 어려운 경우도 발생할 수 있다. 따라서, 현실적인 방법으로서, 전체 중에서 일부 사람들만 조사하는 **"표본조사(샘플조사)"**[*4]를 실시하는 경우가 많다.

앞서 예로 든 과학탐구실험의 경우, 전교생이 **모집단**이 되며, 그 중에서 일부 학생들(**표본**)에 대해서만 조사를 실시한다. 시간, 노력, 비용이 절감되는 표본조사이지만, 일부분만을 조사하여 전체를 추측하는 방식이므로 어쩔 수 없이 오차가 발생하게 된다. 조사대상 중에는 갑자기 소화상태가 좋아서 방귀 횟수가 많아진 학생들이나, 방귀를 참는 에티켓을 지키는 학생들도 표본으로 추출될 가능성이 있기 때문이다.

> **용어해설 *4**
> **표준조사(샘플조사)**
> 조사대상으로부터 일부분을 추출하여 대상 전체를 추계하기 위한 조사방법. 조사하려는 대상을 모집단, 추출한 부분을 표본(또는 샘플)이라고 부른다. 추출방법으로는, 무작위추출법, 유의추출법 등이 있다. 또한, 전체를 조사하는 것을 전수조사라고 부른다.

표본오차

또한, 같은 모집단으로부터 서로 다른 표본을 추출하여 2번 조사하였다고 해서, 2번의 조사결과가 같게 나오는 경우는 거의 없다. 이것을 **표본오차**라고 부른다.

오차가 발생하는 것은 막을 수 없지만, 오차가 커질 경우에는 올바르게 모집단을 추측할 수 없게 되어 잘못된 분석을 하게 된다. 따라서 가능한 한 오차를 작게 유지하는 것이 중요하다.

무작위 추출

오차를 조금이라도 작게 하는 방법으로서, 모집단으로부터 표본을 추출할 때 완전하게 무작위로(randomly) 추출하는 것이 좋다고 알려져 있다. 이러한 방법을 "**무작위 추출**(random sampling)"이라고 부른다. 예를 들어, 이성 친구에게 방귀 관련 조사를 문의하는 것이 창피하기 때문에 동성 친구들만 조사할 경우에는 **편향된 데이터**가 수집되어 오차가 커지게 된다.

이와 같은 데이터의 편향은, 경우에 따라서는 맹점이 되기 쉬우므로 주의할 필요가 있다. 인터넷에서 수행하는 앙케이트 조사에서 전자책에 대해서 물어보면, 전자책을 읽고 있을 확률이 높게 될 가능성이 있다. 전자책을 읽지 않는 사람은 원래 인터넷을 많이 사용하지 않아서 인터넷 앙케이트 조사에 응답하지 않을 수 있기 때문이다.

또한, 앙케이트 조사를 실시하더라도 조사대상 전원이 응답해 줄 것이라고 보장할 수 없으므로, 필요한 표본수보다 더 많은 조사를 수행해야 한다. 또한, 일주일간의 추이를 기록해달라고 하였음에도 불구하고, "화요일의 계측을 깜빡 잊었다"등과 같은 현상(**데이터 누락현상**)도 발생할 수 있다. 이런 경우에는, 그 사람의 데이터를 채용하지 않거나, 다른 데이터의 평균값 등으로 대체하는 경우도 있다. 이러한 방법은 상황에 따라서 결정하도록 하지만, 어떤 경우에는 불채용, 또 다른 경우에는 평균값으로 대체 등과 같이, 데이터를 **2중기준**(Double Standard)으로 취급하거나 처리해서는 안된다.

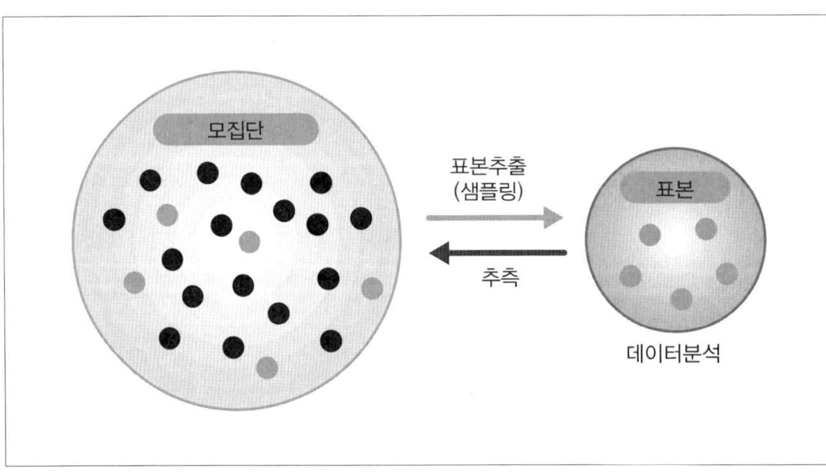

그림 6-4 모집단과 표본 사이의 관계

6-4 데이터 집계

교차 집계

교차 집계[5]는 2개 이상의 데이터를 교차시켜서 표 형태로 정리하는 집계방법이다. 교차분석을 실시한 결과물로서 만들어지는 표를 **"교차집계표"**라고 부른다. 예를 들어, 아래의 교차집계표는, "SNS를 일주일에 몇 번 사용하는가?"와 "몇 살인가?"라는 2가지 데이터를 토대로 만들어졌다.

	10대	20대	30대	40대	50대	60대
매일	13	19	11	6	3	2
4~6일	4	1	3	9	7	3
1~3일	2	0	4	3	8	5
사용하지 않음	1	0	2	2	2	10

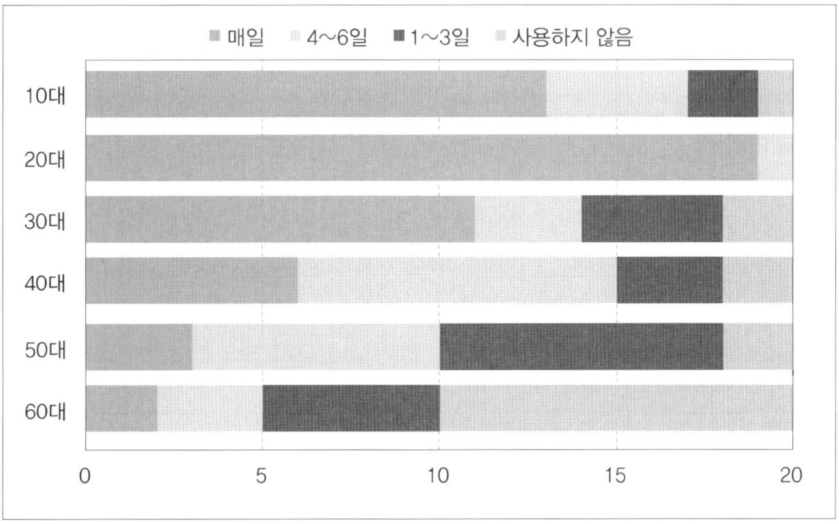

그림 6-5 교차집계표의 예

용어해설 *5

교차 집계
데이터를 집계할 때, 2가지 이상의 항목을 교차시켜서 집계하는 방법. 예를 들어, 매상 데이터로부터 상품을 구입한 고객의 연령층과 성별로 나누어서 집계함으로써, 보다 정밀한 분석을 수행할 수 있게 된다.

2가지 항목을 교차시킴으로써, 데이터에 대한 이해가 깊어지게 된다. 개별적인 데이터로 취급할 경우에는, SNS를 일주일에 몇 번 사용하고 있는지 평균을 구해야만 알 수 있었지만, 연령에 관한 데이터와 교차시킴으로서, "SNS는 젊은이들이 주로 사용하고 있다!"라고 지식을 깊게 할 수 있다.

한편, 데이터를 그래프로 표현함으로써 더욱 알기 쉬운 형태로 나타낼 수도 있다.

교차집계는 Excel의 피벗테이블 기능을 사용하여 간단하게 작성할 수 있으므로, 보고서 작성 등에서 활용해보기 바란다.

상관관계와 인과관계

어떤 사건이 발생하면 그에 따라서 다른 사건이 발생하는 경우, 두 사건 사이에는 상관관계가 있다고 한다. 친구가 화장실에 갈 때 나도 가고 싶어진다면, 친구와 나는 상관관계가 있는 것이다.

이때, 어느 한쪽이 커지면 다른 한쪽도 커지는 경우를 **"양의 상관관계(positive correlation)"**라고 부르며, 어느 한쪽이 커지면 다른 한쪽은 작아지는 경우를 **"음의 상관관계(negative correlation)"**라고 부른다. 예를 들어, 키가 커지면 몸

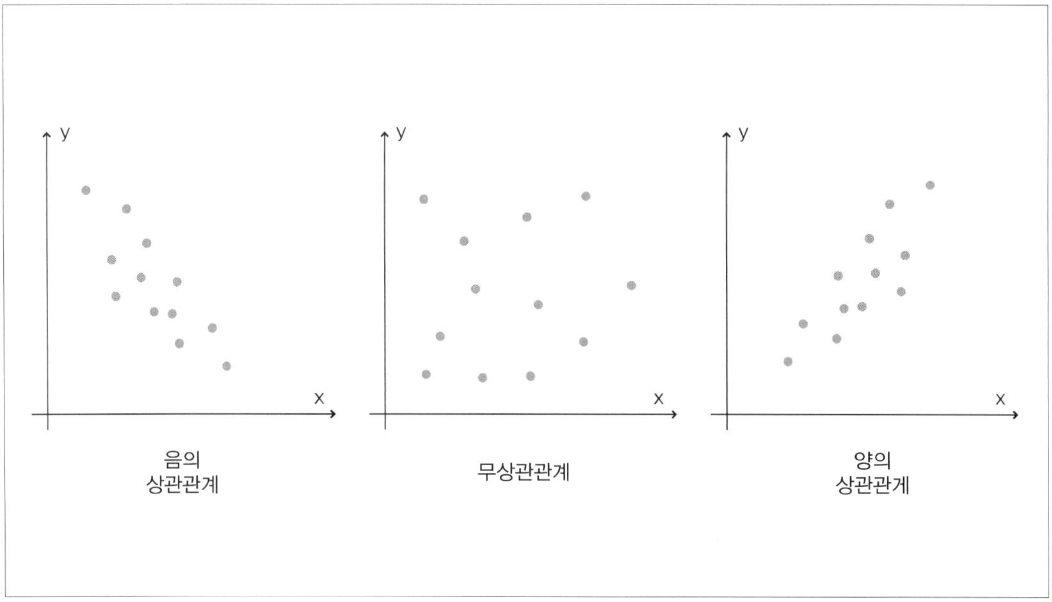

그림 6-6 양의 상관관계, 무상관관계, 음의 상관관계를 나타내는 산포도

무게도 무거워지므로, 키와 몸무게는 양의 상관관계가 있다고 할 수 있다. 한편, 친구가 잘 생겼으면 질투심이 나서 호감도가 떨어지는 경우, 잘생긴 정도와 호감도는 음의 상관관계가 있다고 할 수 있다.

한편, 상관관계와 **인과관계**를 혼동하지 않도록 주의할 필요가 있다. 인과관계는, 어떤 사건이 발생하여(**원인**) 결과적으로 다른 사건이 일어나는 것(**결과**)을 나타낸다. 잘생긴 친구(**원인**)가 발렌타인데이에 초콜릿을 받는다(**결과**)는 사실에는 인과관계가 있다. 인과관계가 존재하는 경우에는 반드시 상관관계도 존재하지만, 상관관계가 있다고 해서 반드시 인과관계가 존재하는 것은 아니라는 점에 주의하기 바란다.

예를 들어, 아이스크림 소비량과 익사사고로 목숨을 잃는 사람의 수 사이에는 상관관계가 있다. 그러나, 이러한 상관관계가 있다고 해서, "우리 모두가 아이스크림을 먹는 것을 자제한다면, 익사자를 줄일 수 있겠다!"라고 분석한다면 잘못된 결과를 초래한 것이다. 또한, "익사하는 사람이 많으면, 사람들이 아이스크림을 많이 먹는다!"라고 하는 것도 잘못된 판단이다. 2개의 사건(아이스크림, 익사자)은 상관관계에 있지만, 어느 한쪽이 원인이 되어서 다른 한쪽의 결과를 유도하고 있는 것이 아니기 때문이다.

특히, 아이스크림의 예는 **"유사상관"**[*6]으로서, 양쪽(아이스크림, 익사자) 모두 여름 무더위가 원인이다. 날씨가 무덥기 때문에 아이스크림을 먹고, 너무 더워서 물놀이를 하다가 익사하는 것이다. 아이스크림을 먹기 때문에 익사하는 것은 아니다.

용어해설 *6
유사상관(spurious correlation)
2개의 사건이 관계없음에도 불구하고, 제3의 요소에 의해서 의미있는 관계를 맺고 있는 듯이 보이는 것. "허위상관"이라고도 부름.

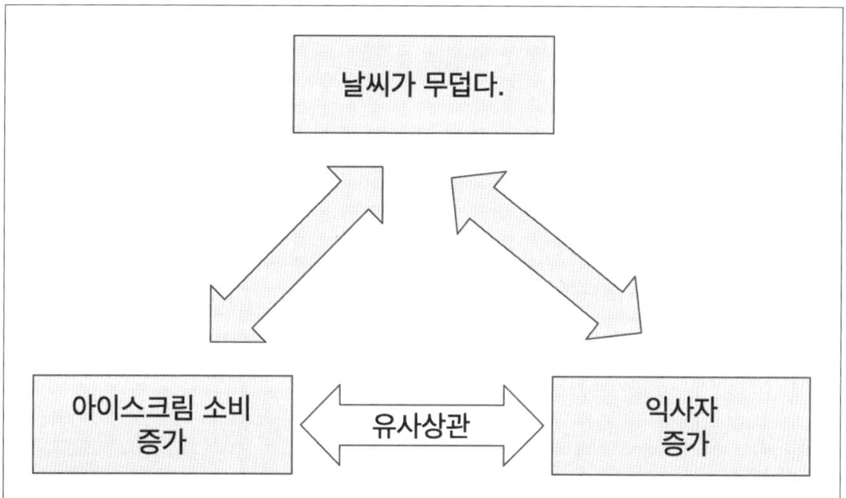

그림 6-7 유사상관

인과관계가 존재하는 경우, 그 방향에 주의할 필요가 있다. 잘생겼기 때문에 초콜릿을 받는 것이다. 초콜릿을 구입해서 스스로에게 준다고 해서 잘생겨지는 것은 아니다.

지도 위의 가시화

지도에 데이터를 중복시켜서 데이터에 대한 이해를 높일 수 있다. 이와 관련된 기법으로서 예전부터 사용되어왔던 고전적인 방법은 제작이 어렵고 힘든 작업이었다. 그러나, 이제는 IT분야의 도구를 사용하면, 간단하게 지도위에 가시화를 실현시킬 수 있다.

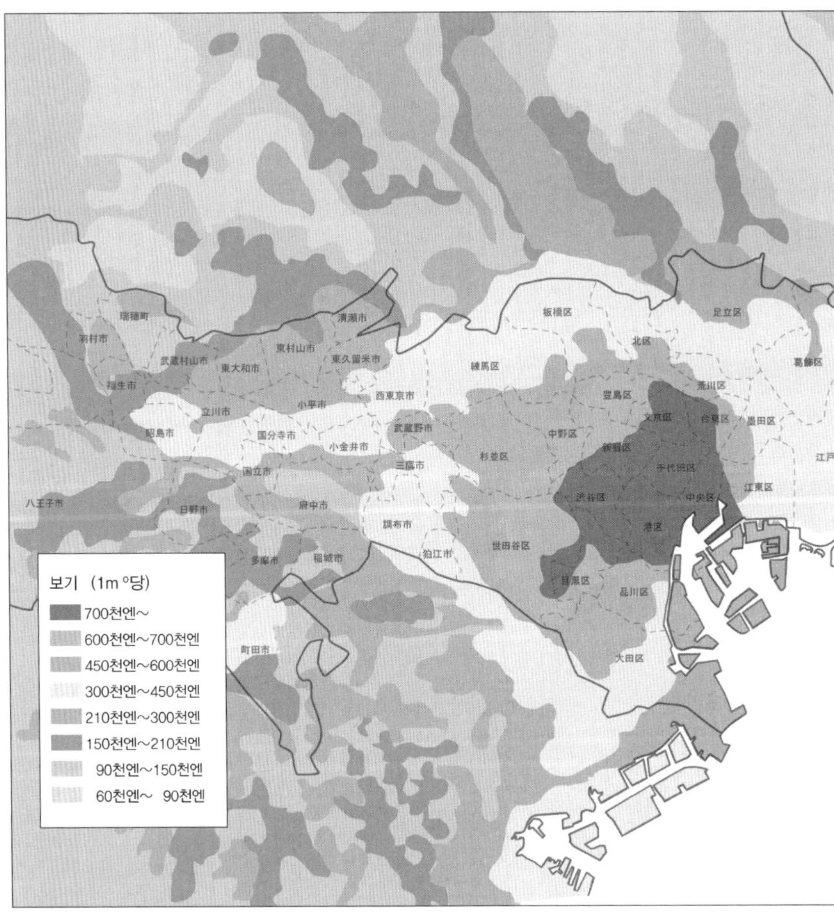

그림 6-8 토지 가격을 지도 위에 가시화한 사례

예를 들어, 토지가격에 대한 데이터를 수집해서 살펴볼 때 글로 읽어볼 때는 재미를 느낄 수 없으며 분석하기에도 어려움이 많지만, 지도 위에 펼쳐 놓아보면 "역시 도심쪽은 토지가격이 비싸구나!", "주요 교통망이 잘 뚫려있네~!" 등과 같은 사실을 수월하게 파악할 수 있다.

6-5 데이터 오독을 피하기 위한 방법

속아 넘어가기 쉬운 그래프의 예

데이터를 다룰 때에는 보는 사람을 속이거나 당황하게 하지 않도록 주의할 필요가 있다. 또한, 스스로 데이터를 살펴볼 때 속아 넘어가서는 안된다.

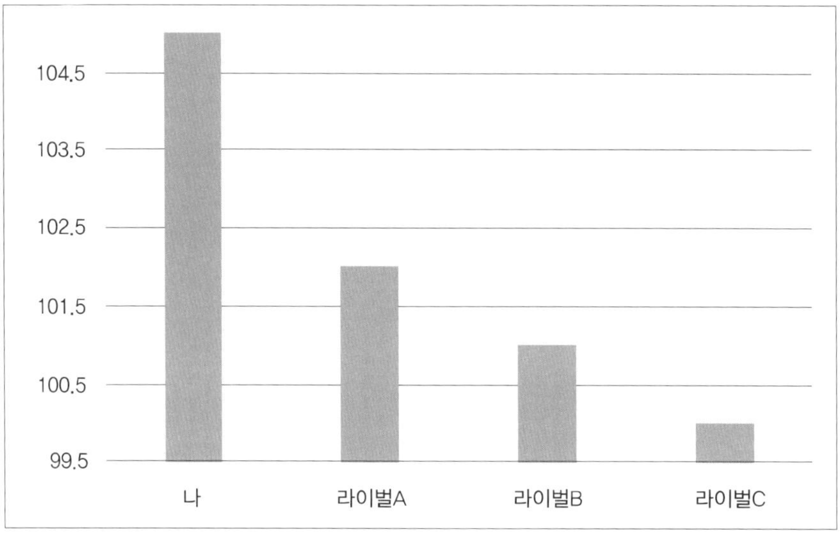

그림 6-9 비교용 그래프A

그림 6-9와 그림 6-10의 그래프를 살펴보면 어떤 인상을 받게 되는가? 완전히 서로 다른 그래프라고 생각되는가?

사실은 2개의 그래프는 같은 데이터를 토대로 작성되었다. y좌표축의 눈금에 대한 단위를 서로 다르게 하여 표현한 것으로서, 이와 같이 전혀 다른 모습의 그래프를 만들 수도 있다. 자신의 성적이 좋다는 점을 강조해서 자랑하고 싶다면 그림 6-9의 그래프 형태를 선택하겠지만, 실수한 개수를 감추고 싶다면 그림 6-10의 그래프 형태를 선택한다. 그래프의 모습은 다양한 종류와 형태로 표현할 수 있으므로, 목적에 맞도록 충실하게 작성하는 것이 매우 중요하다.

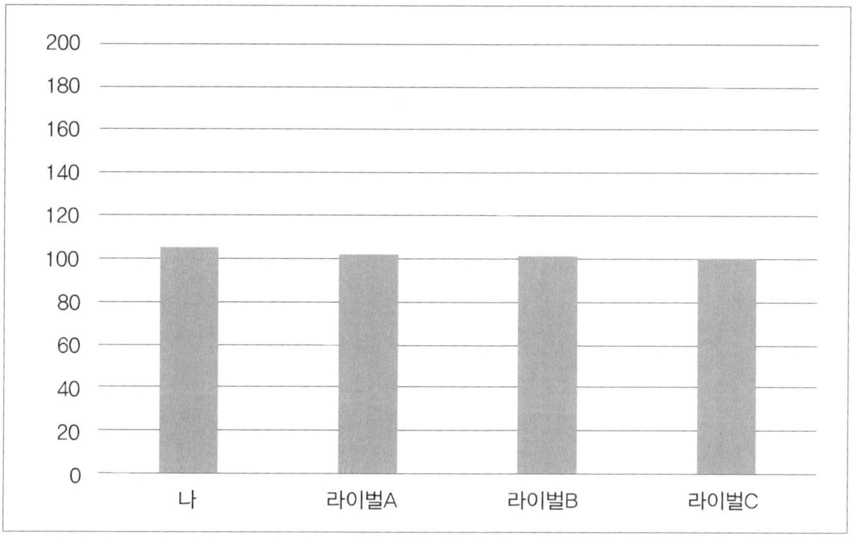

그림 6-10 비교용 그래프B

TV광고 등에서 눈금에 대한 표시가 없는 그래프가 등장하는 경우를 많이 접하게 된다. 이러한 모습의 그래프로부터는 올바르게 데이터를 읽어낼 수 없기 때문에 의미가 없다고 할 수 있다. 단지, 모습만 화려하거나 임펙트 효과를 주기위해서 만든 그래프를 **차트정크**(chartjunk)라고 부르며, 과학분야에서는 기피해야할 주의사항으로 알려져 있다.

그림 6-11 차트정크의 예

컬럼 최신기술과 우리의 삶

인간은 기술을 사용함으로써 다양한 힘을 획득해왔다. 기술없이 현대 인류를 논하는 것은 불가능하다. 기술이 수많은 문제점들을 내포하고 있다는 것은 사실이지만, 그런 문제점들을 효율적으로 해결해주는 것도 역시 기술이다.

이러한 의미에서, 의욕적으로 새로운 기술을 시험해보기 바란다. 인간은 익숙하고 친근한 것을 선호하지만, 예를 들어서 종이와 도장에만 매몰되어 터무니없이 비효율적으로 즐겁지도 않은 업무를 계속 수행한다면 삶에 아무런 의미가 없다.

또한, "기술을 도입하면 다 해결되겠지!"라고 판단하여, 도장을 전자증명서로 대체하더라도 "서류 접수는 대면방식만 허용한다"라는 규정이 존재한다면, 아마도 아무것도 변하지 않을 것이다. 최신기술의 도입과 DX라는 것은, 단순하게 기계 또는 장치를 도입하기만 하면 완료되는 것이 아니며, 사고방식과 규칙(규정, 룰)도 포함해서 개혁함으로서 비로소 효과를 발생시킬 수 있다.

한편, 새로운 것에 대해서 비판없이 무조건적으로 받아들이는 것도 바람직하지 않다. 예를 들어, 블록체인으로 SDGs(지속가능한 개발목표)에 공헌하자라는 운동이 있다고 가정해보자. 블록체인은 비중앙집권과 투명성이라는 특징을 갖는 시스템이다. 지금까지 블랙박스 상태였던 금융기관과 정부의 시스템을 블록체인으로 대체하면, 전세계의 누구라도 내부 모습을 확인할 수 있는 가능성이 있다. "그렇다면, 모든 시스템을 블록체인으로 바꾸면 부정하거나 쓸모없는 시스템을 없앨 수 있지 않을까?"라고 상상할 수도 있다.

그러나, 블록체인은 기존의 시스템에 비해서 동작이 느리거나 막대한 전력을 소비한다고 알려져 있다. 블록체인은 저비용으로 가능하다고 주장하는 사람들도 있으나, 비중앙집권형이므로 "모든 것을 부담하는 중앙의 누군가"가 없다는 의미이다. 블록체인이 정확하게 동작하고 있음을 검증하는 작업(마이닝)에는 전세계 수많은 사람들이 참가하기 때문에, 그 사람들이 조금씩 전력과 설비 등을 분할해서 부담하고 있는 것이다.

블록체인의 대표적인 예로서 비트코인은 금융 체계이지만, 각각의 마이닝작업 전체를 집계해보면 작은 국가 1개 분량의 전력을 사용하고 있다. 이러한 기술을 다양한 체계에 적용했을 때, 지속가능한지 여부에 대해서는 아직까지 불안감이 남아 있다.

또한, 비트코인은 화폐의 체계(가상화폐)에 관한 것이므로, 마이닝에 참가한 보수가 비트코인 형태로 지불되어 운영되고 있다. 이러한 기술이 음식물의 추적에 적용된다면, 도대체 누가 마이닝에 참가해 줄 것인지에 대한 문제도 내포하고 있다.

이와 같은 문제점들은 언젠가 기술이 개발되어 해결될 것이다. 그러나, 새로운 기술이 등장했을 때, 그 기술의 좋은 면만을 강조해서 함부로 도입하는 것도 피해야할 것이다. 여러분들은 반드시 기술과 여러분들의 삶을 조화시킬 수 있는 힘과 지식을 기르기 바란다.

제 7 장

데이터와 AI 활용에 관한 주의사항

7-1 데이터 활용에 관한 주의사항

7-2 GDPR, 잊혀질 권리, ELSI, 옵트인/옵트아웃

7-3 데이터의 정의

7-1 데이터 활용에 관한 주의사항

빅데이터의 활용

지금까지 데이터를 활용하여 새롭게 창출하는 가치에 대해서 살펴보았다. 데이터와 데이터의 활용은 우리들의 생활을 보다 풍족하고 즐거우며 창조적으로 만들어 준다. 그러나, 좋은 면만 갖는 기술은 존재하지 않는다.

자동차는 인간의 생활상을 바꿀만큼 편리하고 유용한 도구이지만, 교통사고가 일어나서 다치거나 사망하는 경우도 발생한다. 전기의 경우에는 감전사고가 발생할 수도 있으며, 화석연료를 사용한 발전은 환경오염 문제를 발생시키기도 한다.

데이터사이언스와 AI의 경우에도 이와 같은 문제점들이 발생할 수 있다. 제7장에서는 데이터에 관한 문제점과 주의사항에 대해서 살펴보도록 한다.

우선, **데이터 활용에 관한 문제점**에 대해서 살펴보자. 데이터 활용 자체는 장점이 많다. 데이터를 활용함으로써 다양하고 편리한 서비스의 비용을 절감하여 구현할 수 있다.

"고급 숙박시설의 접객서비스"와 "호텔의 VIP 서비스"는 서비스의 담당자가 이용자와 고객에 대해서 충분히 이해함으로써 성립한다. 따라서, 주문을 하기 전에 이용자 또는 고객이 선호하는 음료수가 제공되거나, 고객이 좋아하지 않는 음식을 제외한 요리를 제공할 수 있다. 그러나, 이러한 세심한 서비스를 모든 비즈니스에서 적용하기에는 무리가 있고, 적용하더라도 상당한 비용이 발생

그림 7-1 빅데이터의 활용에 대해서 이해하기 어렵다면, "호텔의 VIP 서비스"를 떠올리기 바란다.

한다. 중저가 호텔이나 저렴한 제품을 판매하는 상점 등에서 이와 같은 서비스는 제공되기 어렵다.

그러나, 빅데이터와 AI를 활용하면 상당히 적은 비용으로 이와 같은 서비스를 제공할 수 있다. 예를 들어, 어떤 상점을 방문했을 때, "○○○님, 이번달 저희 마트를 31번 방문하셨습니다. 오늘도 반액세일이 적용되는 김밥을 구입하시겠습니까?"라는 메시지를 받게 될 가능성도 있다.

자신의 데이터가 제멋대로 기록되고 저장된다.

이런 상황이 바람직한 것인지 묻는다면, 좋은 현상이라고 할 수 있다. 그러나, 빅데이터와 AI가 두려운 점은, 설마 이런 상황에서 자신에 관한 데이터를 가져가지는 않을 것이라고 생각하는 대수롭지 않은 서비스에서, 생각지도 않은 **행동이나 활동이 기록되거나 저장될 가능성**이 있다는 점이다.

예를 들어, 온라인 쇼핑 사이트에서 어떤 제품을 구입할지 망설이고 있는 단계임에도 불구하고 "지금까지 고객의 행동으로부터 예측한 결과, 이 고객은 이러한 상품을 구매할 것이 확실하다."라고 판단하여 모르는 사이에 상품 발송이 시작된다면, 고객은 상당히 놀랄 것이다. 그러나, 이러한 서비스의 구현 기술*1을 특허로 갖고 있는 기업이 있다.

용어해설 *1
온라인 쇼핑 웹사이트에서는 웹 페이지의 어떤 화면에서 마우스 커서가 몇초간 머물고 있는지 등과 같은 데이터를 수집하고 있다. 사용자의 행동정보와 다양한 마케팅지식을 조합함으로써, 사용자에게 제시되는 광고 등이 연동된다.

요즘들어 직장동료로부터 업무에 관한 질문이 이상할 정도로 많아지고 있다고 생각하고 있는 상황에서, AI가 "직장동료의 일상 행동에 이상한 점이 많이 검출되고 있습니다. 따라서, 경찰청 담당자가 직장동료를 주목해서 관찰하도록 추천하였습니다"라는 상황이 된다면, 직장동료는 불쾌하게 느끼거나 심지어는 두려움을 느끼게 될 수도 있다. 앞으로 생체 관련 데이터의 활용이 활성화되면, 그다지 알고 싶지 않은 자신의 예상사망일까지 알려지게 될 수도 있다.

기분이 나빠질 뿐만 아니라, 보험료와 대출금리까지, "당신은 이상한 행동을 할 가능성이 높으므로, 다른 사람들보다 조금 더 많은 보험료와 높은 금리를 적용하겠습니다."라는 상황이 된다면 자신의 인생이 불리하게 될 것이다. 이러한 조치가 합리적이라고 생각하는 사람들도 있겠지만, 비밀로 해두고 싶은 사항은 비밀로 할 권리가 있다고 생각하는 사람들도 있기 때문에, 아직 결론을 내릴 수 없는 상황이라고 생각해두기 바란다. 단, 이러한 문제점에 대한 관심은 매년 높아지고 있어서, 구글과 페이스북, 트위터 등과 같은 서비스에 자신에 관한 정보를 모두 알려주는 것에 대해서 두려움을 느끼는 사람들이 늘어나고 있다.

용어해설 *2

A/B 테스트
두 집단 간의 대조 실험으로 통계적 가설 검정을 통해 변수 사이의 인과관계를 확인하는 대조실험 방법. 예를 들면, 디자인이 서로 다른 2개의 웹 페이지(A와 B)를 공개하고, 각각의 클릭률을 집계하여 효과를 비교하고 어느 쪽이 우수한지를 판단한다.

페이스북은 **감정에 대한 실험**을 수행하면서 위와 같은 의견을 반영하여, 어떤 이용자 그룹의 타임라인에는 즐거운 내용이, 또 다른 이용자 그룹의 타임라인에는 슬픈 내용이 표시되도록 설정하였다(A/B **테스트***2). 이러한 설정 이후에, 즐거운 내용을 읽어본 이용자들은 그 날 하루의 활동이 활발해졌으나, 슬픈 내용을 살펴본 이용자들은 활동이 위축되는 반응을 보였다. 이러한 실험을 고도화하게 되면, 감정과 행동을 조정할 수도 있게 된다.

7-2 GDPR, 잊혀질 권리, ELSI, 옵트인/옵트아웃

EU의 대응체계

이와 같은 상황에서 이용자가 스스로 대응하기 위한 움직임이 EU를 중심으로 시작되었다. EU에서는 장기간의 논의 끝에 2018년에 GDPR(**개인정보보호규정**)*3이 제정되었다. GDPR의 목적은 개인이 자신의 데이터를 관리할 수 있도록 하는 것이다.

센서와 데이터마이닝 기술이 발전하면서, 개인 자신도 모르는 사이에 거대 IT기업이 개인의 데이터를 수집하여 처리해서 활용하는 상황이 발생하였다. 이러한 현상에 대해서는 이점도 있겠지만, 언제 어디에서 어떤 식으로 개인 데이터가 사용되고 있는지를 파악하고 수정하거나 보호할 권리를 규정한 것이 GDPR이다. GDPR은 EU 가입국 내에 거점을 두고 있는 데이터관리 및 처리 담당자들이 지켜야할 의무와 개인의 권리에 해당하는 내용이므로, 우리들에게도 커다란 영향이 있다. 유럽과 거래하고 있는 기업 등에서는 GDPR을 엄수할 필요가 있다. 또한, EEA(European Economic Area. 유럽경제지역)로부터 제3국으로는 원칙적으로 개인 데이터를 유출할 수 없다.

> **용어해설 *3**
> **GDPR(General Data Protection Regulation)**
> 기업들이 EU 가입국에서 발생하는 '거래(상행위 또는 트랜젝션)'에서 EU국민들의 개인 데이터와 프라이버시를 보호할 것을 의무화하는 규정(2018년 5월 25일부터 시행). 유럽에서는 데이터 활용에 대해서 비교적 보수적이지만, 2020년대에는 산업 데이터의 활용을 활성화하기 위한 목표를 수립하였다. GAFA(Google, Amazon, Facebook, Apple)의 독주에 대한 우려가 있음을 알 수 있다.

GDPR에서 규정한 권리

GDPR에서 규정하고 있는 권리는 다른 법률이나 가이드라인에도 영향을 미치고 있다. GDPR의 기본적인 개념을 살펴보고 이해하도록 하자.

데이터를 삭제할 수 있는 권리는 최근에 자주 언론과 미디어에 보도되고 있어서 기억하고 있는 독자들도 많을 것이다. 데이터 삭제권 자체는 예전부터 존재하고 있었으나, 올바르게 데이터를 수집하지 않은 경우에만 한정되어 행사할 수 있었다.

GDPR에서는 개인의 데이터를 수집하는 목적이 달성되거나, 개인이 데이터 처리에 대한 동의를 철회함으로써, 이러한 행위가 합리적이라고 인정되는 경우

표 7-1 GDPR에서 규정하고 있는 주요 권리

데이터 액세스권	개인의 데이터가 어떻게 처리되고 있는지를 알 권리
이의 제기권	개인의 데이터 처리에 대해서 이의를 제기할 수 있는 권리
정정권	개인의 데이터를 올바르게 갱신할 수 있는 권리
통제권	올바르지 않은 처리가 수행되는 경우에 통제할 수 있는 권리
삭제권	불필요한 데이터와 동의를 철회했을 경우에 개인의 데이터를 삭제할 수 있는 권리
개인정보 이동권	개인의 데이터를 다른 환경에서 사용할 수 있도록 다운로드받을 수 있거나, 데이터의 주체가 원하면 그가 지정하는 다른 사업자에게 데이터가 이동될 수 있도록 요구할 수 있는 권리

에는 데이터 삭제가 가능하다. 단, 범죄자가 자신의 범법행위에 대한 흔적을 지우려 하는 등으로 악용되지 않을지 염려스러운 부분도 있다.

ELSI와 STEM

ELSI는 Ethical, Legal and Social Issues의 약칭으로서, **윤리적, 법률적, 사회적 과제**를 의미한다. AI와 데이터사이언스, 뇌과학 등이 발전하면서, 기술적으로 가능하다고 하더라도 제작해도 괜찮을지, 이 세상에 배포해도 괜찮을 것인지 등을 윤리/법률/사회적 측면에서 논의하는 활동이 ELSI이다.

새로운 기술에 법률이 따라가지 못하는 경우, 어떤 법률을 제정할 것인가는 윤리가 기반이 된다. 한편, 어떤 엄격한 법률이 제정되어 실시되더라도, 사회적으로 해당 기술을 수용할 수 없다면 문제가 발생한다. 이와 같은 일련의 측면들을 포괄적으로 다루는 분야가 ELSI이다.

한편, STEM(Science, Technology, Engineering and Mathematics : **과학, 기술, 공학, 수학**)과 함께, ELSI는 향후의 교육분야에서 중시되어야 할 분야로 주목받고 있다. STEM 교육을 통해서 훌륭하게 배웠다고 하더라도, 윤리와 법규범, 사회적 합의 측면에 반한다면, 많은 사람들에게 피해를 주는 제품이나 서비스를 만들 수 있기 때문이다.

트롤리 딜레마

트롤리 딜레마는 윤리학의 사고실험 중 하나로서, 갱도에 고장나서 폭주하고 있는 트롤리(광차)를 그대로 두면 광부 5명이 사망하게 되지만, 선로 전환기를 조작하면 트롤리가 옆 선로로 향해서 광부 1명이 사망하게 되는 상황하에서 어떻게 할 것인가를 묻고 있다.

사망자 수를 최소화하려면 선로를 변경해야겠지만, 그렇게하면 "선로를 전환한다"라는 조작으로 인해서 원래 사망하지 않아도 되는 사람이 죽음에 이르게 된다. 아무리 사망자 수를 4명 미만으로 줄일 수 있다고 하더라도, 이러한 조치는 살인행위가 될 수 있다.

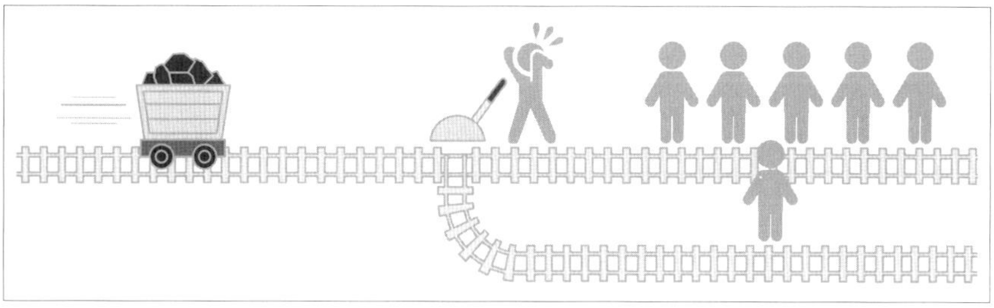

그림 7-2 트롤리 딜레마

이와 같은 딜레마 현상은 정보기술의 지식과 논의만으로는 해결할 수 없는 중요하고 복잡한 문제이지만, 자율주행 등이 일반화되는 과정에서 반드시 고려해야할 사안이다. AI와 데이터사이언스가 발전하는 사회에서는 각 구성원들 모두가 STEM과 ELSI에 대한 소양을 쌓아둘 필요가 있다.

옵트인/옵트아웃

옵트인(Opt-in)과 옵트아웃(Opt-out)은 개인정보의 처리를 위한 의사표명방법에 관한 용어이다. **옵트인**은 수락함을 표명하는 것이고, **옵트아웃**은 거부함을 표명하는 것이다. 예를 들어, 광고 메일이 무제한적으로 발송되는 경우는 수신자에게 불편함을 주는 행위가 되므로, 발송방법에 대해서 미리 정해진 규칙이 있다.

옵트아웃 방식에서는, 일단 광고메일을 발송하면서 광고메일 내용에 수신을 거부할 수 있는 수단이 포함된다. 한편, 옵트인 방식은 광고메일을 보내도 되는지 여부를 사전에 이용자에게 문의하고, 수락하는 경우에만 광고메일을 보내는 방식이다.

일본의 경우에는 스팸 광고메일을 규제하기 위한 **"특정 전자메일 송신의 적정화 등에 관한 법률"**과 **"특정상거래에 관한 법률"**이 있다. 특정 전자메일은 광고메일을 의미하며, 위의 2개 법률을 **"스팸메일방지2법"**이라고도 부른다.

초기에는 옵트아웃 방식만 확보되어 있다면 광고메일을 발송해도 괜찮다고 여겨졌으나, 옵트아웃의 경우에는 최소한 한 번의 광고메일을 받을 수 있고, 더군다나 옵트아웃이라고 여길 수 있도록 "메일을 수신하고 싶지 않으면, 여기를 클릭해주세요."라고 위장해서 **개인정보를 갈취해가는 등의 문제점들**이 다수 발생함에 따라서, 관련법률을 개정하여 옵트인 방식이 의무화되었다. 여러분들이 사회에 진출하여 직업을 갖게 되었을 때, 동의하지 않은 사람들에게 갑자기 광고메일을 발송하지 않도록 주의하기 바란다.

7-3 데이터의 정의

기계가 처리하므로 공평한가?

구글은 예전부터 "검색결과의 순위는 알고리즘이 자동적으로 결정한다. 따라서, 공평하다."라는 취지의 발언을 해왔다. 그 당시에 야후 등에서는 여전히 수작업으로 웹 사이트를 등록하는 방식을 사용하고 있었다.

그러나, "기계가 처리하므로 공평하다"라고 단정할 수 없다는 사실을 지금은 많은 사람들이 알고 있다. 가능한 한 검색결과의 상위에 자신의 사이트를 표시하기 위해서 SEO(Search Engine Optimization)를 기반으로 키워드와 웹 페이지기술, 웹 사이트 구조 등을 설계하고 있다. 결과적으로 양질의 콘텐츠를 갖추지 못한 사이트가 검색결과의 상위에 표시되는 경우도 있다.

웹에는 대량의 정보가 축적되어 정보의 다양성을 확보할 수 있는 역할을 수행하고 있다. 그러나, 웹으로부터 적절한 정보를 찾아내기 위해서는 **검색엔진**[*4]에 의존할 수밖에 없고, 검색 결과물의 첫 번째 페이지에 표시할 수 없는 정보는 마치 이 세상에 존재하지 않는 듯이 취급되는 경우가 많다.

이와 같은 상황하에서 생각지도 못한 사이트 또는 정보가 검색결과의 상위에 표시되는 경우가 적지 않다. 예를 들면, (지금은 수정되었지만) 구글의 이미지 검색에서 "백인 소년"이라고 검색하면, 스포츠와 파티를 즐기는 모습의 이미지가 검색되는 경우가 있었다. 한편, "흑인 소년"이라고 검색할 경우에는 형무소에서 촬영한 사진들이 검색결과로 나왔다. 이와 같은 검색결과로부터, 백인들의 인생은 희망적이지만, 흑인으로 태어나면 고난과 괴로움의 연속이라는 인상을 받을 수 있다. 실제로 이런 격차와 차별이 존재한다고 하더라도, 정보기술은 이런 선입견을 고착시키거나 조장해서는 안되며, 즉시 시정되어야만 할 것이다. 이러한 사례를 통해서, "기계가 처리하므로 공평하다"라고 단언할 수는 없는 것이다.

용어해설 *4

검색엔진(Search Engine)
인터넷상의 정보를 축적하여 이용자의 요구에 대응해서 최적의 검색결과를 찾아내는 시스템. 대표적인 검색엔진으로는 구글이 있다.

103

AI의 판단은 올바른가?

아마존은 첨단 기업으로서 인재채용에 AI를 활용하여 왔다. 그러나, 2015년에 중단되었다. AI가 인재채용에 여성차별을 범했기 때문이다.

앞서 구글의 사례를 살펴보았듯이, AI에는 차별감정 등이 존재하지 않도록 수정되고 있으며, 당분간은 감정을 갖는 고성능의 AI가 출현하지 않을 것이다. 그럼에도 불구하고, AI는 차별적으로 동작하고 있다. 그 이유는 무엇일까?

AI가 과거의 데이터로부터 학습하기 때문이다. 과거에는 IT기업은 남성중심 사회를 기반으로 하고 있었다. 우수하거나 고위직에 오르는 사람들이 대부분은 남성이 많았던 것이다. 따라서, 이러한 사회의 데이터로부터 우수한 사람, 출세하는 사람은 남성일 확률이 높다라는 지식이 추출되어 채용분야에서 남성이 보다 높은 점수를 받게 되었던 것이다.

이러한 현상은, 아무리 여성이 우수하다고 하더라도 AI의 판단을 뒤집기에는 역부족이었다. AI에게 악의가 없더라도 학습용 데이터에 **편향성**이 내포되어 있다면, "올바르지 않은" 행동을 수행해버린다. 여러분들은 데이터를 수집/처리/활용할 때에 이와 같은 문제점에 충분히 주의해야 한다.

우리들은 바둑이나 장기 또는 체스 경기에서 최고 수준의 기사(인간)가 AI에게 패배하는 모습을 보아왔기 때문에, 자칫하면 AI가 수행하는 일은 모두 올바른 것이라고 생각하기 쉽다. 그러나, 어떤 것이든 비판적인 관점에서 관찰하거나 내부의 모습이 어떻게 되어 있는지 등을 살펴보는 것이 중요하다. 이러한 비판적 사고를 갖춤으로써 사회의 불공정과 불평등을 방지할 수 있다.

도로표지판의 오인식

데이터의 날조와 변조는 더욱 심각한 문제이다. 우수하게 AI가 제작되더라도 데이터를 거짓으로 꾸미거나 부당한 내용으로 변경시킨다면, AI는 상상하지 못한 동작을 수행하는 결과를 초래하게 된다. 예를 들면, 자율주행자동차는 카메라를 통해서 수집한 영상으로부터 도로의 구조와 교통상황을 파악해서 자동차를 제어한다. 그러나, 도로표지판에 작은 스티커를 부착했을 때, 자율주행자동차는 오인식을 하여 엉뚱한 동작을 수행하게 된다.

물론, 자율주행자동차는 개발도중에 있는 기술이므로, 향후에는 이와 같은 노이즈 정보에 휘말리지 않도록 수정보완하는 기술이 발전할 것이다. 그러나, 한편으로는 AI를 학습시키는 기법도 고도화되어 갈 것이다. 예를 들면, **"적대적 생성 네트워크**(敵対的生成네트워크, GAN : Generative Adversarial Network)" 에서는 어떤 목적을 갖는 AI와, 그 목적과는 반대되는 목적을 갖는 AI를 대립시켜서 경쟁을 통해서 학습효율을 높이고 있다. "적대적 생성 네트워크"에서 "적(敵)"이라는 단어는 학습효율을 높이기 위한 "라이벌"이 존재하는 것이라고 생각하기 바란다.

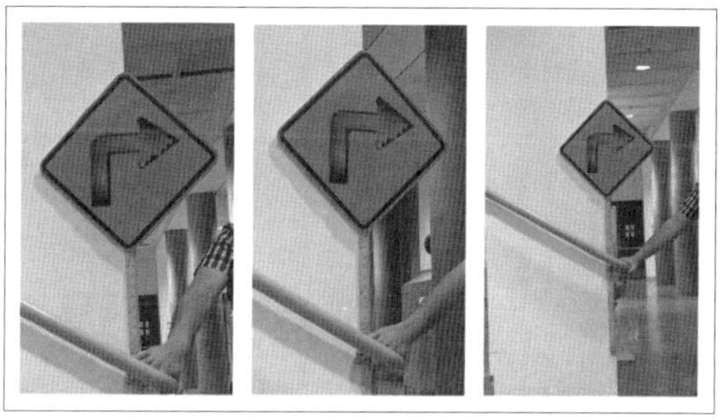

Ⓒ UNIVERSITY OF WASHINGTON

그림 7-3 자율주행차를 속이는 스티커*5

용어해설 *5

워싱턴대학교의 연구팀에서 수행한 실험. 우회전 표식과 매우 유사한 이미지를 인쇄한 스티커를 기존의 도로표지판 위에 부착했을 때, 자율주행자동차가 "제한속도45마일"이라는 표식으로 오인식하였다.

인간중심의 AI 사회원칙

트럼프 정권이 탄생했을 당시의 선거전에서 **딥페이크**가 문제시 되었다. 진짜와 매우 유사한 가짜인물의 거짓연설, 가짜뉴스가 전세계적으로 전파되었다. 각 SNS기업에서는 가짜뉴스를 잡아내기 위해서 AI를 활용했으나, 가짜뉴스를 생산하는 쪽에서도 AI를 사용하여 더욱 정교하게 **가짜 정보**를 제작하였다.

따라서, 우리들은 AI와 데이터사이언스를 활용하면서, 데이터와 AI를 다룰 때 더욱 세심한 주의가 필요하다. 이와 같은 상황에 대응하기 위한 가이드라인으로서, 일본 정부에서는 "인간중심의 AI사회원칙"을 발표하였다.

AI는 복잡하고 학습방법이 자동화되어 있기 때문에, AI제작자 자신도 내부의 모습을 잘 알지 못하게 되는 **블랙박스(Black Box)** 상태로 제작되는 경우가 많다. 그러나, AI가 탑재되어 있는 서비스와 제품에 대해서 책임이 요구되는 것은 자명한 사실이다.

인간중심의 AI사회원칙에서도 살펴볼 수 있듯이, AI를 제작하는 경우에는 공평성, 투명성, 설명책임, 프라이버시, 정보보호 등에 대해서 올바르게 구현해야만 한다. 또한, AI 사용자의 관점에서 이런 원칙들이 올바르게 엄수되고 있는지 살펴보고 확인할 수 있는 지식과 기술을 익힐 필요가 있다.

표 7-2 인간중심의 AI사회원칙(일본)

원칙	내용
인간중심의 원칙	AI는 인간의 능력과 창조성을 확대한다.
교육·소양의 원칙	AI를 활용하기 어려운 'AI 약자'가 발생하지 않도록 교육환경을 갖춘다.
프라이버시 확보의 원칙	개인 데이터와 이를 활용하는 AI는 개인의 자유와 존엄을 침해하지 않도록 한다.
정보보호 확보의 원칙	AI이용에 대한 위험성을 올바르게 평가하여, 리스크 저감을 위해 노력한다.
공정경쟁 확보의 원칙	특정한 국가에 AI를 집중시키지 않는다. 데이터수집과 주권을 침해하지 않는다.
공평성, 설명책임 및 투명성의 원칙	AI에 의한 인종, 성별, 사상 및 신조 등의 차별을 하지 않는다.
혁신의 원칙	Society 5.0을 실현하여 인류의 발전과 진화를 지원하고, 국제화, 다양화, 산학민관의 연계를 추진한다.

제 8 장

데이터와 AI에 관한 보안기술

8-1 정보보안의 기초

"보안"이란?

어떤 시스템이라도 AI와 빅데이터를 다루는데 있어서 정보보안은 중요하다. 제8장에서는 정보보안에 관한 기본적인 지식과 기술에 대해서 설명한다.

일반적으로 "보안"은 **비즈니스분야에서 경영자원을 위협으로부터 보호하고 안전하게 경영을 수행하기 위한 제반 활동**이다. 경영자원을 "중요한 물건(또는 사실)", 위협을 "해를 끼치는 것(또는 사건)"으로 생각해도 좋겠다. 따라서, 중요한 물건(또는 사실)에 대해서, 해를 끼치는 것(또는 사건)으로부터 보호하여 안전하게 업무(또는 일상생활)를 수행하기 위한 여러 가지 활동을 의미하며, 일상생활을 영위하면서 수행하는 여러 가지 활동들이 보안활동에 해당한다고 생각할 수도 있다.

특히, "정보"라는 용어를 앞에 붙인 **"정보보안**[*1]**"**은 컴퓨터에 관련되어 있는 분야에 한정된 용어라고 오해할 수도 있다는 점에 주의하기 바란다. 정보보안을 확실하게 하라고 해서, 컴퓨터 보호에만 집중하다보니 중요한 정보가 종이 서류에서 유출되는 등, 웃지 못할 사례가 많이 발생한다.

역설적이지만, 보안을 고려하는 경우에는 먼저 **리스크**[*2]에 대해서 살펴보는 것이 바람직하다.

용어해설 *1

정보보안

보안에 관한 내용을 CIA로 표현하는 경우가 있다. CIA는 Confidentiality(엄밀성 : 비밀이 엄수되는 특성), Integrity(안전성 : 결손 또는 변조가 없는 특성), Availability(가용성 : 언제든지 사용가능한 특성)의 단축어이다.

보안에서는 "리스크"에 주목한다.

일반적으로 안전은 추상적이고 파악하기 어렵지만, 위험은 구체적으로 파악하기 수월하다.

안전(보안)과 **위험(리스크)**은 상호 대조적인 개념으로서 마치 시소 놀이기구와 같은 관계에 있기 때문에, 안전이 어려울 경우에는 위험을 줄이는 노력을 하면 자동적으로 안전한 상태를 유지할 수 있다. 따라서, 보안분야에서는 "리스크"가 중요한 키워드가 된다.

용어해설 *2

리스크(Risk)

위협이나 취약성이 원인이 되어 발생할 수 있는 손해 또는 손실.

이때, 리스크는 위험이라고 생각해도 좋다. 그러나, 여러 분야에서 리스크는 단순하게 위험뿐만 아니라, 불확실성을 내포하고 있는 것으로 정의하는 경우가 많다. 특히, 보안에 대해서 공부하는 입문단계에서 리스크는 단순하게 위험이라고 생각하는 것이 보다 명확하고 이해하기 쉽다.

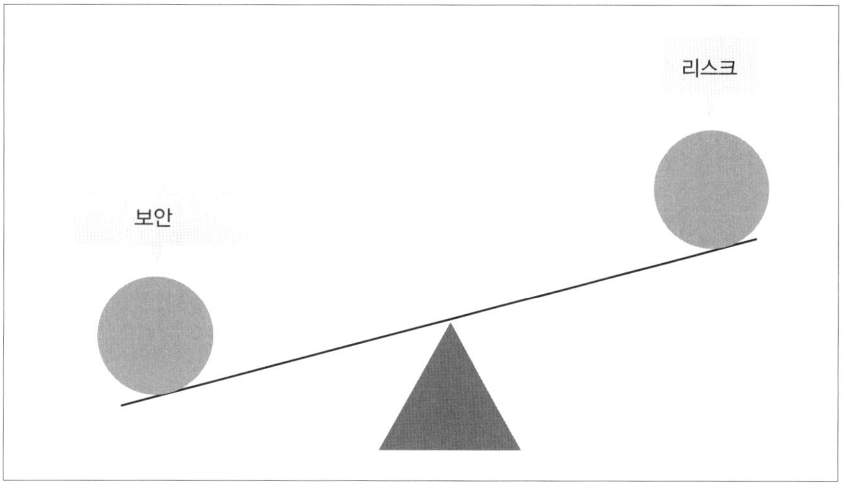

그림 8-1 보안과 리스크의 관계

1
2
3
4
5
6
7
8
9
10
11
12
13
14

경영자원(정보자산), 위협, 취약성

이제 “리스크”에 주목함으로써 보안에 대해서 보다 이해하기 쉽게 되었다. 그러나, 아직 무엇이 위험인지 확실하지 않다. 따라서, 리스크를 좀더 분해하여, 경영자원(정보자산), 위협, 취약성에 대해서 살펴보도록 한다.

경영자원은 보안으로 보호해야 할 대상물이다. 좀더 컴퓨터 분야에 초점을 맞추려는 경우에는 **“정보자산”**이라고 부르는 경우도 있다.

왜 중요한 물건이 위험한 것인가라고 의문을 갖는 사람들도 있을 것이다. 현금을 갖고 있지 않은 사람보다는 가지고 있는 사람이 도난당할 가능성이 높은 것처럼, 중요한 물건을 많이 소유하게 되면 그만큼 리스크가 커진다.

보안의 첫걸음은 **경영자원을 누락없이 파악**하는 것부터 시작된다. 중요한 물건이 무엇인지 파악하지 않는다면, 보호할 수 없기 때문이다. 어디에 무엇이 있는지를 알지 못하는 상황에서는 보안상 최악의 상태가 된다. 이와 같은 경우에는, 자산관리대장(회사가 가지고 있는 자산 목록)을 작성하는 작업이 가장 먼저

해야 할 보안활동이 된다.

컴퓨터와 디지털 데이터 뿐만 아니라, 종이 서류와 현금, 회사의 신용, 브랜드 등이 경영자원에 포함된다. 특히, 브랜드 등과 같은 무형의 자원은 누락되기 쉬우므로 주의가 필요하다.

위협은 경영자원이나 정보자산에 해를 끼치는 모든 것이다. 위협에 대한 취급이 어려운 것은, 각 경영자원마다 위협이 서로 다르기 때문이다. 현금에 대해서는 도둑이나 화재가 위협이 되지만, 컴퓨터의 경우에는 하드디스크 고장이 위협에 해당할 수 있다.

위협이 도둑에 한정되어 있다면, 보안대책은 훨씬 수월할 것이다. 그러나, 현실에서는 다양한 위협이 각 자산에 존재하기 때문에, 모든 위협을 망라하지 않으면 효과적인 대책을 수립할 수 없다. "망라"는 중요한 키워드이다. 보안대책에 중간은 없다. 예를 들어, 10겹의 방호용 문을 설치하고 9개의 문에 열쇠를 걸어놓고 1개는 방치해 버렸다면, 9/10이므로 적절한 보안대책이라고는 생각할 수 없다. 도둑은 분명히 열쇠가 걸려있지 않은 문을 노리고 침입하기 때문이다.

자산관리대장에 누락이 없도록 하며, 다양한 종류의 위협이 존재하고 있음을 기억해두기 바란다. 보안은 "경영자원을 위협으로부터 보호하여, 안전하게 경영을 수행하기 위한 제반 활동"이므로, 기기의 고장, 자연재해 등도 위협에 해당한다. 낙뢰와 홍수에 대한 대책 등도 보안 활동에 포함된다.

취약성(脆弱性)은 어떤 조직이 위협에 대해서 가지고 있는 약점이다. 취약성은 일상생활에서 흔히 접하지 못한 용어이지만, 한자를 포함해서 기억해두기 바란다. "화재에 대비하기 위한, 소화기가 없다.", "도둑에 대비하기 위해서, 열쇠를 걸어두는 것을 깜빡했다.", "멀웨어를 막기 위한, 보안 소프트웨어가 설치되지 않았다." 등이 취약성에 해당한다.

리스크의 표면화

경영자원(정보자산), 위협, 취약성은 리스크의 요소들로서, 돈(자산)을 가지고 있다고 해서 곧바로 도둑(위협)이 노리는 것이 아니다. 경험적으로 살펴보면, 경영자원과 위협과 취약성이 함께 겹쳐지는 경우에 리스크(위험)의 정도가 상당히 높아진다. 이러한 현상을 **"리스크의 표면화"**라고 부른다.

다르게 표현한다면, 3가지 요소들이 공존하지 않을 경우에는 리스크는 심각한 수준이 되지 않는다. 따라서, 경영자원과 위협과 취약성 중에서 어느 한 개

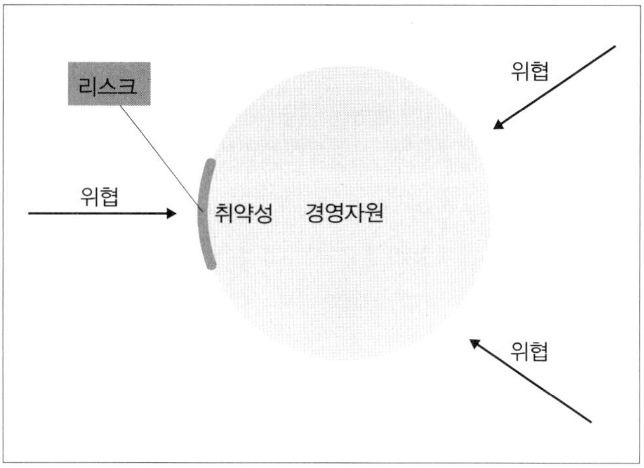

그림 8-2 리스크의 표면화

를 제거하는 활동이 보안대책이라고 할 수 있다.

어떤 요소를 제거하든 상관없지만, 실제 상황에서는 경영자원과 위협을 제거할 수 없다. 돈(자산)을 전부 기부해버리면 도난의 위협을 줄일 수 있겠지만 일상생활이 불가능하게 된다.

도둑과 화재(위협)가 없는 세상이 이상적이지만, 곧바로 근절시키는 것은 어렵다. 따라서, 3가지 요소들 중에서 자신의 약점인 취약성이 가장 감소시킬 수 있는 가능성이 높은 요소이다.

보안대책의 절차와 수용수준

보안대책은 대부분의 경우, 취약성을 제거하는 활동이다. 여러분들이 보안대책을 수립하여 시행하는 경우의 절차를 살펴보도록 하자. 보안대책의 절차는, **"식별 → 평가 → 대응"**과 같은 순서로 진행한다.

식별 단계에서는 빠짐없이 위협을 찾아낸다. 평가 작업에서는 발견해낸 위협에 순번과 점수를 부여한다. 모든 위협에 대응하는 것은 불가능하다. 비용과 시간이 부족하기 때문이다. 또한, 보안에 과도한 노력을 투입하여 본업에 충실하지 못하여 본말이 전도되는 현상도 발생할 수 있다.

따라서, "해당 위협이 어느 정도 수준인가"를 **점수로 매겨보는 작업**이 필요하다. 재해가 발생했을 때, 의료 현장에서는 중증도에 따라서 치료 순번을 결정하는 **"트리아지(Triage)*3"**가 수행되고 있다. 보안대책에서는 이와 같은 방식과 동일하게, 리스크의 규모가 큰 사항부터 우선적으로 대응한다.

용어해설 *3

트리아지(Triage)
대규모 재난 등에 의해 많은 부상자가 발생한 경우에 중증도에 따라서 운반과 치료의 우선순위를 결정하는 방식.

리스크를 완전히 없애는 것은 불가능하며, 리스크를 0로 만들려고 노력해서도 안된다. 그러나, "이정도 수준보다 큰 리스크는 허용할 수 없다"라는 일정한 임계선이 존재한다. 이것을 "수용수준"이라고 부른다.

수용수준은 회사마다 서로 다르다. 리스크에 대해서 필사적으로 해결하려는 기업이 존재하는 한편, 신용거래를 수행하는 기업에서는 조금이라도 위험 가능성이 존재하면 감지하려고 한다. 따라서, 자신이 소속된 회사(또는 기관이나 단체)의 수용수준을 어느 정도로 설정할 것인가가 **경영진의 중요한 업무** 중의 하나이다.

수용수준이 명확하게 규정되어 있으면, 리스크를 평가한 결과를 토대로 수준을 넘어선 리스크에 대해서 하나씩 대응할 수 있다. 수용수준을 초과한 리스크가 모두 수용수준 이하로 수렴될 때까지 리스크 대응을 반복한다.

리스크에 대해서 확실하게 대응하는 것은 매우 중요하다. 최근에는 사회구조가 정보시스템에 의존하는 비율이 높아지고 있기 때문에, 1건의 사고가 발생하면 그 피해액은 간단히 억 단위가 되어 버린다. 사소한 1줄의 프로그램 코드를 실수하여 기밀정보를 일반공개 해버려서 수십억 원의 손해가 발생한 기업도 있다.

리스크 대응방법

리스크 대응방법은, **리스크회피**, **리스크이전**, **리스크보유**, **리스크저감** 등의 4가지로 분류할 수 있다. 리스크에 의한 피해 규모와 발생빈도에 따라서 4가지 대응방법들 중에서 어떤 방법으로 대응할 것인가를 결정할 수 있다. 그림8-3은 리스크 대응방법 4종류의 관계를 나타내고 있다.

리스크회피는, 피해액이 크고 발생빈도도 높은 리스크에 대한 대응방법이다. 너무나 리스크가 큰 경우에는, 리스크의 원인을 제거해버리자는 개념이다. 리스크회피는 효과가 높지만, 부작용도 크다. "회사가 도산하는 것이 두렵기 때문에 회사 경영을 그만둔다."라는 식의 대응방법이기 때문이다. 리스크는 줄일 수 있겠지만, 장점까지 잃어버릴 수 있다.

리스크이전은, 피해액이 크지만 발생빈도는 낮은 리스크에 대한 대응방법이다. 보험이 전형적인 예로서, 자동차사고와 같은 커다란 손해를 발생시켰을 때, 보험회사가 피해자에게 보상금을 지급해준다. 물론, 무상으로 피해보상금을 지급하는 것이 아니므로, 평상시에 보험금을 납부해야 한다.

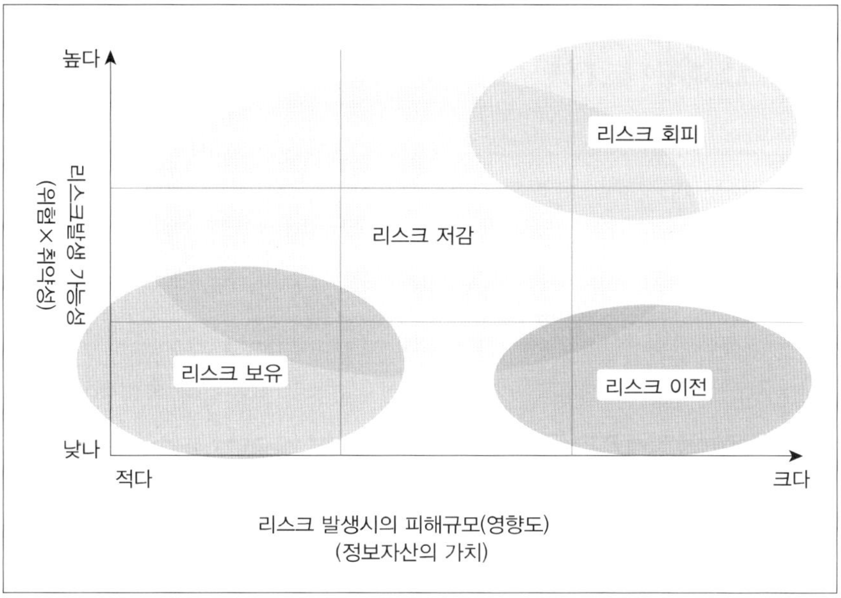

그림 8-3 4가지 리스크 대응방법(출전 : 일본 정보처리추진기구 "정보보안관리와 PDCA사이클"(https://www.ipa.go.jp/security/manager/protect/pdca/risk.html))

리스크저감은, 피해액은 적지만 발생빈도가 큰 리스크에 대한 대응방법이다. 기술적인 방법 등으로 해당 리스크를 줄인다. 예를 들면, 중요한 파일을 백업하는 것이 리스크저감에 해당한다. 원본 데이터가 파괴되더라도 백업이 존재하면 복원할 수 있다.

리스크보유는, 피해액이 적고 발생빈도도 낮은 리스크에 대한 대응방법이다. 리스크를 이해한 이후에 그대로 리스크를 계속 보유한다(단, 리스크를 알지 못한 상태로 방치하는 것은 리스크보유가 아니다). 예를 들면, 피해가 경미하므로, 손해액보다 대책비용이 커져버리는 경우에 사용된다.

8-2 정보의 CIA

기밀성, 완전성, 가용성

정보분야의 보안에 대하여 "정보가 위협으로부터 보호되어 안전한 상태"는 **기밀성**(Confidentiality), **완전성**(Integrity), **가용성**(Availability)이 유지되어 있는 상태를 의미한다. 기밀성, 완전성, 가용성의 첫 글자를 모아서 이러한 상태를 "**정보의 CIA**"라고 부른다.

기밀성은, 해당 정보에 허가된 사람만이 액세스할 수 있음을 나타내는 용어이다. 자물쇠가 걸려있는 방은 열쇠를 분실하지 않는 한, 기밀성이 유지된다. 패스워드 또는 생체인증을 이용하여 잠겨있는 스마트폰 또한 기밀성이 유지된다.

완전성(또는, **무결성**)은, 해당 정보가 부정하게 변경되거나 삭제되지 않음을 의미한다. 서류를 수정한 부분에 정정 도장을 찍어두는 것은 악의적인 제3자가 변조한 것이 아님(즉, 완전무결한 특성을 갖추고 있음)을 나타내는 것이다.

가용성은, 정보보안 기법을 사용하려는 경우에 언제든지 사용할 수 있는 상태임을 나타낸다. 유지보수 작업만을 수행하고 있어서 정작 중요한 핵심적인 보안기능을 사용할 수 없는 경우에는 가용성을 유지할 수 없게 된다.

최근에는 CIA와 더불어서, 인증성(Authenticity), 추적성(Accountability), 부인방지(Non-repudiation), 신뢰성(Reliability)을 추가하려는 움직임이 있어서 조금 더 복잡하게 되고 있다.

다중 인증 방식

또한, 기밀성을 유지하기 위한 수단으로서 패스워드를 과신해서는 안된다. 패스워드는 "정해놓은 암호는 비밀이다.", "따라서, 암호를 알고 있는 사람은 본인이다."라는 개념을 기반으로 하는 본인확인수단(지식을 사용한 확인수단)이다. 사물(열쇠 또는 신분증)을 사용한 확인수단에 비해서 누설되기 쉽다는 특징을 갖는다. 또한, 누설방지를 위해서 패스워드를 길고 복잡하게 설정하거나 자주 변경하여 별도로 메모해두어야하는 등, 또다른 부담이 커지는 경우도 있기 때문에 우수한 정보보호 수단이라고 할 수 없다.

따라서, 지문이나 얼굴인식 등과 같은 **생체인증 방식**, 패스워드 입력과 더불어서 스마트폰에 확인메시지를 발송하여 2차인증을 수행하는 방식 등과 같은 **다중 인증 방식**이 많이 사용되고 있다. 다중 인증방식에서는, 예를 들어, 패스워드(**지식**)와 스마트폰(**사물**)을 모두 인증하지 못하면 본인으로 인증받지 못하기 때문에, 공격자로부터의 부정액세스를 방지하는 효과가 크다.

이 때, **제1패스워드**와 **제2패스워드**를 삽입하는 방식은 다중 인증방식이 아니다. 2개의 패스워드는 모두 지식을 사용하고 있으므로 누설되는 경우에는 함께 누설될 수 있기 때문이다(제1패스워드가 누설되면 틀림없이 제2패스워드도 누설될 수 있다). 또한, 암호화된 파일이 메일에 첨부되어 발송되면, 해당 암호를 풀기위한(복호) 패스워드를 이어서 메일로 발송하는 방식도 의미가 없다. 처음 메일과 두 번째 메일 모두 도청될 가능성이 높기 때문이다.

그림 8-4 인증에 사용하는 정보의 종류

8-3 암호화와 익명가공정보

암호화

인터넷과 같은 공유회선에서는 기밀성과 완전성을 유지하는 것이 매우 어렵다. 인터넷에서 송수신되는 정보는 송수신되는 도중에 어떤 서버를 통과하는지 알 수 없다. 인터넷은 패킷 릴레이 전송방식을 이용하기 때문에, 메일이나 파일을 보내는 단계에서는 어떤 경로를 경유해서 전달되는지 알 수 없다. 그밖에도 WiFi는 전파를 사용하고 있기 때문에, 누구든지 수신할 수 있다.

그렇다고해서, 인터넷을 전화회선과 같은 구조로 변경해서 만든다면, 인터넷의 장점을 잃어버리게 된다. 따라서, 인터넷에서 기밀성과 완전성을 유지하기 위해서 사용되는 기술이 **"암호화(暗號化)"**이다.

데이터가 발송되는 도중에 제3자가 데이터를 판독해버리는 것을 **"도청(盜聽)"**이라고 부른다.

인터넷은 구조상 도청을 방지하는 것이 어렵지만, 발송 정보를 암호화하면

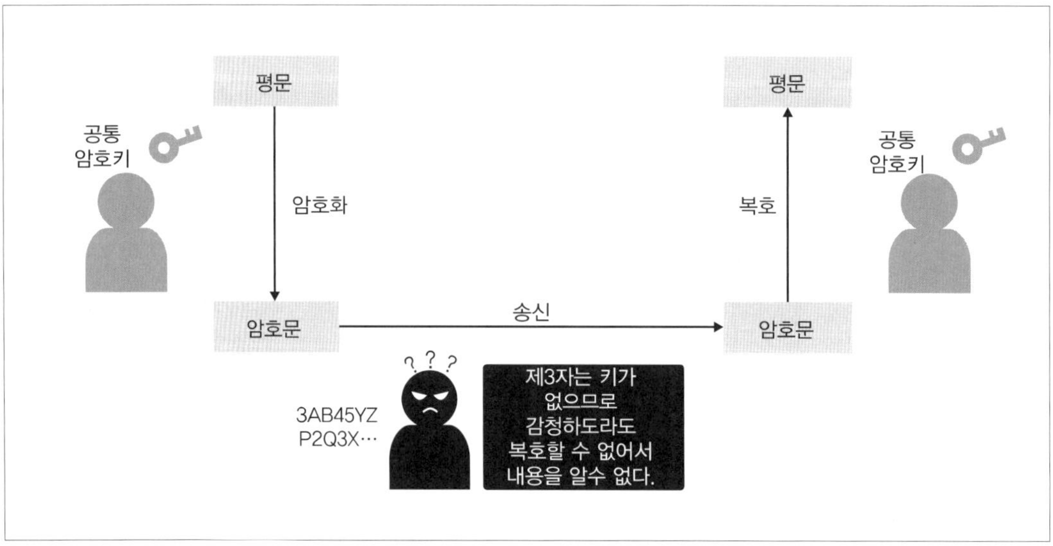

그림 8-5 암호의 체계(공통키 암호방식)

악의적인 제3자가 도청에 성공하더라도 암호를 해독할 수 없어서 의미있는 정보를 추출할 수 없게 된다.

웹 페이지를 보기 위한 통신(HTTPS*4)은 모두 암호화되는 방향으로 발전하고 있으며, 암호통신은 인터넷 세계에서 착실하게 보급되고 있다.

암호화의 대상이 되는 정보를 **"평문(平文, cleartext)"**이라고 부른다. 평문을 **암호화 수단(암호 알고리즘)**과 **키(암호를 만들거나, 원래 상태로 되돌리기 위한 정보)**를 이용하여 **암호문(暗號文, ciphertext, cyphertext)**으로 만든다. 암호문을 원래의 평문으로 되돌리는 처리(**"복호"**라고 부른다)는, 암호 알고리즘과 키를 알고 있는 정당한 수신자만 가능하므로, 도중에 누군가가 도청하더라도 안심할 수 있다.

용어해설 *4
HTTPS(Hypertext Transfer Protocol Secure)
웹 페이지를 송수신하기 위한 통신 규약을 HTTP(Hypertext Transfer Protocol)이라고 부르며, 여기에 암호화된 수단을 도입한 것이 HTTPS이다.

개인정보의 보호와 익명가공정보

AI와 데이터사이언스 분야에서 중요시되고 있는 정보보안 요소로서, **"개인정보의 보호"**와 **"익명가공정보"**에 대해서 살펴보도록 한다. 자신에 관한 개인 데이터(특히, 인종이나 사상신조, 의료 등에 관한 데이터)는 누출되면 막대한 피해가 예상되므로 엄밀하게 기밀이 유지되는 것이 중요하다.

AI의 발전에 의해, 이러한 정보로부터 "이 사람은 앞으로 몇 년 더 살 수 있을까?", "이러한 성격을 갖는 사람은 채용하지 않도록 한다.", "이와 같은 메일을 보내는 사람은, 곧바로 상품을 구매할 것이다." 등과 같은 판단(추측)을 내릴 가능성이 높다. 알 수 없는 곳에서 자신의 인생이 분기점을 맞이하거나, 조정당하지 않도록 개인정보를 보호할 필요가 있다.

한편, 개인 데이터를 활용하면 보다 편한 사회를 만들 수 있다. 보다 적절한 교통망을 구상하거나 감염병을 예방하는 등, 응용할 수 있는 분야와 범위는 계속 확장되고 있다. 개인정보를 보호하면서 안전하게 사용하기 위해서 "익명가공정보"가 사용되고 있다.

개인 데이터 중에서 특정한 개인을 식별할 수 있는 정보를 가공하여 개인식별이 불가능하게 처리한 데이터를 익명가공정보라고 부른다. 이와같은 익명가공정보는 법률에 따른 방법으로 제작한다면, 본인의 동의가 없더라도 기업들 사이에서 데이터를 송수신하여 사용할 수 있다.

기업의 입장에서는 정보누출의 위험성이 낮아지고 본인에게 동의를 받기 위한 노력과 비용이 없으므로, 데이터를 활용할 수 있는 토대가 된다. 개인의 입장에서는, 자신이라고 식별될 수 있는 부분이 없어지기 때문에, 안심하고 데이터를 제공할 수 있다. 이와 같은 개인정보 보호와 익명가공정보에 의해서, 지금까지는 활용이 어려웠던 데이터도 사용하기 수월해지고 사회가 활성화되면서 **이노베이션**[*5]이 일어나고 있다.

용어해설 *5

이노베이션(innovation)
오스트리아-헝가리 출신의 미국 경제학자 Joseph Alois Schumpeter가 주창한 경제발전의 개념. 현재는 "기술혁신"이라는 의미로 사용되고 있다.

제 9 장

AI에 필요한 기초 통계와 수학

9-1 기초 수학

AI를 이해하기 위해서는 수학이 필요하다.

AI를 형성하는 기계학습과 데이터사이언스(통계)는 모두 수치를 계산함으로써 성립한다. AI의 개념을 이해하고 활용하기 위해서는 AI의 핵심을 구성하는 수학*1을 이해할 필요가 있다. AI가 인간의 두뇌를 컴퓨터에 그대로 재현하는 것으로 생각하는 사람들이 많지만, 현실적으로는 그렇지 않다. AI는 데이터의 경향을 수학적으로 엄밀하게 계산함으로써 인간의 사고능력 수준으로 사물을 판단하거나 추론할 수 있다. 즉, **AI는 수학의 힘을 빌려서 마치 인간이 생각하고 있는 것처럼 보이도록 제작된 지능기계**라고 할 수 있다. 제9장에서는 AI의 사고방식을 이해하기 위해 필요한 수학에 대해서 살펴보도록 한다.

용어해설 *1
AI를 이해하기 위해서는 고등학교까지 배웠던 수학의 내용을 확실하게 이해해 둘 필요가 있다. 또한, 미분적분, 선형대수, 기초통계 등에 관한 지식이 있으면 더욱 바람직하다.

생일 역설

우리들은 일상생활 중에서 자기자신의 **직감***2에 의존하여 다양한 사물을 판단하고 행동한다. 이러한 직감에 의존하는 인간이 왜 AI를 이용하여 사물을 판단하려고 하는 것일까? 그 이유는, **인간의 직감이 수학적인 정당성과 어긋나는 경우가 있기 때문**이다.

용어해설 *2
직감(直感)
사물이나 현상을 접하였을 때 설명하거나 증명하지 아니하고 진상을 곧바로 느껴 알아차리는 것. 데이터사이언스 분야에서는 "사물을 직감이나 경험으로 판단하는 것"이라는 의미로 사용되고 있다.

예를 들면, **"교실에 몇명의 학생이 있으면 생일이 같은 학생이 있을 확률이 50% 이상이 될 것인가?"**라는 문제를 살펴보도록 하자. 인간은 직감적으로 상당히 많은 수의 사람들이 필요할 것이라고 느낄 것이다. 이 문제에 대해서, 365일의 절반에 해당하는 183명이 필요하다고 생각하는 사람들이 많지 않을까?

그러나, 수학적으로 계산한 올바른 결과값은 23명이다. 23명의 학생이 교실에 있으면, 같은 생일을 갖는 학생이 1개 그룹 존재할 확률이 50% 이상이 된다.

교실에 있는 학생 수가 증가하면, 확률은 더욱 높아진다. 41명의 경우에는 90% 이상이 되고, 70명이면 99% 이상이 된다.

교실에 여러 명이 있을 때, 생일이 같은 쌍이 존재할 확률이 인간의 일반적인 직감에 어긋나는 현상을 **"생일 역설(Birthday Paradox)"**이라고 부른다. 인간의 직감으로는 당장 믿기 어렵겠지만, 위의 문제에 대한 답은 수학적으로 간단하게 증명할 수 있다.

교실에 2명의 학생이 있다고 가정해보자. 이 때, 2명의 **생일이 서로 다를 확률**을 살펴보자. 첫 번째 학생의 생일은 365일 중에서 어떤 날이든 상관없지만, 두 번째 학생의 생일은 365－1=364일 중에서 어떤 날이다. 두 번째 학생이 첫 번째 학생과 서로 다른 생일이 될 확률은 $\frac{364}{365}$가 된다.

교실에 3명의 학생이 있는 경우에는, 3번째 학생의 생일이 다른 2명의 학생들과 서로 다르게 될 확률은 $\frac{363}{365}$이다.

3명 학생들 모두가 생일이 서로 다르게 될 확률은, $\frac{364}{365} \times \frac{363}{365}$이 된다. 또한, 이러한 계산을 교실에 있는 학생 수 만큼 반복하여 **마지막에 "1"에서 빼면***3, 교실에 있는 학생들 중에서 같은 생일을 갖는 학생들이 있게 될 확률을 구할 수 있다.

용어해설 *3

전체사건 U 중에서 "사건 A가 일어나지 않을 사건"을 "여사건(complementary event)"이라고 부른다. 사건 A의 여사건은 사건 A의 확률을 1로부터 뺄셈해서 구한다. 즉, 사건 A가 일어날 확률이 p라면, A의 여사건 확률(A가 일어나지 않을 확률)은, 1-p이다.

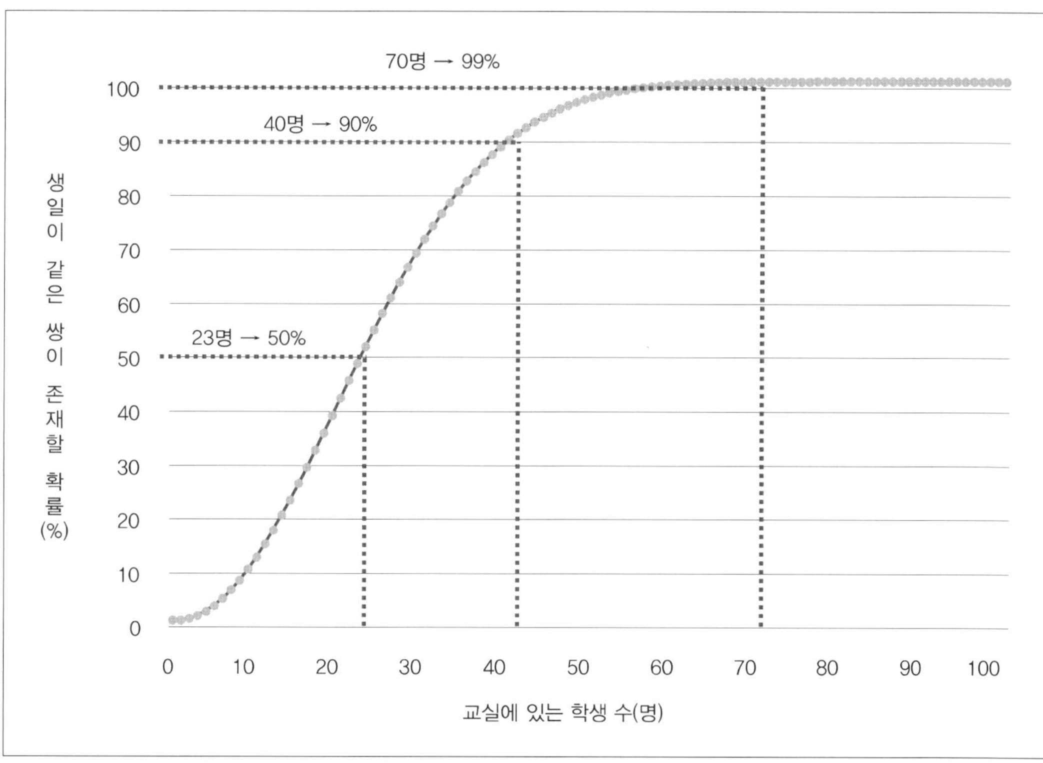

그림 9-1 생일 역설

쿠폰 수집 문제

장난감 자동판매기, 장난감을 끼워파는 과자상품, 소셜게임의 아이템 과금 등에서, **"같은 확률로 무작위로 투입되어 있는 상품에 대해서, 어느 정도 구입하면 모든 종류의 상품을 수집할 수 있을까?"**라는 문제는, 인간의 직감과 수학적인 정당성이 서로 어긋나는 대표적인 사례이다.

예를들어, 장난감 자동판매기에 들어있는 100종류의 상품을 모두 수집하기 위해서, 장난감 자동판매기를 247번 돌리면 92종류의 상품을 수집할 수 있다고 하자. 장난감 자동판매기를 앞으로 몇 번 더 돌리면 나머지 8종류의 상품을 수집할 수 있을까? 인간의 직감으로는 앞으로 조금만 더 돌리면 모든 종류를 수집할 것 같지만, 이 문제에 대한 수학적 계산결과는 271번이 된다.

장난감 자동판매기를 247번 돌려서 92종류의 상품을 수집할 수 있다고 하더라도, 100종류를 모두 수집하기 위해서는 271번을 더 돌려야한다면, 앞으로는 대략적으로 지금까지만큼 더 돌려야 하는 셈이다. 장난감 자동판매기에서는 처음에는 적은 금액만 지출할 생각이었지만, 어느새 많은 금액을 투입하게 되어 버리는 이유는, 인간의 직감으로는 처음에는 수집하기 쉽다고 착각*4하기 때문이다. 이러한 문제를 "쿠폰 수집 문제(Coupon collector's problem)*5"라고 부르며, 수학 분야에서는 매우 유명한 문제들 중에 하나이다.

"생일 역설"과 "쿠폰 수집 문제" 외에도, 인간의 직감과 수학적 계산이 서로 어긋나는 경우가 여러 가지 존재한다. 따라서, 인간은 자신의 직감에만 의존하지 말고, 수학적인 정당성을 갖춘 AI의 능력을 빌려서 보다 정확하게 사물에 대응하려는 것이다.

용어해설 *4
스마트폰 게임에는 장난감 자동판매기와 같이 무작위로 아이템을 수집하는 과금 서비스가 적용되어 있다. 금전감각이 희박한 초등학생/중학생들이 열심히 게임을 지속하게 되면, 다음달에 청구되는 금액이 매우 높게 되어 버릴 수 있다.

용어해설 *5
https://en.wikipedia.org/wiki/Coupon_collector%27s_problem

열거

모든 수학의 기본은 사물에 대한 **"열거(count)"***6를 토대로 하고 있다. 우리들은 일상생활 속에서 다양한 사물에 대해서 개수를 헤아리는 행위(사물의 개수를 세는 행위)를 하고 있다. 예를 들면, 공원에 있는 새들의 숫자를 세거나, 트럼프 게임에서 손에 들고 있는 카드의 장수를 세거나, 이벤트 실시일까지 남은 일수를 세는 등, 다양한 세기 작업이 있다. 이러한 세기 행위는, 열거(count)하려는 사물을 **정수(整數, integer)에 대응시키는 것**이다. 정수에 올바르게 대응시킨 사물을 **"데이터"**라고 부른다. AI를 제작하기 위해서는 데이터가 필수불가

용어해설 *6
간단할 것 같은 열거가 얼마나 어려운 문제인가를 나타내는 "이상한 카운트 방법"이라는 동영상이 있다. 유튜브에서 검색해 볼 수 있으므로, 관심있는 독자들은 살펴보기 바란다.

결하므로, AI를 공부하는 사람들은 사물에 대한 올바른 열거방법을 익힐 필요가 있다.

사물을 세는 경우에는 "카운트 누락"과 "카운트 중복"에 주의할 필요가 있다. **카운트 누락**은 주어진 사물을 모두 세지 못하고 몇 개를 누락시켜버리는 것이다. 아직 세지 못한 사물이 있음에도 전부 카운트했다고 판단해버리는 실수를 저질러서 데이터에 결여가 발생하는 원인이 된다. **카운트 중복**은, 이미 카운트 완료한 사물을 다시 카운트해버리는 것이다. 한번 카운트했음에도 불구하고 아직 카운트하지 않았다고 판단하여, 결국에는 데이터가 중복되는 원인이 된다.

사물의 열거(카운트)는 간단할 것 같지만, 의외로 실패하기 쉽다. 예를 들면, "길이 10미터의 도로에 1미터 간격으로 전봇대를 설치하려는 경우에, 전봇대는 모두 몇 개 필요한가?"라는 문제를 살펴보도록 하자. 이 문제의 답은 10개가 아니다. 올바른 답은 11개이다.

1미터 간격으로 전봇대를 설치한다는 것은, 도로의 시작부분부터의 거리가 0, 1, 2, 3, 4, 5, 6, 7, 8, 9, 10미터인 곳에 전봇대를 설치하는 것이다. 10 ÷ 1으로 계산하여 10개라고 답하기 십상이지만, 10 ÷ 1은 전봇대의 갯수가 아니라 전봇대와 전봇대 사이의 간격 갯수를 의미한다.

이러한 문제는 **"식목산(植木算)*7"**이라고 부르는 유명한 문제이다. AI를 제작할 때, 프로그래밍의 배열 기능을 이용하는 경우에 식목산의 개념이 필요하다.

카운트 누락과 카운트 중복에 주의하면서 다양한 사물을 올바르게 "셈하는" 능력은 데이터사이언티스트에게 필수적이다. 일상생활에서 다양한 사물에 주목하여, **자신이 셈하려는 사물을 정수에 대응시키는 연습**을 수행해보기 바란다.

용어해설 *7

식목산(植木算)

식목산 문제는, 초등학교와 중학교 입시문제로 자주 출제되고 있다. 성인들이라도 실수하기 쉽기 때문에 공사현장이나 식목작업현장에서 전봇대 또는 나무가 1개 부족한 경우가 가끔 발생한다.

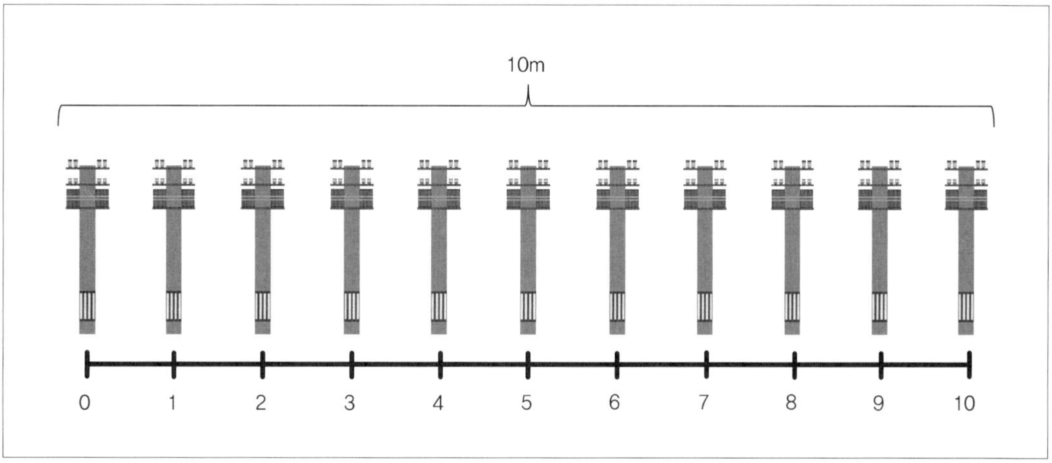

그림 9-2 식목산

9-2 집합과 경우의 수

집합과 경우의 수

AI는 다양한 사물을 확률적인 사건(사상)으로서 취급한다. 인간이 AI의 개념을 이해하기 위해서는 **"확률"**이라는 수학분야를 명확하게 이해할 필요가 있다. 또한, 확률을 이해하기 위해서는 **"집합**[*8]**"**과 **"경우의 수"**를 학습할 필요가 있다.

> **용어해설 *8**
> **집합(Set)**
> 1부터 10까지의 자연수들의 모음 등과 같이, 구성요소들이 명확하게 되어 있는 "요소들"의 모음. "케익 10개의 모음"은 집합이지만, "맛있는 케익들의 모음"은 애매하기 때문에 집합이 될 수 없다.

몇 가지 사물들로 구성되는 모음을 **집합**(Set)이라고 부른다. 이 때, 집합을 구성하는 사물들을 **요소**(Element)라고 부른다. 예를 들어, 여러명의 대학생들이 모여서 구성된 모음은 "대학생"집합이며, "여러명의 대학생들"이 대학생 집합의 요소가 된다. 또한, 집합으로부터 일부분의 요소들을 추출하여 구성한 집합을 **"부분집합**(Subset)**"**이라고 부른다. 예를 들어, 대학생 집합으로부터 "문과계열 학과 소속 학생들"만을 추출하거나, "이공계열 학과 소속 학생들"만을 추출하여 구성한 집합이 부분집합이 된다.

어떤 사건(사상)이 발생할 가능성의 총 가짓수를 **"경우의 수"**라고 부른다. 경우의 수는 집합으로부터 특정한 조건을 만족하는 요소들만을 추출하여 구성한 부분집합의 요소 개수로 나타낸다. 예를 들면, 6명의 대학생들로 구성된 집합X로부터, 남학생들만을 추출하였을 때, 4명이 된다면, 집합X로부터 남학생들만을 추출하는 경우의 수는 4가 된다. 이와 같은 방법으로, 집합X로부터 여학생

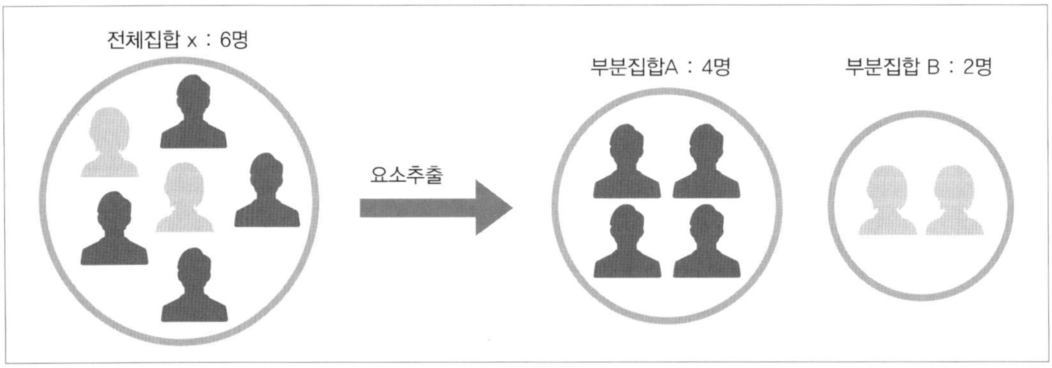

그림 9-3 경우의 수

들만을 추출하였을 때, 2명인 경우에는, 집합X로부터 여학생들만을 추출하는 경우의 수는 2가 된다.

1 2 3 4 5 6 7 8 9 10 11 12 13 14

합의 법칙

2개의 집합들로 나누어져 있는 것을 열거(카운트)할 때, 경우의 수에는 **"합의 법칙**($A \cup B$)*9"이 성립한다. 예를들면, 4명의 남성과 2명의 여성이 포함되어 있는 6명의 대학생 집합X에 대해서, 남학생의 부분집합 A와 여학생의 부분집합 B로 분할했다면, 6명의 대학생들은 부분집합 A와 B 중에서 어느 한 쪽에 반드시 속한다. 이 때, 부분집합 A와 B에 동시에 속하는 대학생은 6명 중에는 존재하지 않는다.

> **용어해설 *9**
> "A 또는 B 중에서 어느 한쪽이 발생하는 경우의 수"라는 조건이 전제되어 있다.

대학생(사상)이 2개의 부분집합 A와 B에 동시에 속하지 않는다면, 2개의 부분집합 A와 B 각각의 경우의 수를 합산할 수 있다.

예를 들어, "대학생은 모두 몇명이 되는가?"라는 문제에 대해서, 부분집합 A에 대한 경우의 수가 4이고, 부분집합 B에 대한 경우의 수가 2이므로, 합산하면 6이 된다.

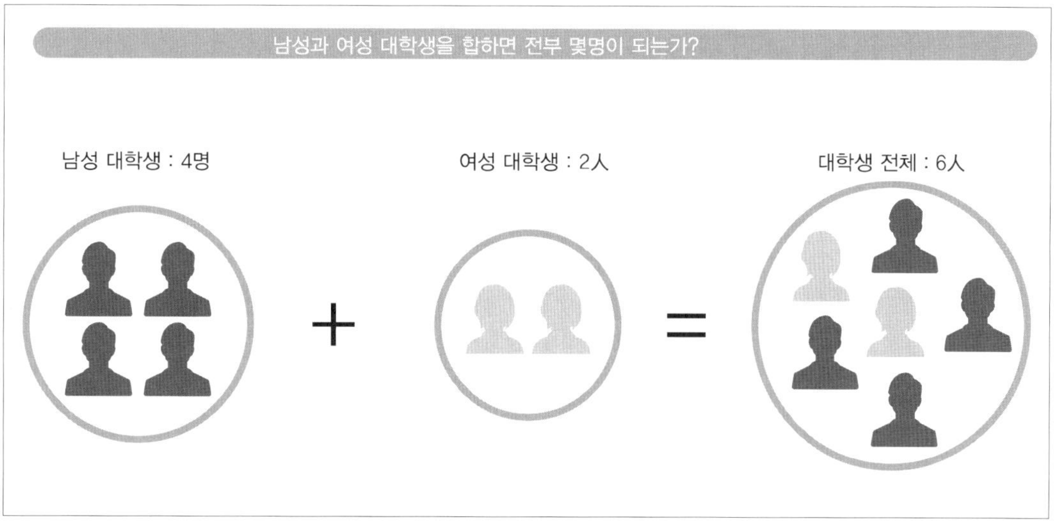

그림 9-4 합의 법칙

곱의 법칙

용어해설 *10
"A와 B가 동시에 발생하는 경우의 수"라는 조건이 전제되어 있다.

2개의 집합으로부터 요소들의 쌍을 만들 때, 경우의 수에는 "**곱의 법칙**($A \cap B$) *10"이 성립한다. 예를 들어, 국문학과와 수학과 각각에 대해서, 각 학년의 대표학생을 1명씩 선발하는 문제를 살펴보도록 하자. 이 문제는, 학과(국문학과, 수학과)의 부분집합A의 모든 요소들과 각 학년의 대표학생(1, 2, 3, 4)의 부분집합B의 모든 요소들로 쌍을 구성하는 문제가 된다.

이 문제에서 **선발된 학생**은 양쪽 집합(부분집합 A와 부분집합 B)에 반드시 속한다. 즉, 부분집합 A에 속하지만 부분집합 B에는 속하지 않거나, 또는, 부분집합 B에는 속하지만 부분집합 A에는 속하지 않는 대학생은 존재하지 않는다.

2가지 사상(국문학과와 수학과, 선발된 학생)이 부분집합 A와 부분집합 B에 동시에 속하는 경우, 2개의 부분집합 A와 B에 대한 경우의 수를 곱할 수 있다. 예를 들어, 국문학과와 수학과 각각에 대해서, "각 학년의 대표학생을 1명씩 선발하면 모두 몇명이 되는가?"라는 문제는, 사상 A의 경우의 수가 2이고, 사상 B의 경우의 수가 4이므로, 곱셈을 수행하면 선발되는 학생들의 합계는 8명이 된다.

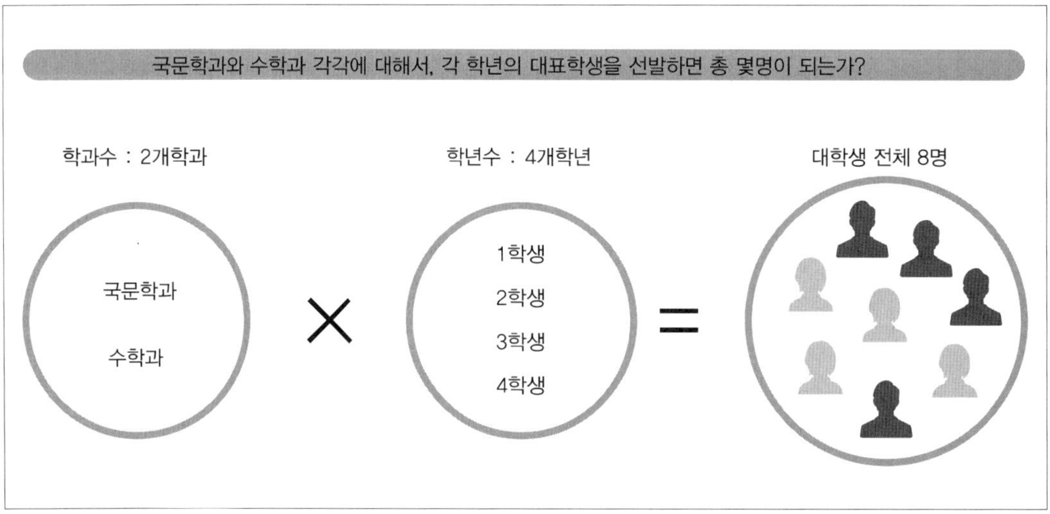

그림 9-5 곱의 법칙

9-3 확률과 통계

확률

모든 사상(사건)의 경우의 수에 대한 어떤 사상(사건)이 발생할 경우의 수의 비율을 **"확률(Probability)"**이라고 부른다. 확률은 사상(사건)의 발생가능성을 나타내며, 0부터 1사이의 실수값으로 표현한다.

확률값의 표현에 "%"를 이용하는 경우에는 0%부터 100%까지의 범위를 갖는다. 모든 사상(사건)의 경우의 수가 n이고, 사상(사건) A가 발생할 경우의 수가 r일 때, 확률 $P(A)$는 다음과 같은 식으로 나타낼 수 있다.

$$P(A) = \frac{r}{n}$$

또한, 사상(사건) A에 대해서, "사상(사건) A가 발생하지 않는 사상(사건)"을 사상(사건) A의 **"여사상(여사건)"**이라고 부르며, $\overline{A}$로 나타낸다. 여사건(여사상)의 확률 $P(\overline{A})$는 다음과 같은 식으로 나타낼 수 있다.

$$P(\overline{A}) = 1 - P(A)$$

이때, 사상(사건) A가 발생할 확률 $P(A)$와 여사상(여사건)이 발생할 확률 $P(\overline{A})$의 합은 반드시 100%가 된다. 예를 들어, 1000장 발행한 복권에 대해서, 당첨 복권이 20장 들어있는 경우, 복권에 당첨되는 사상(사건)A의 확률은,

$$P(A) = \frac{20}{1000} = \frac{1}{50} = 2\%$$

이며, 복권에 당첨되지 않는 사상(사건) $\overline{A}$의 확률은,

$$P(\overline{A}) = 1 - P(A) = 1 - 0.02 = 0.98 = 98\%$$

가 된다. 이때, 확률에 대해서 주의해야 할 것은, **당첨될 확률이 2%인 복권을 50장 구입하더라도 당첨될 확률은 100%가 되지 않는다**라는 점이다.

1번의 시행에 대해서 $\frac{1}{n}$의 확률로 발생하는 사상(사건)을 m번 반복하여 시행하였을 때에 1번 이상 발생할 확률 p는 다음과 같은 식으로 나타낼 수 있다.

$$p = 1 - \left(1 - \frac{1}{n}\right)^m$$

$n = 50$, $m = 50$인 경우, 위의 계산식 결과는 약 0.636 = 63.6%가 된다. 즉, **2%의 확률로 당첨되는 복권을 50장 구입하더라도 약64%의 당첨확률을 갖는다**는 의미이다.

위의 식에서 지수부분에 있는 m의 값이 커질 수록 확률 p는 커지게 된다. 예를들어, 2%의 확률로 당첨되는 복권을 100장 구입하면 당첨확률 p는 약 87%가 되며, 150장을 구입하면 약 95%가 된다. 또한, 0.2%의 확률로 당첨되는 복권을 1000장 구입하면 당첨확률 p는 약86%가 되고, 1500장 구입하면 약 95%가 된다.

어느 쪽 경우라도 확률 p는 거의 유사한 값이 되며, 구입이 필요한 복권의 매수가 매우 증가함을 알 수 있다. 당첨 확률이 매우 낮은 복권 또는 뽑기 게임에 도전하는 경우에는 이와 같은 점에 주의해서 돈과 시간을 허비하지 않도록 주의하기 바란다.

확률분포

AI와 데이터사이언스(통계) 분야에서는 **확률분포**[*11]에 관한 개념이 매우 중요하다. 여기에서는 학교 성적처리 등에서 자주 사용하고 있는 "(학력)편차값"을 예로들어서 확률분포에 대해서 살펴보도록 한다.

> **용어해설 *11**
> 데이터사이언스 분야에서 자주 등장하는 확률분포로서, 균일분포(Uniform Distribution), 정규분포(Normal distribution), 푸아송분포(Poisson distribution), 지수분포(Exponential distribution) 등과 같이 다양한 종류가 있다.

편차값은 모든 학생들의 시험 성적값을 순서대로 나열했을 때, 어떤 학생의 성적이 모든 학생들의 성적 평균값으로부터 어느 정도 떨어져있는지를 수로 나타낸 것이다. 어떤 학생의 시험 점수가 전체 평균값과 똑같다면, 편차값은 50이 된다. 또한, 평균값보다 높은 점수인 경우에는 편차값은 50보다 큰 값이 되며, 반대로 평균값보다 낮은 점수인 경우에는 50보다 작은 값이 된다.

전국의 학생들로부터 무작위로 1명을 추출하여 편차값이 어떻게 되는지를 표 9-1과 그림 9-6을 토대로 살펴보도록 하자. 학생의 편차값은 50의 확률이 가장 높고, **출현확률**은 약4%가 된다. 학생의 편차값이 50에서 멀어질수록 출현확률은 작아진다. 편차값이 60(또는 40)의 출현확률은 약2.4%이고, 70(또는 30)의 출현확률은 약 0.5%이다. 편차값이 80 이상(또는 20 이하)의 출현확률은 약 0.04%가 되어, 이 학생이 출현하는 경우는 거의 없다.

표 9-1 편차값의 확률분포

편차값의 범위	전체 비율	100만명중
편차값20미만	약 0.13%	1,350명
편차값20~30	약 2.14%	21,400명
편차값30~40	약 13.6%	135,905명
편차값40~50	약 34.1%	341,345명
편차값50~60	약 34.1%	341,345명
편차값60~70	약 13.6%	135,905명
편차값70~80	약 2.14%	21,400명
편차값80이상	약 0.13%	1,350명

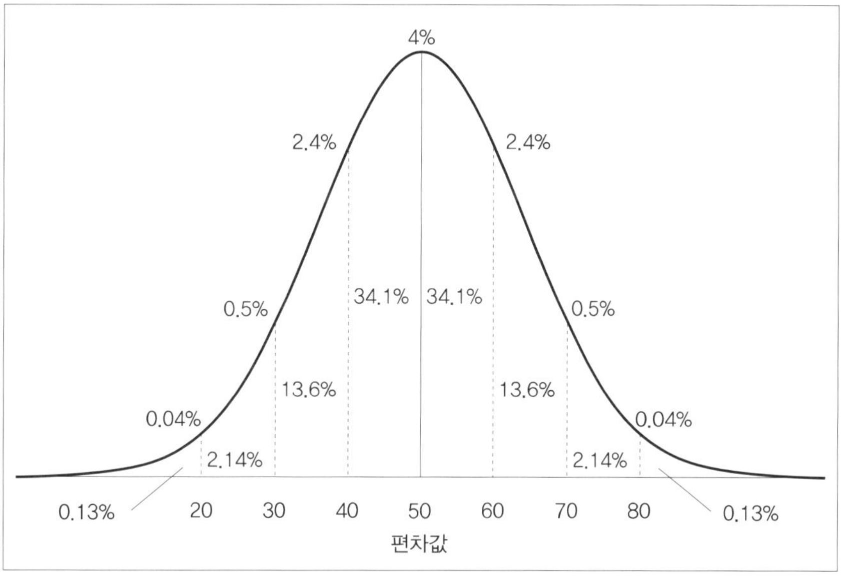

그림 9-6 편차값의 정규분포

이와 같은 확률의 집합이 **확률분포**이다. 확률분포는, 어떤 데이터가 발생할 확률의 목록을 의미한다. 그리고, 확률에 따라서 발생할 데이터를 **확률변수**라고 부른다.

위의 편차값 사례에서는, 전국의 학생들 중에서 무작위로 1명을 추출했을 때의 편차값이 확률변수가 된다. 표 9-1은, 학생들의 편차값에 대한 출현확률을 편차값 10단위의 간격으로 목록화하였을 때의 확률분포이며, 편차값 1간격으로 그래프로 표현하면, 편차값50을 중심으로 종모양(또는 산모양)의 곡선이 된다. 이러한 확률분포를 **정규분포***11라고 부르며, 실제로 다양한 데이터 분석에서 활용하고 있다.

편차값 이외에도 키, 몸무게, 강우입자의 크기 등과 같이 인간이나 자연에 관련있는 데이터의 확률분포는 정규분포를 따르고 있다.

수집한 데이터로부터 확률분포를 계산하는 방법은 다양하다. 여기에서는 가장 단순한 **"도수분포(frequency distribution)*12"**를 사용하는 방법에 대해서 설명하도록 한다. 도수분포는 값이 같은 것이 얼마나 존재하는가를 파악하여 정리한 것이다.

예를 들어, 전국의 270만명의 대학생들로부터 무작위로 100만명을 추출했을 때의 편차값에 대한 학생수의 분포, 즉, 도수분포는 표9-1의 오른쪽 열에 기입된 값이 된다. 도수분포를 구했다면, 다음으로는 도수를 샘플사이즈 100만으로 나누어서 확률분포를 구할 수 있다.

이와 같이 데이터의 도수분포를 구해보면, 이 세상의 다양한 사건(사상)에 관한 확률분포를 파악할 수 있다.

용어해설 *12

정규분포의 성질을 규명한 수학자 가우스의 이름을 빌어서 "가우스 분포"라고 부르는 경우도 있다. 독일의 구화폐 10마르크 지폐에는 가우스의 초상화와 함께 정규분포곡선이 그려져있다.

용어해설 *13

수집한 데이터를 몇 개의 계급으로 나누고 각 계급에 속하는 수치의 출현도수(frequency,빈도)를 조사하여 나타낸 목록, 표, 그래프. 도수분포를 봉그래프 형태로 표현한 것을 히스토그램(histogram)이라고 부른다. 히스토그램은 세로축에 도수를, 가로축에는 계급을 표시한 통계그래프의 한 종류로서 통계학에서 자주 사용한다.

추측통계

데이터의 도수분포로부터 확률분포를 계산할 수 있음을 설명하였다. 확률분포를 파악하게 되면 무엇이 좋은 것일까? 사실은 확률분포가 있으면 이 세상의 미지의 사상(사건)이나 아직 알 수 없는 미래의 결과를 **예측**할 수 있게 된다. 이제, 확률분포에 대한 발상을 전환하여 생각해보도록 하자.

데이터로부터 확률분포를 계산할 수 있다라는 개념이 아니라, 확률분포에 따라서 데이터가 발생한다고 생각하도록 하자. 예를들어, 편차값의 확률분포에서는 전국의 학생들로부터 무작위로 1명을 추출하면, 약 4%의 확률로 편차값 50을 갖는 데이터가 발생한다고 생각하자는 것이다.

AI와 데이터사이언스(통계)는 수집한 데이터를 분석하여, 아직 수집하지 않은 데이터에 대해서 검토하는 방법을 다루는 학문분야이다.

예를 들어, 온라인 쇼핑몰의 고객에 대한 과거의 구매 데이터를 분석하여, 미래의 새로운 고객에 대한 구매경향을 예측하는 것은 AI와 데이터사이언스(통계)의 대표적인 응용사례이다. 실제 데이터분석 과정에서는, 과거의 고객 데이터를 분석함으로써, 데이터로부터 확률분포를 계산한다. 또한, 아직 수집할 수 없는 미래의 고객 데이터에 대해서 검토하기 위해서, "과거의 고객 데이터는 계산된 확률분포에 따라서 발생했다"라고 생각한다. 그리고, "아직 수집할 수 없는 미래의 고객 데이터는 같은 확률분포에 따라서 발생할 것이 틀림없다"라고 생각하는 것이다. 이와 같은 생각의 전환은, 아직 수집할 수 없는 미래의 고객 데이터를 확률분포를 이용함으로써 대량으로 생성할 수 있기 때문에, 미래의 고객에 대한 구매경향을 예측할 수 있게 되는 것이다.

이러한 확률분포의 개념을 응용하면, 다양한 사물에 대해서 적은 데이터로부터 예측할 수 있다. 예를 들면, 선거에 관한 뉴스속보 등에서 "○○○후보자가 개표율1%로 당선확실!"이라는 정보를 접할 수 있을 것이다. 이것은 투표자 전원의 투표결과를 조사하지 않고서, 전체의 1%만 조사했을 뿐이지만, ○○○후보자가 당선된 것이나 다름없다라는 것을 의미한다.

단지 1% 정도만 조사한다는 것은 부족하지 않을까라는 염려도 있겠지만, 확률분포의 개념을 이용하면 예를 들어 1만명이 투표했을 때, 무작위로 뽑은 96명의 투표결과를 알 수 있으면 1만표 전체의 동향을 추측할 수 있다. 이 때, 96명이라는 값은 허용오차 10%, 신뢰수준95%라는 조건하에서 구할 수 있는 인원수가 된다.

즉, 오차가 10% 정도 나올 확률이 있지만, 95%의 확률로 추정결과는 올바르게 됨을 의미한다. 이상에서 살펴본 내용은 확률분포의 개념을 토대로 사물을 예측하는 **추측통계**[*13]라고 부르는 기법이다. 요리의 예로 설명하자면, 된장찌개의 맛을 살펴보기 위해서 냄비에 한가득 들어있는 된장찌개를 다 먹어보지 않더라도 조금만(한수저 정도?) 맛을 보면 냄비 전체에 있는 된장찌개의 맛을 충분히 파악할 수 있다는 사실을 수학적으로 나타낸 것이다.

이러한 추측통계는 현재 이 세상에서 다양한 사물을 보다 적은 데이터를 사용하여 정확하게 예측하기 위해서 중요한 역할을 하고 있다.

용어해설 *13

추측통계(Inferential Statistics)
수집한 데이터로부터 표 또는 그래프를 만들거나, 평균 또는 경향을 조사함으로써 데이터의 특징을 파악하는 통계학을 "기술통계(descriptive statistics)"라고 부른다. 한편, 모집단으로부터 일부분의 데이터(표본)을 추출하여, 추출된 데이터의 특징을 파악해서 모집단의 특성을 추측하는 통계학을 "추측통계"라고 부른다. 더욱 고수준의 통계학으로서 "베이즈통계(Bayesian statistics)"가 있으며, 이 책에서는 다루지 않는다.

컬럼 나이팅게일과 데이터사이언스

여러분들은 나이팅게일(Nightingale, F. ; 1820~1910)이라는 위인을 알고 있는지요? 나이팅게일은 19세기 영국에서 활약한 간호사로서, "근대간호학의 어머니", "백의의 천사"라고 알려져 있다. 크림전쟁에서 아군이나 적군을 구분하지 않고 부상병들에게 헌신하면서 의료현장에서 간호사의 중요성을 간파하여, 영국의 간호사 지위향상에 공헌한 인물이다.

나이팅게일은 간호학분야에서 유명하지만, 생애를 통해서 통계(데이터사이언스)에 매우 큰 관심을 가지고 간호업무에 데이터사이언스를 적극적으로 활용한 인물이다. 크림전쟁에서, 영국군 전사자와 부상자에 관한 데이터를 수집하고 분석해서, 전쟁에서 입은 부상보다는 병원내에서 발생한 병균에 의해서 사망하는 사례가 더 많다는 사실을 발견했다. 즉, 병원의 위생상태를 개선한다면, 사망자수가 크게 감소할 수 있음을 데이터사이언스에 의해서 규명한 것이다.

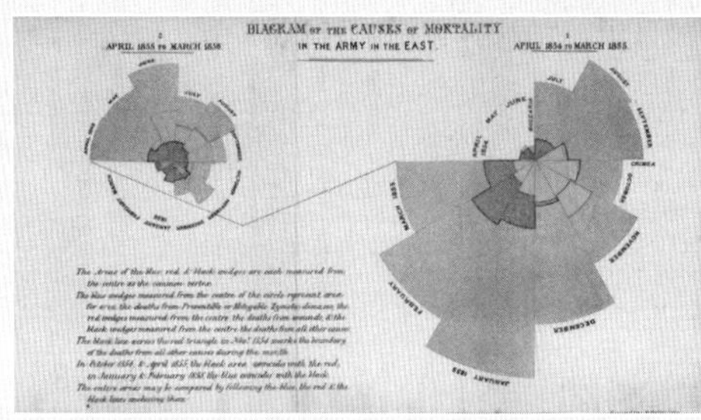

〈나이팅게일의 원그래프〉[출전 : Wikipedia]

나이팅게일이 "의사를 늘리는 것보다는 간호사를 증원하여 병원을 청결하게 하는 것이 많은 사람들의 목숨을 구할 수 있다"라고 주장했으나, 나이팅게일의 의견에 귀를 기울여 주는 사람은 거의 없었다. 당시의 의료현장에서는 간호사의 중요성을 인식하지 못했으며, 환자의 생명을 구하는 것은 의사만이 할 수 있다고 생각했기 때문이다.

이에 나이팅게일은, 병원의 위생상태와 사망자 사이의 관계를 누가 보더라도 알기 쉬운 형태로 가시화(그래프화)했다. 이 그래프는 "나이팅게일의 원그래프"라고 부른다. 또한, 알기 쉽게 가시화된 그래프와 수학이론에 기초한 객관적인 분석데이터를 이용하여 정부 고위관료들에게 병원의 위생상태 개선을 요구했다. 직감 또는 경험이 아니라 데이터로부터 객관적인 사실을 누구든지 알기 쉽게 전달하고자 했던 나이팅게일의 프레젠테이션은, 정부 고위 관료들의 마음을 움직여서, 결과적으로 영국의 병원에서 간호사들의 지위향상으로 이어졌다.

데이터사이언스는 올바른 절차를 따르게 되면, 누가 수행하더라도 반드시 같은 결과를 도출할 수 있다. 데이터사이언스를 이용하면, 성별, 연령, 직위 등과 같은 장벽을 뛰어넘어서 모든 이들이 같은 토대위에서 커뮤니케이션을 할 수 있게 되며, 나이팅게일과 같은 우수한 가치창조를 실현할 수 있다.

제 10 장

알고리즘

10-1 AI와 알고리즘

알고리즘이란?

AI의 핵심을 구성하는 **알고리즘**(Algorithm)에 대해서 살펴보도록 하자. 알고리즘이라는 용어를 처음 접하는 사람들도 많을 듯 하지만, 간단하게 설명하면, 알고리즘은 주어진 문제를 해결할 때의 **"해결 방법"**을 의미한다. 특히, **기계학습이라는 알고리즘을 사용하여 주어진 문제를 해결하는 컴퓨터 프로그램**을 우리들은 AI라고 부르고 있다.

획기적인 기계학습 알고리즘이 발명되면, 지금까지 해결할 수 없었던 어려운 문제를 AI가 해결할 수 있게 되어 사회를 크게 진보시킬 수 있다. 예를 들면, 자동차의 자율주행이나 의료분야의 암 진단 등과 같은 어려운 문제에 AI를 사용할 수 있게 된 것은 **기계학습 알고리즘***1이 진화했기 때문이다.

> **용어해설 *1**
> 복잡한 기계학습 알고리즘의 내부를 살펴보면, 수학의 사칙연산과 정렬, 검색 등과 같은 여러개의 알고리즘을 조합하여 작성되어 있음을 알 수 있다.

여기에서는 하드웨어와 소프트웨어에 대해서 살펴보고, 알고리즘의 기본개념과 필요성, 그리고 실제로 사회에서 응용되고 있는 대표적인 알고리즘에 대해서 설명하도록 한다.

하드웨어와 소프트웨어

"하드웨어(Hardware)"와 **"소프트웨어(Software)"**라는 용어는 통계학자이자 컴퓨터과학분야의 선구자로 알려져 있는 **존 듀키(John Wilder Tukey)***2가 1958년에 집필한 논문에서 처음으로 사용하였다.

> **용어해설 *2**
> **존 듀키(John Wilder Tukey. 1915~2000)**
> "비트(Bit)", "바이트(Byte)" 등과 같은 컴퓨터 용어와 통계학에서 사용되고 있는 "상자수염 차트(box plot、box-and-whisker plot)"를 발명했다.

하드웨어는 컴퓨터 시스템의 물리적인 구성요소를 가리키는 용어로서, 개인용 컴퓨터와 스마트폰의 본체를 뜻한다. 한편, 소프트웨어는 하드웨어와 대비되는 용어로서, 어떤 처리를 수행하는 컴퓨터 프로그램을 가리킨다. 소프트웨어는 사람의 눈에는 보이지 않으며 손으로 만질 수도 없지만, 하드웨어를 동작시킬 수 있다.

예를 들어, 소프트웨어가 스마트폰 화면에 동영상을 표시하거나 스피커로 음성을 출력함으로써 전화 또는 게임 등과 같은 다양한 앱(어플리케이션)을 실행시킬 수 있다. 하드웨어와 소프트웨어의 관계는 인간의 몸과 두뇌 사이의 관계와 매우 유사하다. 인간이 두뇌의 지시에 의해 몸을 움직이는 것처럼, 소프트웨어의 지시에 의해 하드웨어가 동작하는 것이다.

스마트폰의 게임과 개인용 컴퓨터의 웹 브라우저 등과 같은 응용프로그램은 소프트웨어이며, MS Windows와 Mac의 macOS 등과 같은 **OS(운영체제 프로그램)***3도 소프트웨어이다. OS의 기능은 응용프로그램에 비해서 단순하지만, 하드웨어를 동작시키는 중요한 역할을 수행한다. 예를들어, 스마트폰의 충전시간을 관리해서 배터리가 과충전되지 않도록 보호하거나, 개인용 컴퓨터에 내장되어 있는 발열용 팬을 가동시키는 기능은 소프트웨어(OS)가 하드웨어를 제어함으로써 기능한다. 또한, OS는 컴퓨터 이외에도 냉장고와 전기밥솥 등과 같은 가전제품에도 탑재되어 하드웨어를 제어하고 있다.

용어해설 *3
OS(Operating System)
컴퓨터 시스템 전체를 관리하고 다양한 응용 프로그램을 동작시키기 위한 가장 기본적인 소프트웨어.

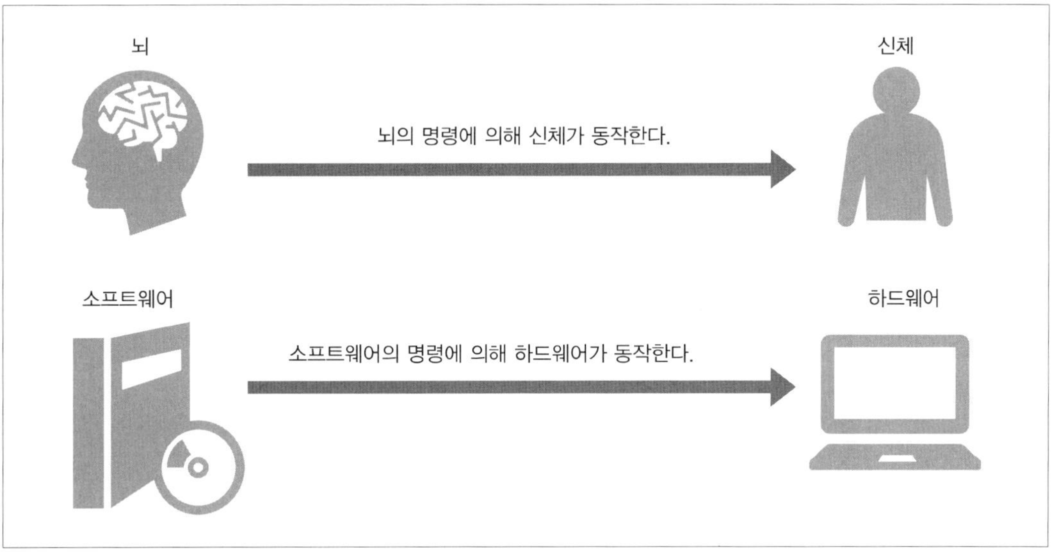

그림 10-1 하드웨어와 소프트웨어

소프트웨어의 성능

이 세상에는 다양한 기능을 갖춘 소프트웨어가 존재하며, 소프트웨어에는 기능뿐만 아니라 또다른 중요한 관점이 있다. 그것은 소프트웨어의 **"성능"**이다. 예를 들어, 자동차를 구입하는 경우에 도로를 주행하는 기능뿐만 아니라, "최고

속도"와 "연비" 등과 같은 성능을 고려하는 것이 일반적이다.

소프트웨어에 대해서도 이와 유사하게, 기능뿐만 아니라 성능을 고려할 필요가 있다. 소프트웨어의 성능은, 소프트웨어가 처리결과를 만들어내기 위한 능력을 의미하며, 대표적인 지표는 아래의 3종류가 있다.

- **처리율**(throughput) : 시스템이 일정 시간 동안 처리할 수 있는 일의 양(처리 건수).
- **응답속도**(response time) : 시스템에 입력이 주어지고 처리되어 그 결과(반응)가 나오기까지의 시간.
- **필요자원**(resource) : 시스템이 어떤 처리를 수행완료하기까지 필요한 자원(CPU, 메모리 등).

높은 처리율과 짧은 응답속도를 보다 적은 자원으로 동작하여 목적을 달성할 수 있는 소프트웨어를 "우수한 소프트웨어"라고 할 수 있다. 지하철의 노선안내 앱의 예를 들어서 보다 구체적으로 살펴보도록 하자.

노선안내 앱은 출발역부터 도착역까지의 경로를 탐색해서 운임이 가장 저렴한 경로 또는 이동시간이 가장 짧은 경로를 표시해주는 기능을 갖는 소프트웨어이다. 노선안내 앱이 경로를 탐색하기 위해서는 매우 복잡한 계산처리가 필요하다. 예를들어, 2018년 3월 31일 현재 시점에서, 일본의 수도권에서 교통IC카드(Suica)를 이용할 수 있는 JR동일본 철도역은 637개소이므로, JR동일본의 출발역과 도착역의 조합수는 637×636=약40억 가지가 된다. 또한, 지정된 출발역과 도착역에 대해서, 운행상황, 경유역, 다른 철도회사 노선으로의 환승 등, 다양한 조건을 고려해본다면 수억 가지의 경로가 존재한다.

이러한 모든 경로를 순차적으로 조사해서 최적의 경로를 찾아내기 위해서는 최신의 컴퓨터를 이용하더라도 수시간 이상의 계산시간이 필요하다. 그러나, 지금 당장 철도 경로를 찾아내기 위해서 검색시간이 수시간 걸리는 앱은 응답속도가 나쁘기 때문에 사람들은 거의 사용하지 않을 것이다.

노선안내 앱의 성능을 향상시키기 위해서는 어떻게 하면 좋을까? 가장 간단한 방법은, **슈퍼 컴퓨터***4와 같은 고성능의 하드웨어를 준비하여 노선안내 앱의 경로계산을 수행하여 처리율과 응답속도를 향상시키는 방법을 생각할 수 있다. 그러나, 이러한 방법으로는 막대한 비용이 필요하므로 노선안내 앱의 이용자 증가에 맞추어서 하드웨어를 지속적으로 증설하기에는 한계가 있다. 따라서, 하드웨어의 능력에만 의존하지 않고 소프트웨어 단위로 성능을 향상시키는 방법이 필요하다.

용어해설 *4
Fujitsu사가 개발한 슈퍼컴퓨터 "KYO"(2021년4월 현재, 운행정지중)는 1일간 이용요금이 2,800만엔 정도 발생한다. KYO의 후속으로서 개발된 "Fugaku"는 약1,300억엔의 개발비가 투입되었고 1일간 이용요금은 KYO와 비슷하다,

알고리즘 공학

이를 위해서, 이 세상에 존재하는 복잡한 문제를 하드웨어의 능력에 의존하는 것이 아니라, 소프트웨어에 초점을 맞추어서 효율적으로 해결하기 위한 기법을 탐구하는 학문분야로서 **"알고리즘공학*5"**이 탄생했다. 알고리즘은 특정한 문제를 해결하는 절차를 단순한 계산과 조작의 조합으로서 정의한 것이다.

알고리즘을 고안함으로써 보다 적은 하드웨어 자원을 사용하여 소프트웨어의 처리율과 응답속도를 수백배 향상시킬 수 있다. 알고리즘은 가끔 "당근 썰기"에 비유되기도 한다. 별모양으로 당근을 썰고 싶은 경우에는 우선은 당근을 원기둥 모양으로 썰어놓은 후에 별모양으로 다듬어가는 A방식과, 당근을 별기둥 모양으로 썰어놓은 후에 잘게 썰어버리는 B방식이 있다. A방식의 경우에는 식칼질을 수백 번 해야 되지만, B방식은 수십 번만 식칼질을 하면 별모양을 완성할 수 있다. 양쪽 방식모두 최종결과는 같겠지만 완성되기까지의 노력과 수고는 서로 다르다.

앞서 살펴보았던 노선안내 앱의 경우에도 **"다익스트라 알고리즘(Dijkstra algorithm)*6"**이라는 **최단경로를 탐색해주는 알고리즘**을 이용한다면, 수시간걸렸던 계산을 1초 이내로 단축시킬 수 있어서 실용적인 노선안내 앱을 제작할 수 있게 된다.

용어해설 *5
유용한 알고리즘은 보통 수준의 성능을 갖춘 컴퓨터에서 동작할 필요가 있다. 아무리 성능이 좋은 알고리즘이라고 하더라도 슈퍼컴퓨터가 아니면 동작하지 않는다고 하면 이용가치가 없다.

용어해설 *6
다익스트라 알고리즘 (Dijkstra algorithm)
1959년에 Edsger W. Dijkstra가 창안한 최단경로 탐색 알고리즘. 철도 노선안내뿐만 아니라 자동차 내비게이션 경로탐색과 인터넷 통신경로탐색 등에서도 응용되고 있다.

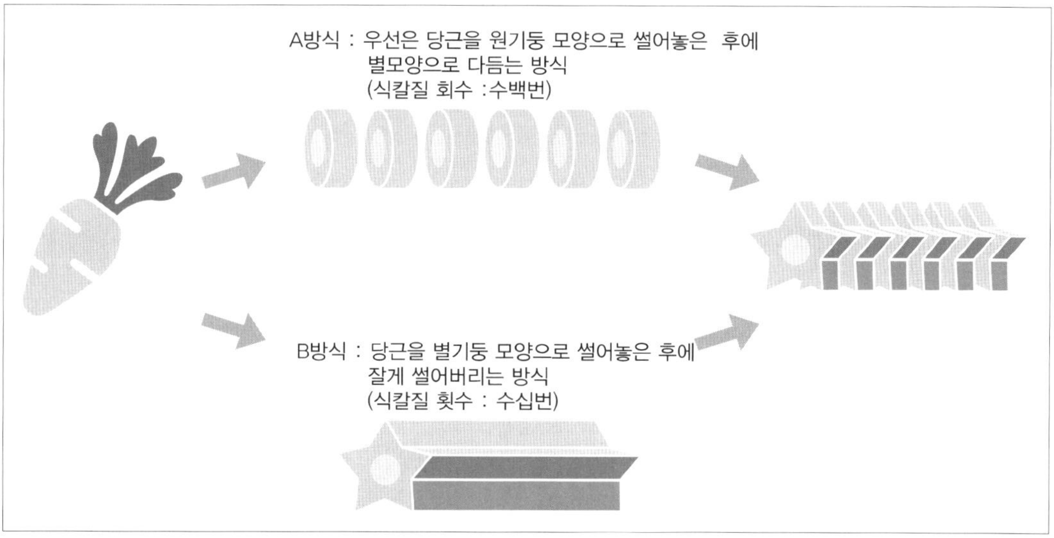

그림 10-2 "당근 썰기" 알고리즘

10-2 조합 폭발을 공략하는 AI의 알고리즘

조합 폭발이란?

처음 볼 때에는 간단할 것 같았던 문제가 사실은 매우 복잡한 문제였음을 나중에 알아차리는 경우가 있다. 여기에서는 **"조합 폭발"**에 대해서 살펴보기로 한다.

조합 폭발이란, 처음에는 작다고 생각했던 수가 마치 폭발을 일으킨 것처럼 급격하게 증가하는 현상을 가리킨다. 자신이 담당하고 있는 문제에 조합 폭발이 내재하고 있지 않은지 충분히 주의할 필요가 있다. 조합 폭발이 내재되어 있는 문제*7의 경우, 컴퓨터를 사용하면 간단하게 해결할 수 있을 것으로 판단하여 계산을 시작했으나 곧바로 해당 문제는 해결할 수 없을 정도의 큰 규모로 부풀어 올라서 영원히 계산이 종료되지 않는 사태가 발생한다.

> **용어해설 *7**
> AI가 해결하는 문제들의 대부분에는 조합 폭발이 내재되어 있다. 따라서, AI를 이용하여 문제를 해결하는 것은 "사막에서 바늘찾기"와 같다고 여기는 사람들도 있다.

조합 폭발의 크기를 이해하기 위해서, "종이를 몇 번 접으면 달까지 도달할 수 있을까?"라는 문제를 살펴보도록 하자.

종이의 두께가 일반적인 지폐와 비슷하게 0.1 mm라고 하였을 때, 종이를 몇 번 접으면 달까지 도달할 수 있을까? 0.1 mm의 두께를 갖는 종이를 반복해서 접어서 달까지 거리(약 38만km)로 만들기 위해서는 직감적으로는 수백만번 접어야할 것이라고 생각할 수 있다. 그러나, 정답은 단 42번이다. 즉, 종이를 절반으로 42번만 접으면 달까지 도달하는 높이가 된다.

이 문제에는 조합 폭발이 내재되어 있다. 실제로 종이를 42번 접는 것은 불가능하겠지만, 계산을 하면서 42번만에 정말로 달까지 도달하는지를 확인해보도록 하자. 0.1 mm의 두께를 갖는 종이를 절반으로 1번 접으면 0.2 mm가 된다. 그리고, 다시 0.2 mm의 종이를 절반 접으면(즉, 처음부터 카운트하여 2번 접으며), 종이의 두께는 0.4 mm가 된다. 이와 같은 방식으로 반복한다면, 종이를 접을 때마다 두께는 2배씩 증가한다.

14번 접으면 일반인의 평균 키(약 163.84 cm)와 같게 된다. 20번 접으면 동경 스카이트리를 넘어서는 높이가 되며, 26번 접으면 후지산의 높이를 초월한다. 그리고, 42번을 접는 순간에는 약 44만km의 높이에 도달한다. 따라서, 종이

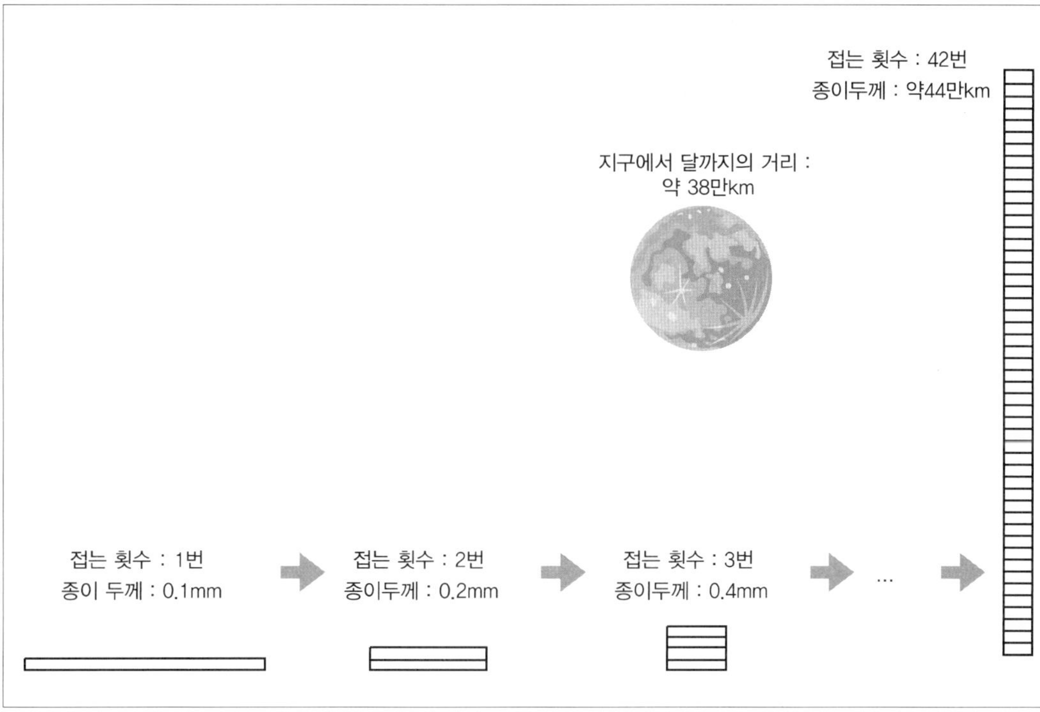

그림 10-3 종이를 42번 접으면 달에 도달한다.

를 42번만 접으면 지상에서 약38만km 떨어져있는 달에 도달할 수 있음을 확인할 수 있다.

보드게임과 AI

실제로 이 세상에는 조합 폭발이 내재되어 있는 문제들이 다수 존재한다. 이러한 문제들에 직면하더라도 AI는 알고리즘을 잘 활용하여 인간의 능력과 정밀함을 뛰어넘는 수준으로 조합 폭발이 내재된 문제에 대처할 수 있다.

예를 들어, **틱택토(Tic Tac Toe) 게임**을 살펴보도록 하자. 틱택토 게임은 두 명이 번갈아가며 O와 X를 3행3열의 9개 셀들로 구성된 표에 마킹해서 같은 글자를 가로, 세로, 혹은 대각선 상에 놓이도록 하는 놀이이다. 3 × 3 = 9개의 셀에는, 3종류의 마킹(“O”, “X”, 미기입)을 기입할 수 있으므로, 모두 3의 9승개(3^9 = 19,683개)의 조합이 존재한다.

이 정도의 조합개수라면 AI는 수 분 이내에 모든 경우의 조합을 파악하여 게임의 수를 파악해서 절대로 패배하지 않는 최선의 전략으로 게임을 이끌어갈

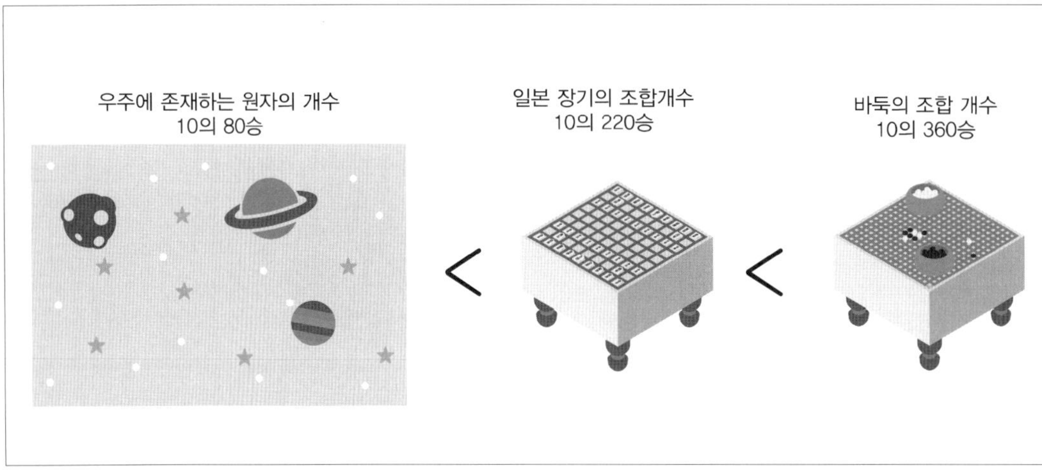

그림 10-4 장기와 바둑의 조합 수

수 있다. 실제로 모든 조합을 파악한 AI들끼리 게임을 진행시켜보면, 서로 상대방의 수를 완전하게 파악해버리기 때문에, 선공을 하든 후공을 하든, 모든 경우 반드시 무승부로 끝난다.

틱택토보다 더욱 복잡한 (일본의) 장기와 바둑의 경우는 어떨까? 실제로 장기와 바둑에도 거대한 조합 폭발이 내재되어 있다. 장기의 경우에는 약10의 220승, 바둑의 경우에는 약10의 360승 개의 조합이 존재한다. 우주에 존재하는 모든 원자를 카운트하면 10의 80승 정도이므로, 장기와 바둑의 조합 폭발이 얼마나 큰 규모인지 가늠할 수 있다. 장기와 바둑은 인간뿐만 아니라 AI에게 있어서도 매우 어려운 지능 게임이다.

용어해설 *8

완전탐색 알고리즘(브루트 포스 알고리즘 Brute force algorithm)
완전탐색 알고리즘은 매우 단순하지만 상당히 범용적이고 시간을 투입하면 반드시 해답을 찾아낼 수 있다. 또한, 완전탐색 알고리즘은 프로그램의 작성이 수월하다는 장점도 갖고 있다. 따라서, 완전탐색 알고리즘은 공간이 작은 경우 또는 문제 해결속도 보다는 구현의 단순함을 중시하는 경우에 사용할 수 있다.

완전탐색 알고리즘

어떤 문제가 취할 수 있는 상태의 조합 수를 "공간"이라고 부른다. 장기와 바둑 등의 조합 폭발을 포함하는 문제는 거대한 공간을 가지며, AI가 거대한 공간에 대응하기 위해서는 몇가지 대처법이 존재한다.

우선 생각할 수 있는 방법은, 슈퍼컴퓨터와 같은 고성능의 하드웨어를 준비하여 **거대한 공간을 모두 탐색하는 방법**이다. 이러한 방법을 **"완전탐색 알고리즘*8"**이라고 부른다.

그러나, 이 방법은 문제의 공간이 어느 정도 커지면 대처할 수 없게 되어 버린다. 예를 들면, 지구상의 모든 컴퓨터를 총동원하더라도 장기 또는 바둑의 대국에 관한 경우의 수를 모두 파악하기 위해서는 몇 억년 이상이 필요하다.

근사 알고리즘

따라서, 현실적으로는, 거대한 공간 속의 어딘가에 존재할 "완전한 정답"을 찾아내는 것이 아니라, 완전한 정답에 매우 가까운 답을 찾아내는 방법을 사용한다. 이러한 방법을 **"근사 알고리즘**[*9]**"**이라고 부른다. 장기 또는 바둑 게임을 실제로 수행하는 경우에는 제한시간이 유한하게 정해져있다. 정해진 시간 내에 엄밀한 최선의 수를 알 수 없더라도, 가능한 한 짧은 시간 내에 도움이 되는 해를 찾아내는 것이 실용적이다.

> **용어해설 *9**
> **근사 알고리즘 (Approximation algorithm)**
> 근사 알고리즘 중에서도 완전한 정답과의 오차가 어떤 범위내로 수렴한다는 것이 보증되어 있는 것을 "정밀도가 보증된 근사 알고리즘"이라고 부른다. 또한, 이러한 보증이 없는 알고리즘을 발견적 기법(heuristic algorithm)이라고 부른다.

확률적 알고리즘

또다른 유용한 방법으로서, **문제를 확률적으로 해결하는 "확률적 알고리즘**[*10]**"**이 있다. 확률적 알고리즘에서는 문제의 해답을 구할 때에 "유사난수(pseudorandom number)"를 사용한다.

유사난수는 컴퓨터를 사용하여 생성된 무작위 수로서, 예를 들어, 룰렛을 돌려서 우연하게 나오는 결과값과 같은 것이다. 확률적 알고리즘을 잘 활용하면, 조합 폭발이 내재되어 있는 어려운 문제를 짧은 시간에 해결할 수 있다.

그러나, 광대한 공간 속에서 완전한 정답을 찾아낼 수 있는지의 여부는 그때그때의 운에 따라 달라진다. 확률적 알고리즘에서는 언제까지 기다려도 완전한 정답을 찾아낼 수 없는 경우도 있다. 이러한 경우에는, 일정한 시간 내에 찾아낼 수 있었던 해답들 중에서 최선의 해답을 선택한다.

확률적으로 해답을 구한다는 개념은, 그때그때의 운에 따른다는 인상을 주기 때문에, 무책임한 알고리즘이라고 생각할 수도 있겠지만, 실용적인 측면에서는 매우 유효하게 이용하고 있다.

2016년에는 **"몬테카를로 트리 탐색(MCTS : Monte Carlo Tree Search)"**이라는 확률적 알고리즘을 탑재한 AlphaGo라는 이름을 갖는 AI가 당시의 세계 바둑 챔피언 이세돌 9단에게 승리하였다. 최근의 연구에서는 조합 폭발이 내재되어 있는 문제에 대해서, 확률적 알고리즘을 잘 적용한다면 AI가 인간 이상의 성능을 발휘할 수 있다는 사실이 알려졌다. 따라서, AI의 확률적 알고리즘은 현재 전세계의 연구자들에 의해 활발하게 연구되고 있다.

> **용어해설 *10**
> **확률적 알고리즘 (Probabilistic algorithm)**
> 확률적 알고리즘은 실세계의 다양한 분야에서 사용되고 있다. 예를 들면, "N700계열" 신칸센 열차의 선두차량의 형상은 확률적 알고리즘의 일종인 "유전적 알고리즘"에 의해 설계되었다.

10-3 탐색 문제

탐색 문제란?

여기서는 컴퓨터 시스템이 다양한 분야에서 등장하는 **탐색 문제**에 대해서 살펴보도록 한다. 탐색 문제는, 여러 개의 데이터 중에서 특정한 조건을 만족하는 데이터를 찾아내는 문제이다. 예를 들면, "1, 2, 3, 4, 5, 6, 7, 8, 9, 10"과 같은 10종류의 숫자가 들어간 데이터가 주어졌을 때, "7"이라는 값을 갖는 숫자가 존재하는지 여부를 확인하는 문제에 해당한다. 탐색 문제에서 다루는 데이터는 숫자값뿐만 아니라 문자열 등도 포함된다. 웹 페이지의 검색 엔진에서 "개"라는 키워드로 검색했을 때, 수십억개의 웹 페이지들 중에서 "개"라는 키워드를 포함하는 웹 페이지를 짧은 시간내에 찾아내기 위해서는 **탐색 문제를 효율적으로 해결하기 위한 알고리즘**[*11]이 필요하다.

> **용어해설 *11**
> 막대한 정보들 중에서 특정한 정보를 검색하기 위한 기술을 "정보검색"이라고 부른다. 정보검색은 인터넷 비즈니스 분야에서 매우 중요한 기술로 인식되고 있다. 예를들어, 인터넷에서 특정한 정보를 검색해서 표시하기까지의 시간이 0.5초만 늦어지더라도 약20%의 사용자들이 검색 활동을 중단해버린다고 한다.

아래에서는, "선형탐색"과 "이분탐색"과 같은 2가지 알고리즘을 설명하도록 한다. 1부터 15까지의 숫자값을 포함하는 데이터 속에서 특정한 값을 찾아내는 문제를 예로 들어서 2가지 탐색알고리즘의 동작을 살펴보도록 한다.

선형탐색

선형탐색(Linear search)은, 선두로부터 순차적으로 모든 데이터를 조사해가는 가장 단순한 알고리즘이다. 1부터 15까지의 값들을 포함하는 데이터가 오름차순으로 나열되어 있는 경우, "3"이라는 값을 탐색하기 위해서는 선두부터 순차적으로 "1"과 "2"를 살펴보고 나서 3번째로 "3"을 찾아낼 수 있다. 마지막 값까지 살펴보아도 찾아내지 못하는 경우에는 "찾을 수 없었다"고 판단한다. 선형탐색에서는 최악의 경우, "15"라는 값을 찾아내기 위해서 15번의 탐색이 필요하게 된다.

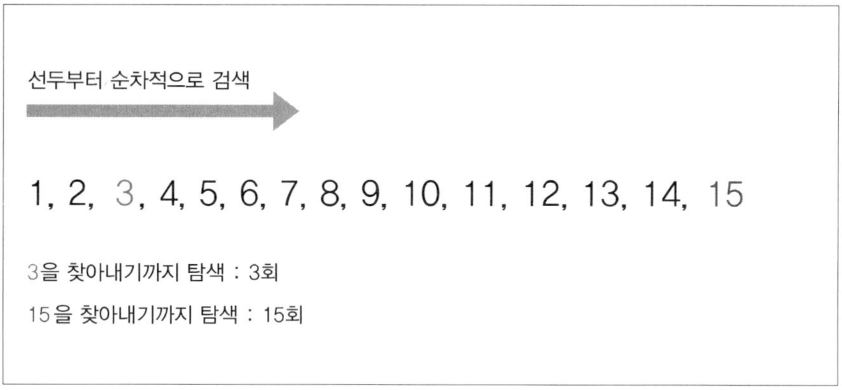

그림 10-5 선형탐색

이분탐색

이분탐색(Binary search, 이진탐색)은 탐색범위를 절반으로 분할하여 좁혀가면서 가장 가운데에 위치하고 있는 데이터를 조사해가는 알고리즘이다. 탐색 대상 데이터의 가장 가운데에 위치하고 있는 값이 찾아내려는 값보다도 큰 경우에는, 탐색범위를 왼쪽 절반으로 한정시켜서 탐색을 진행한다. 또한, 가장 가운데에 있는 값이 찾아내려는 값보다도 작은 경우에는 탐색범위를 오른쪽 절반으로 한정시켜서 탐색을 진행한다. 이와 같이 탐색범위를 좁혀가면서 항상 가장 가운데에 있는 값을 조사해보는 방법이다.

예를 들면, 1부터 15까지의 값을 포함하는 데이터에서 "3"이라는 값을 검색하는 경우, 첫 번째 검색에서는 가장 가운데에 있는 값은 "8"이다. "8"은 찾아내려는 값 "3"보다 큰 값이므로, 탐색범위를 왼쪽 절반으로 한정시킨다. 2번째 탐색에서는 가장 가운데 값은 "4"이고, 찾아내려는 값 "3"보다 큰 값이므로 왼쪽 절반으로 탐색범위를 좁힌다. 3번째 탐색에서는 가장 가운데 값은 "2"이다. "2"는 찾아내려는 값 "3"보다 작은 값이므로 탐색범위를 오른쪽 절반으로 좁힌다.

탐색범위가 1개가 되었을 때, 남아있는 값과 찾아내려는 값이 일치하면 "탐색 성공"이며, 일치하지 않으면 "탐색 실패(찾을 수 없었다)"로 판정하고 탐색 작업을 종료한다.

이분탐색을 사용하여 1부터 15까지의 숫자값을 포함하는 데이터에서 "3"을 찾아내는 문제에서는 탐색횟수는 총3회가 된다. 또다른 예로서, "15"를 찾아내는 경우의 탐색횟수도 3회가 된다.

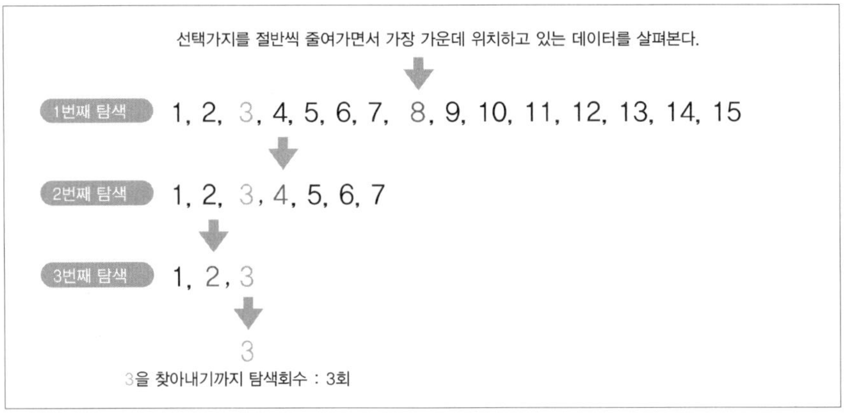

그림 10-6 이분탐색("3"을 탐색하는 경우)

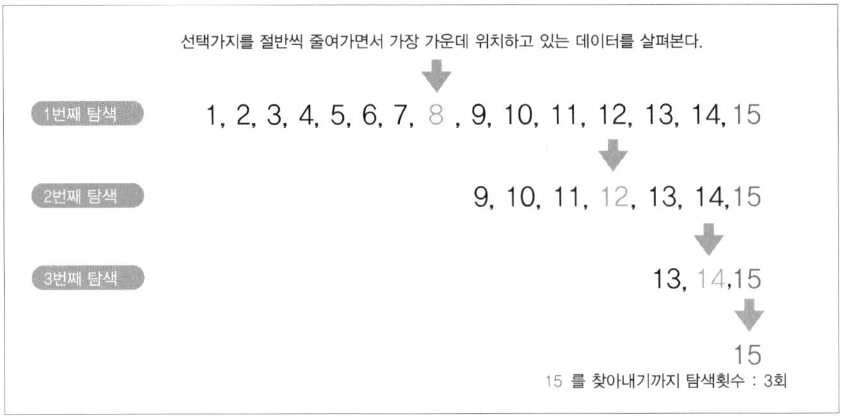

그림 10-7 이분탐색("15"를 탐색하는 경우)

이분탐색은 데이터의 갯수가 많을수록 위력을 발휘한다. 예를 들어, 1부터 65,536까지의 숫자값을 포함하는 데이터에서 특정한 숫자값을 찾아내는 문제에 대해서, 선형탐색은 최대 65,536번의 탐색이 필요하지만, 이분탐색은 최대 16번의 탐색으로 찾아낼 수 있다. 전세계의 웹 사이트는 약16억 개가 존재하며, 이분탐색을 이용하는 경우에는 최대 30번의 탐색으로 원하는 웹 페이지를 찾아낼 수 있다.

10-4 이분 매칭(Bipartite Matching) 문제

이분 매칭 문제란?

이분 매칭 문제[*12]에 대해서 살펴보도록 하자. 이분 매칭 문제는 2개의 카테고리 사이에서 최적의 매칭을 찾아내는 문제이다. 예를 들면, 인터넷 광고에서 사용자의 흥미에 맞는 광고를 찾아내거나(사용자와 광고), 취업활동 사이트에 등록한 취업준비생에게 최적의 기업을 매칭하거나(취업준비생과 기업), 결혼중매 사이트에서 서로에게 맞는 상대방을 이어주는(남성과 여성) 문제이다.

이분 매칭 문제는, 실제 비즈니스 현장에서 빈번하게 등장하는 문제이며, 고전적인 알고리즘에서부터 최신의 AI에 이르기까지 폭넓게 사용되고 있는 매우 흥미있는 문제이다. 이분 매칭 문제는, 보다 일반적으로는 **"네트워크 최적화 문제"**라는 카테고리에 속한다. 철도 노선안내 등에서 사용되고 있는 **다익스트라 알고리즘**은 네트워크 최적화 문제를 해결하기 위한 알고리즘의 한 종류이다.

네트워크 최적화 문제는 매우 긴 역사를 가지고 있으며, 전세계의 많은 연구자들에 의해 왕성하게 연구되어 왔다. 또한, 현재에 이르기까지 다양한 알고리즘이 제안되고 있다.

> **용어해설 *12**
> 이분 매칭 문제 등을 다루는 수학 분야를 "그래프이론"이라고 부른다. 그래프이론은 Facebook이나 Twitter에서 제공하는 "친구 맺기" 기능이나 공공교통기관의 "환승안내" 등과 같은 다양한 분야에서 응용되고 있다.

국소 최적

네트워크 최적화 문제의 알고리즘에는 난해한 사항들이 많기 때문에 이 책에서는 상세한 설명을 생략하지만, 네트워크 최적화 문제에서 **"국소 최적"**과 **"전체 최적"**은 다른 다양한 알고리즘에서도 등장하는 중요한 개념들이다.

취업준비생과 기업을 매칭하는 문제를 예로 들어서 국소 최적과 전체 최적의 개념을 살펴보도록 한다. 취업준비생과 기업 각각에 여러 개의 후보가 존재하는 경우에 "어떤 취업준비생과 어떤 기업이 매칭되었을 때, 취업준비생이 어느 정도 기뻐할 것인가?"라는 지지도를 수치화하였다고 가정하자. 이 때, 다양한 조합을 검토해 가면서 각각의 매칭에 대한 지지도의 전체 합이 최대가 되는 매칭을 구하는 문제이다.

국소 최적은, 전체 중에서 극히 일부분만을 살펴보면 올바르게 기능하고 있지만, 전체적으로는 일부분이 비효율적인 상태를 발생시키는 원인이 되어버리는 상태이다. 예를들면, 어떤 기업X사는 취업준비생들로부터 인기가 매우 높은 기업이다. 취업준비생 3명(각각 A, B, C라고 하자)은 모두 X사를 제1지망 기업으로 손꼽고 있다. 국소 최적의 개념하에서, 취업지원 사이트의 운영자쪽에서는 3명(A, B, C)을 X사와 매칭시키려고 할 것이다. 그러나, 이 경우에는 Y사와 Z사에는 취업준비생들로부터 지원이 전혀없는 상태가 되기 때문에, Y사와 Z사에서는 충분한 인재를 확보할 수 없게 된다. 또한, 인기 기업에 지원이 폭발적으로 증가하여 입사경쟁률이 매우 높아지거나 인기 기업으로부터 합격통지를 받지 못한 학생들의 구직활동이 장기화되는 등, 기업과 학생 모두 바람직하지 않은 상태가 되어 버린다.

이와같이, **국소 최적***13을 지나치게 추구하게 되면, 오히려 바람직하지 않은 결과를 초래하는 원인이 될 수도 있다.

용어해설 *13
네트워크 최적화 문제의 알고리즘들 중에는 전체적인 상태를 고려하지 않고, 개인의 이익만을 우선시하는 개념도 존재한다. 이러한 개념을 토대로 구한 해는 국소 최적(전체중에서 일부분만 최적)이 되므로, 많은 이익을 얻은 일부 소수의 사람들과 거의 이익을 얻지 못한 다수의 사람들이 발생하게 된다.

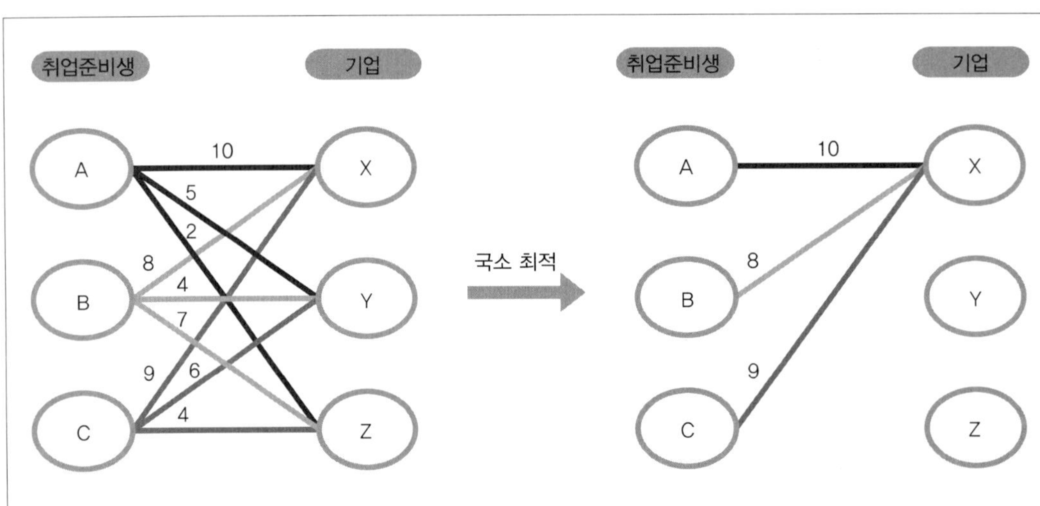

그림 10-8 국소 최적의 개념

전체 최적

한편, 전체 최적은 문제의 일부분뿐만 아니라, 문제의 전체가 최적화되는 상태를 가리킨다. 예를들어, 3명의 취업준비생 A, B, C에게 X사가 제1지망 기업이지만, Y사와 Z사는 제1지망이 아니다. 그러나, 취업준비생 A가 X사, B가 Z사, C가 Y사를 선택한다면 모든 기업에 균등하게 지원할 수 있으므로 각 기업이 충분한 인재를 확보할 수 있게 된다. 또한, 취업준비생들 모두에게 각 기업의 취업경쟁률이 균일화되기 때문에 취업활동이 장기화될 가능성이 낮아진다.

각 취업준비생들에게 가장 이상적인 매칭이 되지는 않지만, 전체 최적의 개념하에서는 이와 같은 매칭이 최적이 된다. 실제로, AI를 활용한 취업지원 사이트 또는 결혼중매 사이트에서 수행되는 매칭작업에서는 이분 매칭 문제의 전체 최적 알고리즘을 사용하고 있다.

가능한한 전원이 만족할 수 있는 매칭을 찾아내는 전체 최적의 개념은, 특정한 개인이나 기업에게 치중하지 않으면서 전체 모습을 살펴서 냉정하게 판단할 수 있는 AI에 적합한 기법이다.

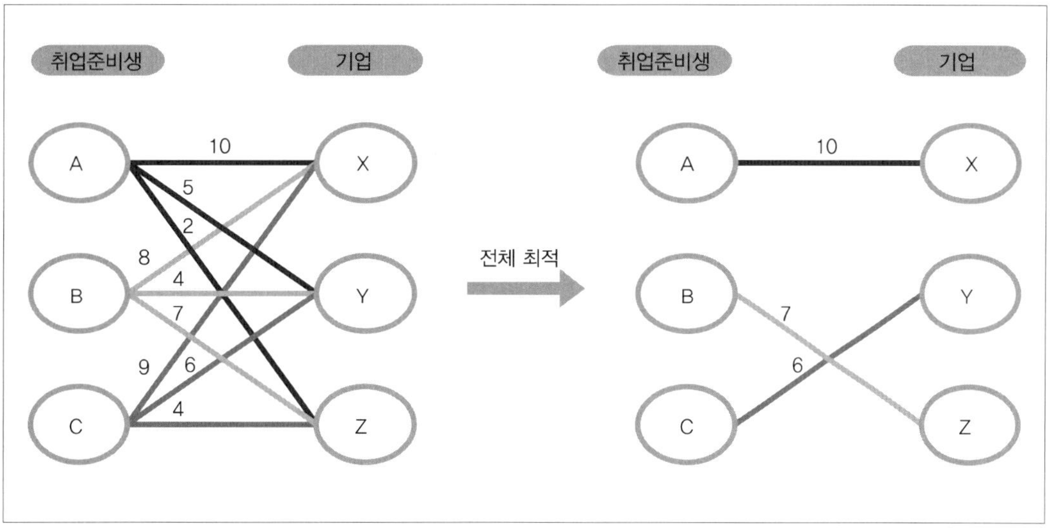

그림 10-9 전체 최적의 개념

제 11 장

데이터 구조와 프로그래밍

11-1 소프트웨어와 프로그래밍

11-2 프로그래밍의 역사

11-3 데이터 구조

11-4 프로그래밍 환경 구축

11-5 변수

11-6 조건 분기

11-7 반복

11-1 소프트웨어와 프로그래밍

프로그래밍 기법을 익혀보자.

인간이 AI 소프트웨어(프로그램)를 작성하는 행위를 "**프로그래밍(Programming)**"이라고 부른다. 프로그래밍은 예전에는 매우 한정된 사람들만 할 수 있는 특별한 기술이었다. 그러나, 요즘에는 문과와 이과를 구분하지 않고 모든 사람들이 익혀야 하는 기술이 되고 있다.

예를 들면, 2020년도부터 일본의 초등학교에서는 프로그래밍 교육이 시작되었다. 모든 젊은이들이 프로그래밍을 학습하도록 하는 교육방침을 "**STEAM교육**[*1]"이라고 부르며, 현재에는 전세계의 교육방침으로 주류를 이루고 있다. STEAM 교육을 제창한 미국의 오바마 전직 대통령은 재임 당시에 미국의 젊은이들에게 다음과 같이 역설하였다.

> "프로그래밍 등과 같은 컴퓨터 사이언스분야의 기술을 익히는 것은, 여러분들 자신의 미래뿐만 아니라 우리나라의 미래에 있어서 매우 중요한 일입니다. 미국이라는 나라가 최첨단 국가로 계속 존재하기 위해서는 여러분들과 같은 젊은 미국 국민들에게 미래 세계의 모습을 변화시킬 수 있는 도구와 기술을 익히도록 하지 않으면 안됩니다. 컴퓨터는 여러분들의 미래를 좌우하게 될 것입니다."

용어해설 *1

STEAM 교육
STEAM이라는 용어는, Science(과학), Technology(기술), Engineering(공학), Art(예술), Mathematics(수학)의 머리글자를 모아서 만든 준말이다.

이제부터 프로그래밍에 관한 기초지식을 공부해보도록 하자. 또한, Python이라는 프로그래밍 언어를 사용하여 실제로 프로그래밍 작업을 시작해보도록 하자.

프로그래밍이란?

인간은 프로그래밍 작업을 하여 어떤 기능을 수행하는 소프트웨어를 제작할 수 있다. 프로그래밍은 인간이 소프트웨어에게 수행시키고자 하는 작업 내용을 작업순서에 맞도록 표현하는 것이다. 예를 들면, 스마트폰의 전화 앱(전화 기능을 수행하는 소프트웨어)을 제작하기 위해서는, 다음과 같은 내용을 프로그래밍한다.

- 착신시에 착신음을 스피커로 출력한다.
- 착신시에 진동 모터를 진동시킨다.
- 착신시에 상대방의 전화번호를 디스플레이에 표시한다.
- 상대방이 발성할 때에 상대방의 음성을 스피커로 출력한다.
- 자신이 발성할 때에 마이크에 입력된 자신의 음성을 상대방에게 전달한다(실제로는 다른 기능들도 필요하지만, 설명을 간략하게 하기 위하여 생략하였음).

이와 같이 프로그래밍된 소프트웨어는, 작성되어 있는 작업내용을 순차적으로 실행해간다. 각각의 작업은 대부분 단순하지만, 여러 개의 단순 작업들을 조합함으로써 전화 앱이 구현된다. 작업 내용에 주목해 보면, 어떤 상황에서 어떤 하드웨어를 어떻게 동작시키는지에 대한 내용이 표현되어 있음을 알 수 있다. 작업의 내용을 변경하면 전화기능 이외에 다양한 동작을 수행하는 앱을 제작할 수도 있다.

인간이 소프트웨어를 프로그래밍하는 것은, 선생님이 학생들에게 수업을 진행하는 것과 유사하다. 학생들은 선생님으로부터 새로운 사실을 배움으로써 새로운 능력을 습득할 수 있다. 이와 마찬가지로, 소프트웨어는 인간에 의해서 프로그래밍됨으로써 새로운 능력을 습득할 수 있다. 단, 새로운 능력을 체득하기 위해 필요한 시간은 인간보다 소프트웨어가 훨씬 짧다. 예를 들면, 일본어만 구사할 수 있는 사람이 영어 수업에 단 한번만 참석했다고 해서 유창하게 영어로 대화할 수 있는 것은 아니다. 반면에, 소프트웨어는 올바르게 프로그래밍되면 외국어번역 등과 같은 어려운 작업도 한 번 만에 습득할 수 있다.

11-2 프로그래밍의 역사

세계 최초의 컴퓨터 ENIAC

컴퓨터 분야의 역사상, 세계 최초의 프로그래밍은 1946년에 수행되었다. 당시에는 세계 최초의 컴퓨터 ENIAC이 탄생하여 ENIAC의 하드웨어를 동작시키기 위한 소프트웨어가 필요했다. ENIAC의 소프트웨어를 프로그래밍하는 방법으로서 **"패치 패널(patch panel)"**이 사용되었다.

패치 패널은 하드웨어의 전면에 배치된 여러개의 잭(jack)에 케이블(전선) 플러그를 손으로 꽂아 넣는 구조로 되어있다. ENIAC의 소프트웨어는 여러 개의 잭들에 케이블을 어떻게 접속시키는가에 의해서 프로그래밍되었다. 특히, 프로그래밍 작업을 수행하는 담당자를 **프로그래머(Programmer)**라고 부르며, 세계 최초의 프로그래머는 ENIAC의 패치 패널의 조작을 담당했던 6명의 여성들이었다고 한다.

그림 11-1 ENIAC(출전 : https://en.wikipedia.org/wiki/ENIAC)

프로그램 내장방식의 컴퓨터

ENIAC의 패치 패널 방식은 물리적인 프로그래밍이므로 상당한 시간이 필요하며, 케이블 개수가 증가하면 프로그래밍하기 어려워지는 문제점이 있었다.

이러한 문제점을 해결하기 위해서 **존 폰 노이만***2이 **프로그램 내장방식**의 컴퓨터를 고안했다. 패치 패널에 의해 하드웨어의 외부로부터 물리적으로 프로그래밍하는 것이 아니라, 하드웨어의 내부에 소프트웨어를 기억하기 위한 영역(**메모리 영역***3)을 준비해 두고, 메모리 영역을 논리적으로 새로 고쳐씀으로써 프로그래밍을 수행하는 방식이다. 현재의 컴퓨터는 모두 프로그램 내장방식을 채용하고 있다.

프로그램 내장방식의 컴퓨터에서 메모리 영역을 새로 고쳐쓰는 기법으로서, Python 등과 같은 **프로그래밍 언어**가 탄생했다. 프로그래밍 언어는 소프트웨어를 기술하기 위한 형식언어로서, **구문규칙**(syntax rule. 어떻게 작성하는가)과 **의미규칙**(semantic rule. 무엇을 의미하는가)으로 정의된 것이다.

프로그래머는 프로그래밍 언어를 사용하여 소프트웨어의 기능에 관한 문장(**소스 코드**. source code)을 작성하여 컴퓨터의 메모리 영역에 읽어들여서 컴퓨터 내부에서 다양한 기능을 구현할 수 있다.

한편, 실제로 이 세상에서 사용되고 있는 소프트웨어는 몇 라인(줄)의 소스 코드로 작성되어 있을까? 예를 들면, 아폴로11호는 인류가 처음으로 달에 착륙시킨 우주선으로서, 거대한 하드웨어를 동작시키기 위해서 필요한 소프트웨어의 소스 코드는 약 6만 라인으로 구성되었다. 또한, 현재의 구글의 모든 서비스를 구현하기 위해서 필요한 소프트웨어의 소스 코드는 약20억 라인 이상이라고 한다. 소프트웨어 개발비용은 소스 코드 1라인 당 수만원 수준이므로, 이 세상에서 사용되고 있는 소프트웨어가 거대하고 복잡한 공업제품임을 알 수 있다.

이와 같은 대규모의 소프트웨어를 프로그래머 1명이 제작하는 것은 현실적으로 어렵다. 따라서, 실제 소프트웨어 개발현장에서는 서로 다른 역할을 수행하는 여러명의 담당자들이 서로 협력하면서 하나의 소프트웨어를 제작한다. 소프트웨어 개발현장에서의 인간의 역할로는, 소스 코드를 실제로 작성하는 프로그래머뿐만 아니라, 소프트웨어의 전체적인 설계를 담당하는 아키텍터와 소프트웨어 개발과 팀 멤버들을 관리하는 프로젝트 매니저 등이 있다. 한사람이 여러 개의 역할을 담당하는 경우도 있지만, 여러 명이 각각 서로 다른 역할을 담당하는 것이 일반적이다.

용어해설 *2

존 폰 노이만(John von Neumann)은 "악마의 두뇌"를 가졌다고 일컬었던 천재과학자이다. 아인슈타인을 포함하여 당시의 일류과학자들이 "자신들 중에서 누가 가장 머리가 좋은가?"라는 논의를 하였을 때, "역시 노이만이지~!"라고 의견이 일치했다고 한다. 인류역사상 전대미문의 과학자로 알려진 노이만에 의해 탄생한 컴퓨터는 현대사회에서는 불가결한 필수품이 되었다.

용어해설 *3

노이만은 ENIAC의 후속으로 "EDVAC"을 제작하였다. EDVAC은 메모리 영역에 프로그램을 내장시킨 세계 최초의 컴퓨터였다. EDVAC이 완성되었을 때, 노이만은 "나 다음으로 빠르게 계산할 수 있는 물건이 완성되었네~!"라고 중얼거렸다고 한다. 사실인지 알 수는 없지만, EDVAC과 겨루어서 노이만이 승리했다는 전설이 남아있다.

11-3 데이터 구조

10진수와 2진수

AI 소프트웨어는 현실 사회의 다양한 데이터를 적절하게 다루면서 고도의 계산처리를 수행해야 한다. 컴퓨터 내부에서 데이터가 어떻게 다루어지는지를 살펴보도록 하자.

데이터의 집합체를 컴퓨터에서 다루기 수월하도록 일정한 형식으로 저장한 것을 **"데이터 구조*4"**라고 부른다. 우리들은 일상 생활 속에서 **10진법**이라는 숫자값 표기방법을 사용하여 다양한 데이터를 표현하고 있다. 10진법이란 0, 1, 2, 3, 4, 5, 6, 7, 8, 9와 같은 10종류의 숫자를 사용하고, 숫자의 자릿수에 의미가 부여되어 오른쪽에서부터 차례대로 1단위, 10단위, 100단위 등과 같이 **10의 거듭제곱**으로 자릿수 값이 증가해간다. 인간의 좌우 손가락 개수를 합하면 10개가 되기 때문에 10진법은 인간에게는 매우 편리하여 오래전부터 일상 생활에서 사용되고 있는 표기법이다.

> 용어해설 *4
> **데이터 구조**
> **(Data Structure)**
> 데이터 구조에는 숫자를 2진법으로 나타낼 것인지, 아니면 10진수로 나타낸 것인지에 대한 데이터 표현방법을 결정한다. 그리고 나서, 이러한 데이터를 일렬로 나열할 것인지, 아니면 행렬 형식으로 할 것인지, 또는 트리 형태로 구조화할 것인지 등과 같은 저장방법을 결정한다.

한편, 컴퓨터 내부에서는 모든 데이터를 **"2진법"**으로 관리하고 있다. 2진법은 0과1이라는 2종류의 숫자를 사용하고, 숫자의 자릿수에 의미가 부여되어 오른쪽으로부터 차례대로 1단위, 2단위, 4단위 등과 같이 **2의 거듭제곱**으로 자릿수 값이 증가해간다.

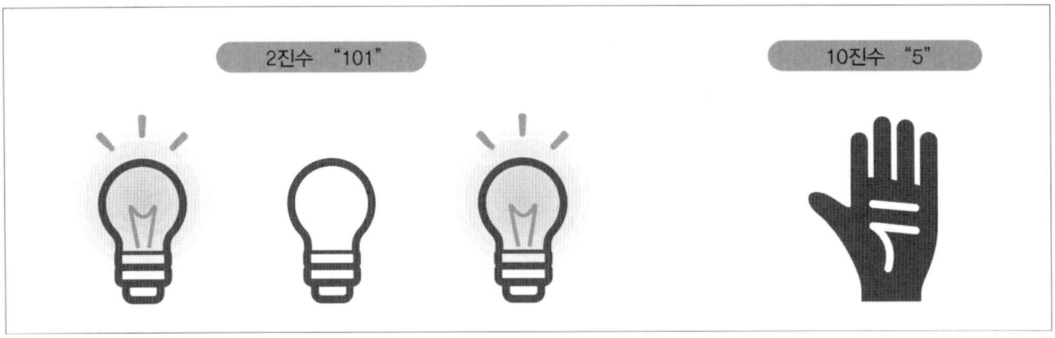

그림 11-2 2진법과 10진법

컴퓨터의 내부에서는 전기가 흐르는지 여부에 따라서 ON/OFF와 같은 2종류의 상태만으로 표현할 수 있다. 모든 데이터를 2종류의 상태값(0과 1 또는 OFF와 ON)의 조합으로 표현할 필요가 있기 때문에, 2진수가 사용되고 있다. 예를 들면, 10진수 5는 2진수로는 "101"로 나타낸다.

비트와 바이트

컴퓨터에서 다루는 데이터는 **비트(bit)**와 **바이트(Byte)**라는 단위를 사용한다. 비트는 컴퓨터 내부에서 데이터구조의 최소단위이다. 1비트에는 "0" 또는 "1" 중에서 어느 하나가 저장된다.

텍스트, 음악, 이미지 등과 같은 데이터는 비트의 모임이며, 대량의 0과 1의 조합으로 구성된다. 컴퓨터는 대량의 "0"과 "1"로 표현된 데이터를 올바르게 이해할 수 있지만, 인간은 이해하기 어렵다는 단점이 있다. 따라서, 8개의 비트를 모아서 1개의 데이터로 다루어서 대량의 데이터를 작은 단위로 표현하는 방법을 사용한다.

8비트의 데이터를 모은 것을 1바이트라고 부른다. 우리들은 8비트를 1바이트*5로 표현함으로써 대량의 데이터를 단축시켜서 알기 쉬운 형태로 표현할 수 있다. 바이트는 하드디스크와 메모리의 용량을 표현하는 단위로 사용되고 있다.

용어해설 *5
사실은 1바이트가 8비트일 필연성은 없다. 1바이트를 4비트로 하거나, 1바이트를 6비트로 하는 컴퓨터도 예전에 존재했었다. 1바이트를 8비트로 하는 것은, 1964년에 IBM사가 발표한 System/360이라는 컴퓨터가 시판되면서 일반화되기 시작했다. System/360에서는 여러나라의 언어를 표현하기 위한 문자 코드를 위해서 1바이트를 6비트에서 8비트로 확장하였다. 이러한 System/360의 판매가 크게 확대되면서 1바이트를 8비트로 하는 것이 사실상의 표준이 된 것이다.

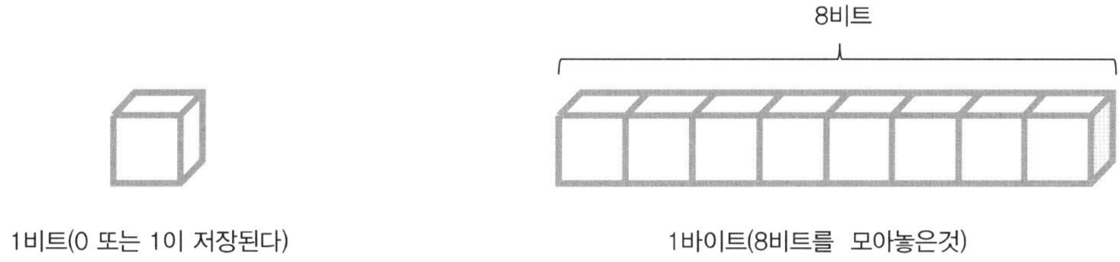

그림 11-3 비트와 바이트

문자 코드

컴퓨터 내부에서 사용하는 문자 데이터도 2진수 값으로 관리된다. 컴퓨터는 내부에 **문자코드표**를 가지고 있으면서 컴퓨터에서 사용하는 문자를 2진수에 대응시킨다.

예를 들면, 알파벳 "A"는 1바이트(= 8비트)로 표현된다. "A"는 01000001, "B"는 01000010, "C"는 01000011 등과 같이 8자리로 구성되는 2진수로 표현된다.

또한, 한글이나 일본어 등과 같은 비영어권 문자는 종류가 많을 뿐만 아니라, 모든 문자를 표현하기 위해서 필요한 데이터가 커지기 때문에 1개 문자 당 2바이트가 필요하다.

> **용어해설** *6
> 일본어에 대응하는 문자코드로는 JIS, Shift-JIS, EUC, Unicode 등이 있다.

문자코드표*6는 다양한 종류의 규격이2 존재하기 때문에, 문자 데이터에 대해서 올바른 문자코드표를 적용하지 않으면 글자가 깨지는 현상이 발생한다. **글자깨짐현상**은 컴퓨터에서 문자를 표시할 때에 올바르게 표시되지 않는 현상이다. 아래의 그림은 Wikipedia 웹 사이트에서 글자깨짐현상이 발생하는 사례를 나타내고 있다.

그림 11-4 글자깨짐현상(출전 : https://en.wikipedia.org/wiki/Mojibake)

11-4 프로그래밍 환경 구축

Python

프로그래밍언어 Python을 사용하여 실제로 프로그래밍을 해보자. 우선은 프로그래밍을 수행하기 위한 환경을 준비해야 한다.

이 책에서는 구글에서 제공하고 있는 Colaboratory*7라는 환경을 이용한다. Colaboratory는 구글이 AI의 연구용으로 무료로 제공하고 있는 Python 프로그래밍 환경이다. 개인용 컴퓨터에 설치할 필요가 없으며, 웹 브라우저에서 프로그래밍 작업과 AI 제작이 가능하다. 스마트폰이나 태블릿 등에서도 이용할 수 있다.

용어해설 *7

Colaboratory
빅데이터 해석이나 기계학습을 쾌적하게 수행하기 위해서는 상당한 성능을 갖춘 컴퓨터가 필요하다. 어느 정도의 CPU와 메모리 용량을 물론이고, GPU도 필수적으로 필요한 경우가 많다. Colaboratory는 누구든지 Google 어카운트가 있으면 GPU가 탑재된 고성능의 컴퓨터를 무료로 사용할 수 있다.

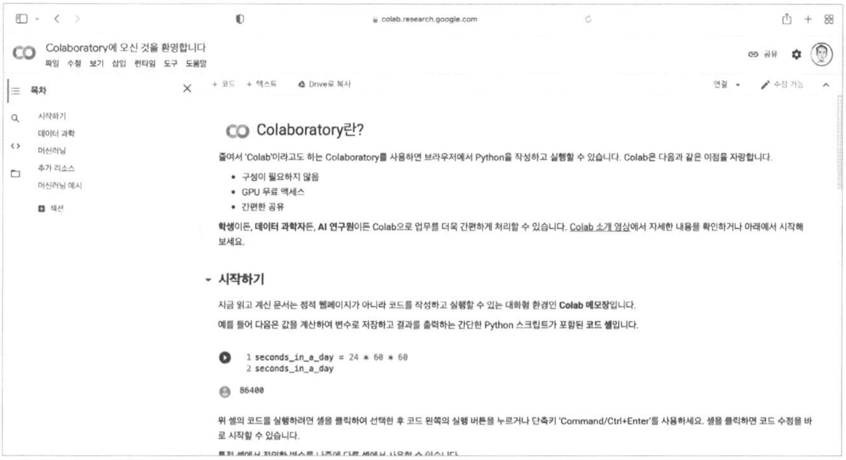

그림 11-5 Google Colaboratory(https://colab.research.google.com/)

157

Colaboratory의 사용방법

Colaboratory의 기본적인 사용방법을 살펴보도록 한다. 웹 브라우저에서 Colaboratory의 URL(https://colab.research.google.com/)에 액세스한다.

Colaboratory를 사용하기 위해서는 구글의 어카운트가 필요하다. 구글 어카운트로 로그인한 후에 Colaboratory의 URL에 액세스하기 바란다.

Colaboratory에 로그인한 상태에서 화면의 왼쪽 위에 있는 **"파일"** 메뉴의 **"새 노트"** 서브메뉴를 선택하면, 아래와 같은 프로그래밍 화면이 표시된다. 여기에 Python의 소스코드를 기입함으로써, 다양한 소프트웨어와 AI를 작성할 수 있다.

그림 11-6 Colaboratory의 프로그래밍 화면

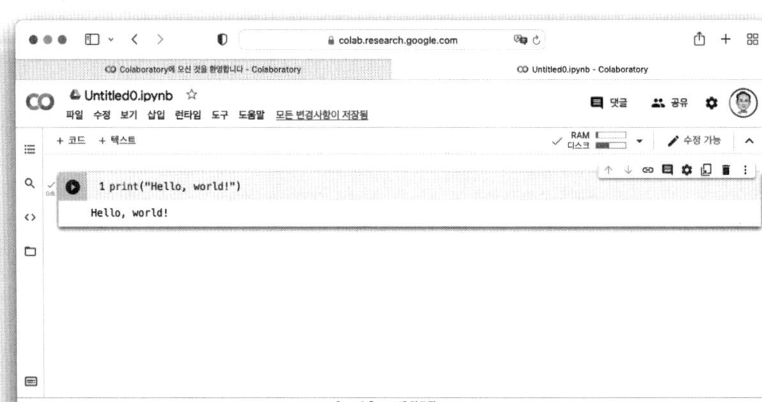

그림 11-7 문자열을 표시하는 프로그램

새로운 노트에 간단한 Python 프로그램을 작성하여 실행시켜보도록 하자. 여기에서는 “Hello, world!”라는 문자열을 표시하는 프로그램을 작성한 후에 에디터의 왼쪽에 있는 실행 버튼을 클릭한다. 그러면, 프로그램의 바로 밑에 실행결과가 표시된다.

이 상태에서 새로운 프로그램을 추가적으로 작성하기 위해서는 “**+ 코드**” 항목을 클릭한다. 여기에서는 덧셈을 수행하는 프로그램을 새롭게 입력하여 실행시켜 보도록 한다.

그림 11-8 덧셈을 수행하는 프로그램

11-5 변수

변수와 변수명

프로그래밍에서는 다양한 데이터를 다룬다. 데이터는 반복적으로 사용하거나 나중에 참조하는 경우도 있다. 따라서, **"변수"**를 이용함으로써, 간단하게 숫자값이나 문자열 등과 같은 데이터를 반복적으로 사용할 수 있다. 변수는, **숫자값이나 문자열을 기억하기 위한 메모리**[*8]를 가리키는 것으로서, 데이터를 저장할 수 있는 상자라고 생각하기 바란다. 또한, 상자에 붙인 이름을 **"변수이름"**(또는 **"변수명"**)이라고 부른다.

용어해설 *8

메모리(memory

변수에 기억된 데이터는 컴퓨터의 메모리(Random Access Memory)에 저장된다. 컴퓨터의 메모리에 저장된 데이터는 전원을 끊어버리면 소실되기 때문에 컴퓨터 메모리를 "휘발성 메모리"라고 부른다. 한편, 하드디스크에 저장된 데이터는 컴퓨터의 전원을 끊어버리더라도 소실되지 않기 때문에, 하드디스크를 "불휘발성 메모리"라고 부른다.

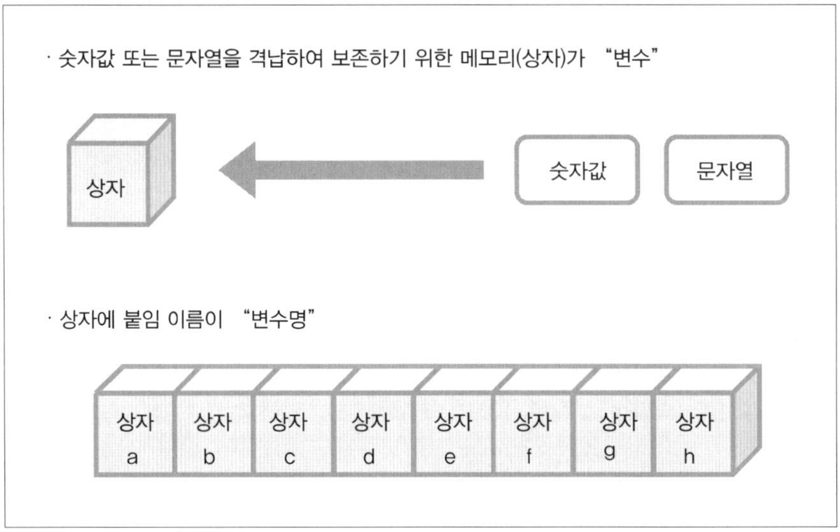

그림 11-9 변수와 변수명

변수에 값을 대입

변수에 값을 **대입**하기 위해, 변수명과 대입시키려는 값을 "=" 기호로 연결한다. 예를 들어, "a = 10"이라고 기입하면, 수학에서는 "a는 10과 같다"라는 의미를 갖지만, Python프로그램에서는 "변수명 a에 10이라는 값을 대입한다."라는 의미가 된다.

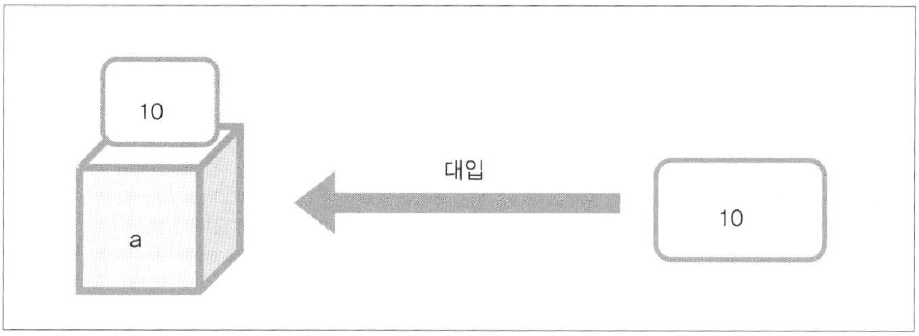

그림 11-10 변수에 값을 대입

Python에서 새로운 변수를 준비해서 값을 **대입**시켜 보도록 하자. 아래의 프로그램에서는 "hello"라는 변수에 "Hello, world![*9]"라는 **문자열**을 대입하고 있다. 또한, "num"이라는 변수에 "777"이라는 숫자값을 대입하고 있다. 2개의 변수가 저장하고 있는 내용(값)을 출력해보면, 대입된 문자열과 숫자값이 표시되는 것을 확인할 수 있다.

용어해설 *9
Python 뿐만 아니라 대부분의 프로그래밍언어 입문서에서는 "Hello, world!"를 표시하는 프로그램을 작성하는 것이 가장 첫 예제로 되어 있다. 대부분의 경우, 새로운 프로그래밍언어를 공부할 때에 가장 먼저 작성해보는 것이 이러한 프로그램이기 때문에, "세계적으로 가장 유명한 프로그램"이라고 부르기도 한다.

리스트11-1 Python의 변수에 값을 대입

```
hello = "Hello, world!"
num = 777
print(hello)
print(num)
```

실행결과

```
Hello, world!
777
```

변수의 값을 변경

또한, 변수에 저장된 값을 **새로운 값으로 변경**시킬 수도 있다. 변수의 값을 변경하기 위해서는 어떤 값이 대입되어 있는 변수에 대해서 다시 한번 새로운 값을 대입한다.

1 2 3 4 5 6 7 8 9 10 11 12 13 14

아래의 그림 11-11에서는 "10"이라는 숫자값이 대입되어 있는 변수a에 대해서, "20"이라는 숫자값을 대입함으로써 변수a의 값을 변경시키고 있다.

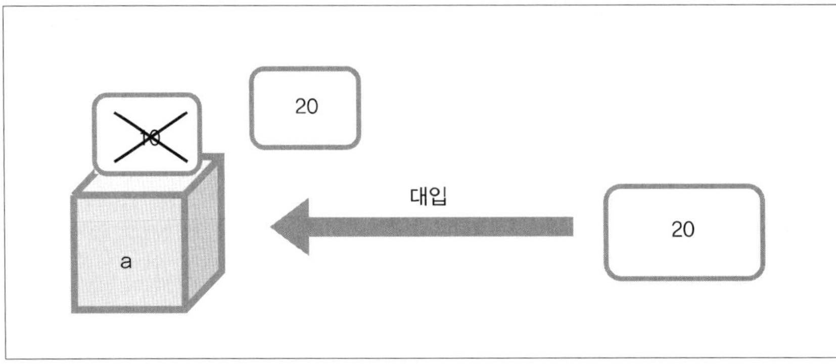

그림 11-11 변수의 값을 변경

Python에서 변수의 값을 변경해보도록 하자. 아래의 프로그램에서는 변수 hello에는 "Hello, world!"라는 문자열이, 변수num에는 "777"이라는 숫자값이 대입되어 있다. 이후에, 변수hello에는 "Hello, Python!"이라는 문자열을, 변수num에는 "123"이라는 숫자값을 대입하면, 각 변수의 값이 새로운 값으로 변경*10된다.

2개의 변수에 대해서 저장된 값을 출력해보면, 새롭게 대입된 문자열과 숫자값이 표시되는 것을 확인할 수 있다.

> **용어해설 *10**
> 변수의 상자를 1개만 준비하여 상자의 내부값을 새로운 값으로 변경하는 방법을 "얕은 복사(shallow copy)"라고 부른다. 한편, 원래 변수의 값을 변경시키지 않고서 새롭게 만든 별도의 변수에 새로운 값을 저장하는 방법을 "깊은 복사(deep copy)"라고 부른다. 깊은 복사는 변경전의 값을 남길 수 있다는 장점이 있으나, 메모리 용량을 소모하기 때문에 깊은 복사를 남용하지 않도록 주의할 필요가 있다.

리스트 11-2 Python의 변수 값 변경

```
hello = "Hello, world!"
num = 777
print(hello)
print(num)

hello = "Hello, Python!"
num = 123
print(hello)
print(num)
```

실행결과

```
Hello, world!
777
Hello, Python!
123
```

11-6 조건 분기

조건분기란?

프로그램을 위에서 아래로 순차적으로 실행하는 "일방통행식" 프로그램뿐만 아니라, 조건에 따라서 처리를 분기시킬 수 있는 **"조건분기식"** 프로그램에 대해서 살펴보도록 한다.

이 세상에는 단순하게 프로그램을 위에서 아래로 순차적으로 실행하는 것만으로는 도저히 실행할 수 없는 처리가 존재한다. 예를 들어, 자율주행차가 도로를 운행하는 경우에, 도로에 사람이 없으면 계속 주행해도 문제가 발생하지 않지만, 도로에 사람이 서 있는 경우에는 정확하게 정지하여 교통사고를 회피하지 않으면 안된다. 즉, "도로에 사람이 서있는지 여부"라는 조건에 따라서, 자율주행차에 탑재된 AI의 행동을 변경할 필요가 있다.

if문

이와 같은 조건분기를 구현하기 위해서 **"if문*11"**이라는 명령이 준비되어 있다. if문은, **2가지 값을 비교**하여, 그 결과를 토대로 **다음 단계의 처리를 결정**하는 프로그램을 기술할 수 있다.

아래의 그림 11-12는 if문의 동작 모습을 나타내고 있다. if문에서는 조건식

용어해설 *11

if문(if statement)
프로그래밍언어는 미국에서 만들어졌기 때문에, "만약 ○○이라면"과 같은 조건분기를 나타내는 명령은 "if"로 나타낸다.

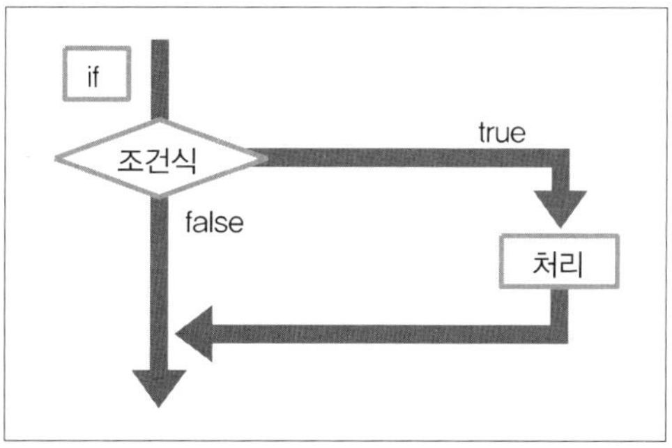

그림 11-12 조건분기

1
2
3
4
5
6
7
8
9
10
11
12
13
14

을 만족하는 경우, 특정한 처리가 실행된다. 한편, 지정된 조건식이 만족되지 않는 경우에는 아무런 동작도 실행되지 않는다. 프로그래밍에서 조건을 만족하는 것을 "참(true)", 조건을 만족하지 않는 것을 "거짓(false)"라고 부른다.

Python에서 if문 프로그래밍

Python에서 조건분기 프로그램을 작성해보자. 아래의 프로그램은 변수weather에 대입된 문자열에 따라서 서로다른 문자열을 표시하는 동작을 수행한다.

변수weather에 저장된 문자열이 "맑음"인 경우에는, 프로그램의 출력결과는 "내일은 맑은 날씨입니다"가 된다. 한편, 변수weather에 저장된 문자열이 "흐림"인 경우에는, 프로그램의 출력결과는 "내일은 흐린 날씨입니다."가 된다.

Python에서는 조건분기 프로그램을 작성하기 위하여 다음과 같은 규칙을 토대로 if문을 기술한다. 우선, "if"라고 기입한 후에 공백문자를 1개 입력하고, if문의 조건식을 기술한다.

첫번째 if문에서는, 변수weather의 값이 "맑음"이라는 문자열과 일치하는지 여부를 "=="기호로 확인하고 있다. 조건식 다음에는 ":"(콜론)기호를 반드시 기입하도록 한다.

if문의 다음 라인에는 if문에서 조건이 만족되는 경우에 수행되는 처리를 기술한다. 이 때, 조건이 만족되는 경우의 처리는 오른쪽으로 **들여쓰기**[*12]해야 된다. 들여쓰기를 하지 않으면, 프로그램은 에러가 발생하므로 주의하기 바란다. 키보드의 "tab"키를 한번 누르면 편리하게 들여쓰기를 수행할 수 있다.

> **용어해설 *12**
> if문의 다음 라인에서 들여쓰기하는 것은 Python언어의 특징 중에 하나이다. 다른 프로그래밍언어에서는 if문의 다음 라인에서 { } 등으로 묶어서 표현하는 것이 일반적이다. Python은 소스코드에 작성할 내용을 조금이라도 줄이고 전체적으로 깔끔하게 보이기 위해서 { }를 사용하지 않고 들여쓰기 방식을 채택하고 있다.

첫 번째 if문의 입력이 완료된 후에는 두 번째 if문을 입력한다. Python은 프로그램의 들여쓰기에 매우 민감하게 반응하기 때문에, 들여쓰기가 조금이라도 부정확하면 곧바로 에러가 발생한다. 두 번째 if문에 대해서는, if문의 조건식과 조건이 만족되는 경우의 처리에 대해서 들여쓰기하여 작성한다.

프로그램의 작성이 완료된 후에는, 변수weather에 대입하는 값을 바꿔가면서 프로그램의 동작을 확인보기 바란다. 변수weather의 값을 "맑음", "흐림", 그밖의 값 등으로 하였을 경우에, 프로그램이 서로 다른 동작을 수행한다.

if문에 의한 조건분기 구조에 의해서 다양한 조건에 대응하여 유연한 동작을 수행하는 소프트웨어를 구현할 수 있다.

리스트 11-3 Python의 조건분기(1)

```
weather = "맑음"
if weather == "맑음" :
    print("내일은 맑은 날씨입니다.")
if weather == "흐림" :
    print("내일은 흐린 날씨입니다.")
```

실행결과

```
내일은 맑은 날씨입니다.
```

리스트 11-4 Python의 조건분기(2)

```
weather = "흐림"

if weather == "맑음" :
    print("내일은 맑은 날씨입니다.")
if weather == "흐림" :
    print("내일은 흐린 날씨입니다.")
```

실행결과

```
내일은 흐린 날씨입니다.
```

11-7 반복

반복처리

마지막으로 프로그램 내부에서 일정한 처리를 여러 번 반복하기 위한 **반복문**의 작성방법에 대해서 살펴보도록 한다.

프로그래밍에서 같은 처리를 반복하는 것을 "**반복처리**(또는 **loop처리**)*13"라고 부른다. 예를 들어, 자율주행차의 동작은 "도로를 따라서 주행한다"라는 반복처리가 대부분을 차지한다. 따라서, 자율주행차의 AI를 작성할 때에는 여러 개 라인에 걸쳐서 같은 반복처리를 프로그램에 기술해야 되므로 프로그램의 작업량이 증가해버린다. 이에 따라서, 반복처리를 효율적으로 기술하기 위해서 "**for문**"이 제공되고 있다.

용어해설 *13
프로그래머에게 있어서 반복처리는 매우 편리한 기능이지만, 반복을 중단하고 빠져나오는 조건에 오류가 있으면 프로그램이 무한반복상태가 되어버린다. 무한반복상태가 되어버린 프로그램은 컴퓨터의 자원을 계속해서 소비해버려서 컴퓨터가 동작을 멈추는 사태가 발생하므로 주의할 필요가 있다.

for문

for문은 같은 내용의 처리를 지정한 횟수만큼 반복하는 명령문이다. 아래의 그림 11-13은 for문의 동작모습을 나타내고 있다. for문에서는 현재의 **반복횟수**가 지정된 횟수를 초과하지 않는 경우에 조건식의 값이 "**true**"가 되어 처리가 실행된다. 한편, 현재의 반복횟수가 지정된 횟수를 초과하는 경우에는, 조건식의 값이 "**false**"가 되어 처리를 종료한다.

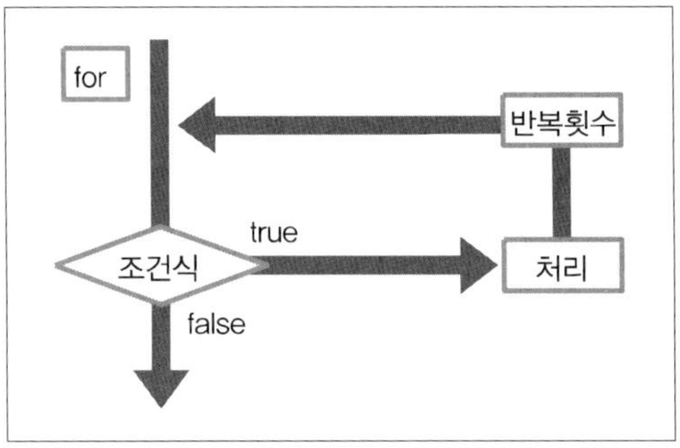

그림 11-13 반복문

Python에서 for문 프로그래밍

Python을 사용하여 반복이 없는 프로그램을 작성해 보도록 하자. 리스트 11-5의 프로그램은 “Hello, world!”라는 문자열을 7번 표시하는 프로그램이다.

리스트 11-5 반복없는 Python프로그램

```
print("Hello, world!")
print("Hello, world!")
print("Hello, world!")
print("Hello, world!")
print("Hello, world!")
print("Hello, world!")
print("Hello, world!")
```

실행결과

```
Hello, world!
Hello, world!
Hello, world!
Hello, world!
Hello, world!
Hello, world!
Hello, world!
```

반복이 없는 프로그램에서는 문자열을 표시하는 명령문을 7번 작성할 필요가 있다. 7번이라면 열심히 작성할 수 있겠지만, 1만번 이상인 경우에는 상당한 시간이 걸린다. 또한, 프로그래밍을 하는 도중에 같은 내용의 처리를 몇 번 기술했는지 잊어버리는 경우에는 다시 처음부터 재작업해야 될 수도 있다.

이와 같이, for문을 사용하지 않고 반복없는 형태로 프로그래밍을 하는 경우에는 작성된 프로그램에 상당히 많은 중복내용이 포함된다.

이제는 Python으로 반복구조를 포함하는 프로그램을 작성해보도록 하자. 리스트 11-6의 프로그램은, “Hello, world!”라는 문자열을 7번 표시하는 프로그램이다. 앞서 살펴보았던 리스트 11-5의 프로그램과 같은 동작을 수행하지만, 단지 2개 라인으로 프로그램이 작성되었다. 더욱이 “Hello, world!”를 1만번 표시하는 경우에도 2개 라인으로 프로그램이 작성된다.

리스트 11-6 반복구조를 포함하는 Python프로그램

```
for i in range(7) :
    print("Hello, world!")
```

실행결과

```
Hello, world!
Hello, world!
Hello, world!
Hello, world!
Hello, world!
Hello, world!
Hello, world!
```

Python에서는 반복구조를 프로그램에 표현하기 위해서 다음과 같은 규칙을 토대로 for문을 기술한다.

우선, "for"라는 명령어와 공백문자를 기입한다. 그리고 나서, 반복횟수를 저장하기 위한 변수(카운터 변수)를 기술한다. 리스트 11-6에서는 카운터변수명을 "i"로 기입하였으나, 다른 이름의 변수명도 좋다. 공백문자에 이어서 "in range(7)"라는 조건을 기입한다. 이것은 반복을 7번 수행한다는 의미를 갖는다. range(7)에서 ( )안의 값을 변경하여 반복 횟수를 변경할 수 있다. 마지막으로 ":"(콜론)기호를 반드시 붙이도록 한다.

for문의 다음 라인에는 for문에서 반복시키려는 처리를 기입한다. 이때, if문에서처럼 들여쓰기가 필요하다. 들여쓰기를 하지 않으면 프로그램은 에러를 발생시키므로 주의하기 바란다.

입력이 완료되었으면, "in range(7)"의 ( )안의 값을 조정해가면서 프로그램의 동작을 확인보기 바란다. ( )안의 숫자값에 따라서, 반복횟수가 변화하는 것을 확인할 수 있다. 프로그래머는 **for문**[*14]을 사용함으로써 보다 간략하고 파악하기 수월한 프로그램을 작성할 수 있다.

용어해설 *14
Python에서는 반복구조를 표현하기 위해서 "for문"뿐만 아니라 "while문"을 제공하고 있다. for문은 반복횟수를 지정하여 반복처리를 수행하는 경우에 적합하며, while문은 주어진 조건을 만족하는 동안에 처리를 반복수행하는 경우에 적합하다.

제 12 장
데이터 다루기

12-1 빅데이터의 수집

데이터 – 21세기의 석유

AI기반의 데이터분석은 제조업이나 금융업 등, 다양한 비즈니스현장에서 이용되고 있다. 최근에는 대량의 데이터를 수집하여 AI를 이용하여 분석하면 지금까지 찾아내지 못했던 가치있는 정보를 발굴할 수 있게 되어서 새로운 비즈니스 기회와 이익을 창출하는 경우가 증가하고 있다.

데이터 내부에 존재하고 있는 가치있는 정보를 찾아내는 행위는 땅속에 묻혀있는 석유를 시추하는 행위와 비슷하다는 점에서 데이터를 **"21세기의 석유"**라고 부르는 경우도 있다. 데이터라는 새로운 자원을 잘 활용하는 사람이 다음 세대의 경쟁적 우위를 차지하게 된다는 것을 의미한다.

단, 데이터는 아무렇게나 수집하면 되는 것이 아니다. 주어진 목적에 맞게 어떤 데이터를 수집하여 어떻게 적절하게 관리할 것인가가 중요하다. 여기에서는 데이터를 잘 다루기 위해서 필요한 기술을 살펴보도록 한다. 데이터를 저장하기 위한 **"데이터베이스(DataBase)*1"** 관련 기술에 대해서 살펴보고, 데이터의 결합과 정제 등을 위한 **"데이터 전처리"** 기법에 대해서 실제로 Python으로 프로그래밍하면서 익히도록 한다.

용어해설 *1
데이터베이스를 다루는 기술자를 "데이터베이스 엔지니어(DataBase Engineer)"라고 부른다. 데이터베이스 엔지니어에게는 저장장치(하드디스크)와 네트워크 등에 관한 인프라 기술과 데이터베이스를 조작하는 SQL 등의 소프트웨어 기술이 모두 필요하다

빅데이터 – 다양한 다량의 데이터

사람이나 기계가 만들어내는 다양한 대량의 데이터를 **"빅데이터(Bigdata)"**라고 부른다. 빅데이터에는 키와 주식 등과 같은 수치데이터뿐만 아니라, 이미지, 음성, 동영상, 문서 등과 같은 다양한 종류의 데이터가 포함된다.

SNS와 메일 등과 같은 **"사람이 만들어 내는 데이터"**는 용량과 종류가 비교적 소규모이지만, 비즈니스분야에서 가치있는 데이터가 많다. 한편, 자동차와 가전제품 등과 같은 **"기계가 만들어 내는 데이터"**는 용량과 종류는 대규모이지만, 비즈니스분야에서 전혀 가치없는 경우도 있다. 따라서, 지금까지는 사람이 만들어

내는 데이터를 수집하는 경우는 많았지만, 기계가 만들어내는 데이터는 폐기하는 경우가 많았다. 그러나, 현재는 **IoT기술**이 발전하면서 데이터를 보존하기 위한 기억장치와 네트워크의 비용이 저렴해지면서 기계가 만들어내는 데이터도 적극적으로 보존하고 있다.

기계가 만들어내는 데이터는 기계가 어떤 목적을 위해 동작할 때의 **부산물 데이터***2. 예를들어, 자동차 엔진은 데이터를 만들기 위해서라기 보다는 자동차를 주행시키기 위해서 동작한다. 엔진이 본래의 목적을 위해서 동작할 때, 엔진의 회전수, 온도, 배기량 등과 같은 부차적인 데이터를 모아서 보존한다. 엔진에 관한 데이터는 엔진의 개량을 위해서만이 아니라, 자율주행이나 사고감지를 수행하는 AI를 개발하는 경우에도 이용되고 있다.

용어해설 *2
해외에서는 부산물 데이터를 "exhaust data"라고 부른다. Exhaust data는 기업이 수집하는 데이터의 90% 이상을 차지하며, 이러한 대량의 exhaust data를 구체적으로 활용하는 방법을 찾아내는 것이 향후 빅데이터 활용의 열쇠가 될 수 있다

그밖에도, 농업이나 의료 등과 같이 다양한 분야에서 향후에 이용하기 위한 목적으로 빅데이터를 주기적으로 수집하고 보존하는 경우도 있다. 그러나, 빅데이터는 종류와 용량이 상당히 대규모이기 때문에, 함부로 수집하거나 보존하게 되면 추후에 데이터를 분석하기 어려워질 수 있다. 따라서, 데이터분석의 목적에 맞추어서, 수집된 데이터를 적절하게 관리하기 위한 시스템이 필요하다.

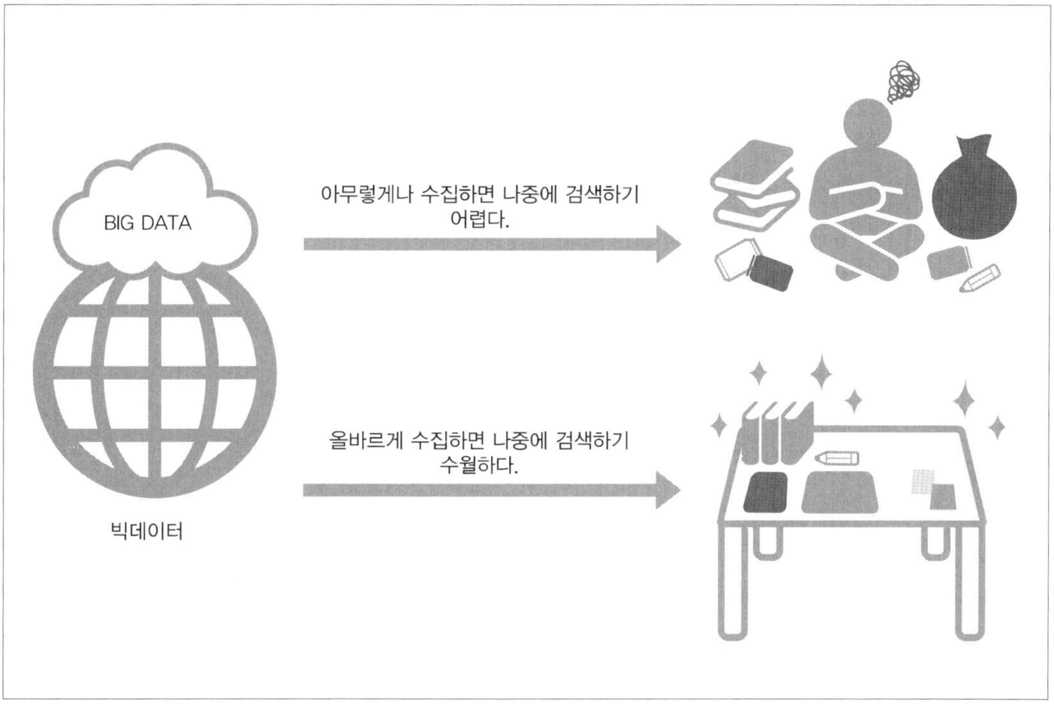

그림 12-1 빅데이터의 수집

12-2 데이터베이스

데이터베이스란?

빅데이터를 컴퓨터를 이용하여 효율적으로 보존하고 관리하는 시스템이 **"데이터베이스(DataBase)"**이다. 데이터베이스에서는, 모든 데이터를 처리하기 수월한 형태로 정리하여 보존한다. 데이터베이스를 사용하여 데이터를 관리하는 경우에는 다음과 같은 이점이 있다.

1. 여러개의 데이터를 통합하면서 보존할 수 있기 때문에, 하드디스크의 용량을 절약할 수 있다.
2. 대량의 데이터 중에서 목적에 맞는 데이터를 신속하게 찾아낼 수 있다.
3. 여러명의 이용자들이 한꺼번에 데이터를 수정하더라도 데이터에 모순이 발생하지 않는다.
4. 하드디스크가 파괴되었을 때, 복구기능이 있어서 데이터가 갑자기 사라지지 않는다.

데이터베이스의 내부에서는 데이터를 **"RDB(Relational DataBase)*3"**라는 형식으로 보존하고 있다. RDB는 현재 데이터베이스의 주류를 이루고 있으며, 전세계 95%의 데이터가 RDB형식으로 보존되어 있다.

용어해설 *3

RDB(Relational DataBase)

RDB는 임의의 관계를 갖는 데이터들의 데이터베이스이다. RDB를 조작하는 대표적인 언어는 "SQL(Structured Query Language)"이다. SQL은 데이터베이스를 조작하는 언어이기 때문에, "프로그래밍언어"가 아니라 "데이터베이스 언어"라고 부른다.

RDB와 정규화

RDB에서는 **"행"**과 **"열"**로 구성된 **"표(테이블)"**들이 서로 연결되는 형식으로 관리되고 있다. 예를들면, 그림 12-2에서는 누가 무엇을 구입했는지에 대한 구매정보를, "구입정보테이블"과 "상품정보테이블"로 분할해서 RDB로 관리하고 있다.

RDB에서는 데이터의 중복을 없애고 모순없이 데이터를 다루기 위해서, 1개의 정보를 여러개의 테이블로 분할하여 보존하는 경우가 많다. 이러한 설계방

구입정보테이블

구입자	상품번호
A	1
B	2
C	2
D	2

\+

상품정보테이블

상품번호	상품명
1	사과
2	귤

→

구입정보

구입자	상품명
A	사과
B	귤
C	귤
D	귤

그림 12-2 RDB(Relational DataBase)

침을 **"정규화(Normalization)"**라고 부른다. 정규화된 RDB에서는, 구입정보테이블의 상품번호와 상품정보테이블의 상품번호를 서로 참조하면서 일치하고 있는 것을 찾아내서 2개의 테이블을 연결함으로써 구매정보를 구할 수 있다.

언뜻 보기에는 정규화가 매우 복잡하고 비효율적인 데이터 관리방법처럼 보인다. 왜 RDB에서는 이와 같은 정규화를 수행하여 하나의 정보를 여러 개의 테이블에 분할해서 관리하는 것일까? 그 이유는, 정규화된 데이터를 관리하는 것이 추후에 데이터를 추가하거나 변경할 때에 수월하기 때문이다. 예를들어, "귤"이라는 상품명을 "Orange"로 변경하는 경우를 살펴보자. 그림 12-2의 오른쪽에 있는 구입정보를 현재의 형식 그대로 보존하고 있는 경우에는 "귤"이라는 상품명을 "Orange"로 변경해야만 하므로, 총 3곳을 변경해야만 한다. 반면, 구입정보를 구입정보테이블과 상품정보테이블로 분할해 두면, 상품정보테이블의 한군데(상품명이 "귤"로 되어 있는 곳)를 "Orange"로 변경하는 것만으로 수월하게 작업이 끝난다. 이와 같이, 정규화를 수행해두면 데이터의 추가, 변경, 삭제에 따르는 데이터의 모순이나 상실을 방지할 수 있고, 데이터베이스의 유지보수성을 향상시킬 수 있다. 데이터의 종류와 용량이 대규모가 되는 빅데이터의 경우에는, 정규화에 따른 장점이 더욱 커진다.

12-3 데이터 가공

데이터 결합

데이터분석을 수행하는 사람을 **"데이터사이언티스트(Data Scientist)"**라고 부른다. 데이터사이언티스트에게는 AI와 통계에 관한 지식과 기술을 구사하여 데이터를 분석하는 능력뿐만 아니라, 수집된 데이터를 분석할 수 있는 상태로 가공하는 능력도 필요하다. 여기에서는 비즈니스 현장에서 데이터를 훌륭하게 다루기 위한 데이터가공 기술에 대해서 학습한다.

비즈니스 현장의 데이터분석 사례로서, 식료품을 다루는 온라인 쇼핑몰의 상품판매에 관한 데이터를 분석한다. 온라인쇼핑몰의 상품 판매상황을 분석함으로써, 향후의 판매상황 개선을 위한 방향성을 찾아내는 것이 목적이다. 또한, 온라인쇼핑몰의 데이터는 컴퓨터를 이용하여 일원화하여 관리되고 있기 때문에, 매우 "깔끔한" 데이터인 경우가 많으며, 데이터분석 입문용으로 가장 적합한 예제이다.

온라인쇼핑몰의 데이터분석은, 단순히 각 상품의 판매수량에 대한 추이를 분석하는 것에 그치지 않는다. "어떤 상품"을, "언제", "누가" 구입했는가 등과 같은 **속성정보**가 있다면, 판매상황 개선에 연계시킬 수 있는 유의미한 분석이 가능할 것이다. 그러나, 실제 비즈니스 현장에서는, 그와같은 데이터는 한군데에서 관리되지 않는다. 여러 데이터들이 서로 다른 부서에서 관리되고 있기 때문에, **각 부서의 데이터를 서로 연결시키는 작업**이 필요하다. 여러 개로 분할된 데이터를 서로 연결시켜서 하나의 데이터로 만드는 작업을 **"데이터 결합"**이라고 부른다. 어떤 데이터를 어떻게 서로 연결시켜서 활용할 것인가는, 데이터사이언티스트가 가지고 있는 기술력과 스킬에 좌우된다고 할 수 있다.

Python을 이용한 분석 : 데이터 준비

식료품을 취급하는 온라인쇼핑몰의 상품판매에 관한 데이터를 Colaboratory

로 읽어들여보도록 하자. 온라인쇼핑몰의 상품판매에 관한 데이터는 표 12-1과 같이 4종류이다. 4개의 파일은 http://www.hongpub.co.kr/shop/item.php?it_id=1646028598에서 다운로드할 수 있다.

표 12-1 온라인쇼핑몰의 상품판매에 관한 데이터

파일명	설명
고객정보.xlsx	고객에 관한 데이터. 이름, 주소 등
상품정보.xlsx	상품에 관한 데이터. 상품명, 단가 등
4월판매정보.xlsx	4월의 상품판매현황에 관한 데이터. 판매일 등
5월판매정보.xlsx	5월의 상품판매현황에 관한 데이터. 판매일 등

Colaboratory에 로그인한 후에, 화면의 왼쪽 상단의 "파일"메뉴에서 "새 노트" 항목을 선택하면 새로운 Python프로그래밍 화면이 나온다. 이 때, 화면 왼쪽의 폴더 모양의 아이콘을 클릭하면, Colaboratory에 파일을 업로드하기 위한 "파일 탐색기"가 열린다.

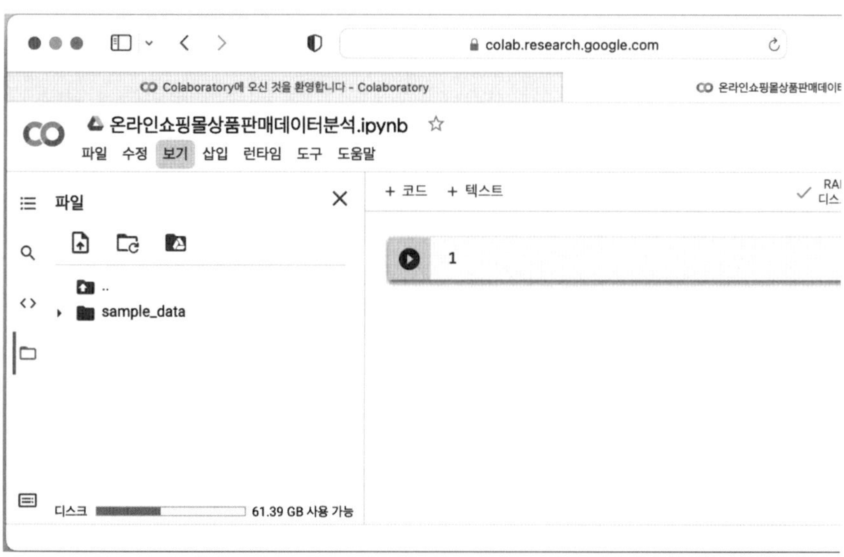

그림 12-3 폴더 아이콘이 있는 곳

온라인쇼핑몰의 상품판매에 관한 4종류의 데이터를 파일 탐색기에 끌어서 놓으면, Colaboratory에 파일을 업로드할 수 있다.

그림 12-4 Colaboratory에 업로드하는 방법

그림 12-5와 같이, 파일 탐색기에 업로드한 파일의 이름이 표시되어 있다면, Colaboratory에 업로드가 정상적으로 완료된 것이다. 이러한 상태가 되었다면, Python을 사용하여 데이터 분석을 시작할 수 있다. 프로그래밍 작업 중에는 파일 탐색기의 표시는 불필요하므로 오른쪽 상단의 "X"버튼을 클릭하여 파일 탐색기를 닫아두도록 한다.

그림 12-5 업로드 완료후의 화면

Python을 이용한 분석 : 데이터 읽어들이기

이어서, 고객정보 파일을 읽어들여서 표시해보도록 하자. 아래에 제시되는 리스트의 내용은 "+코드"를 클릭하여 새로운 코드셀에 입력하기 바란다. 예를들면, 리스트 12-1과 12-2의 내용은, 서로 다른 코드셀에 입력하여 실행하도록 한다. 파일을 읽어들이기 위해서는 "Pandas*4"라는 Python의 **데이터분석용 라이브러리**를 사용하도록 한다.

"라이브러리(Library)"는, 프로그래밍 작업에 필요한 기능을 제공해주는 도구이다. Pandas 라이브러리를 사용하기 위해서는 "import pandas as pd"라고 입력해야 한다. 이러한 입력 이후에 "read_excel"이라는 명령문을 사용하여 고객정보 파일을 읽어들일 수 있다. 읽어들인 데이터는 "customer"라는 변수에 대입된다. customer변수의 내용을 표시하면, 온라인쇼핑몰의 고객이 회원등록을 할 때 입력하였던 고객이름과 주소 등의 개인정보를 확인할 수 있다.

고객의 개인정보는, 외부에 노출되지 않도록 기업 내부에서 정보보안 담당부서에서 엄중하게 관리되어야 한다.

용어해설 *4

Pandas 등과 같은 데이터분석용 라이브러리는 "오픈소스(Open Source)"형태로 제공되고 있다. 오픈소스 소프트웨어는, 누구나 무료로 사용할 수 있으며, 소스코드의 내용을 확인할 수도 있다. Pandas 자체는 Python언어로 제작되어 있으므로, Python을 공부한 사람은 Pandas를 자신의 목적에 맞도록 개조해서 사용할 수도 있다.

리스트 12-1 고객정보 읽어들이기

```
import pandas as pd
customer = pd.read_excel("고객정보.xlsx")
customer
```

실행결과

	고객번호	고객성명	고객주소	고객전화번호	고객이메일주소
0	customer1	김철수	충남 아산시 탕정면 선문로 221번길 70	010-1234-5678	kim@sample.com
1	customer2	이영희	서울특별시 관악구 관악로 1	010-9876-5432	lee@sample.com

이어서, 상품정보 파일을 읽어들여서 표시해보도록 하자. 파일을 읽어들이는 방법은 앞서 설명한 내용과 동일하다. 읽어들인 결과는 "item"이라는 변수에 대입한다. item변수의 내용을 표시해보면, 온라인쇼핑몰의 상품에 대한 상품명, 단가, 납품처 등의 정보를 확인할 수 있다. 상품정보는 상품기획이나 재고관리 등을 담당하는 부서에서 관리한다.

리스트 12-2 상품정보 읽어들이기

```
item = pd.read_excel("상품정보.xlsx")
item
```

실행결과

	상품번호	상품명	단가	납품처
0	item1	빵	100	A식품
1	item2	커피	120	B음료
2	item3	샐러드	200	C농원
3	item4	삼각김밥	150	D식품

마지막으로, 판매정보 파일을 읽어들여서 표시해보도록 하자. 판매정보에는 어떤 고객이 언제 무엇을 구입했는지에 관한 정보가 저장되어 있다. 판매정보는 2개의 파일(4월판매정보와 5월판매정보)에 분할하여 관리되고 있다. 이렇게 분할하여 관리하는 것은, 판매정보를 관리하고 있는 데이터베이스에서 매월 판매정보가 별도의 파일에 분할되어 있기 때문이다.

파일을 읽어들이는 방법은 앞서 설명한 내용과 동일하다. 읽어들인 결과는 2개의 변수("transaction_4"와 "transaction_5")에 각각 대입한다. 판매정보에 대해서는 일반적으로 영업 담당부서에서 관리한다.

리스트 12-3 4월의 판매정보 읽어들이기

```
transaction_4 = pd.read_excel("4월판매정보.xlsx")
transaction_4
```

실행결과

	판매번호	판매일	상품번호	고객번호
0	transaction1	2021-04-01	item1	customer1
1	transaction2	2021-04-02	item2	customer2
2	transaction3	2021-04-03	item3	customer1

리스트 12-4 5월의 판매정보 읽어들이기

```
transaction_5 = pd.read_excel("5월판매정보.xlsx")
transaction_5
```

실행결과

	판매번호	판매일	상품번호	고객번호
0	transaction4	2021-05-01	item3	customer2
1	transaction5	2021-05-02	item4	customer1
2	transaction6	2021-05-03	item4	customer2

Colaboratory에서 식료품 온라인쇼핑몰의 상품판매에 관한 데이터를 읽어 들여서 표시해보면, 여러 개의 파일에 분할된 데이터의 전체모습을 파악할 수 있다.

일반적인 AI 교과서에서는, 분석할 데이터를 여러 개의 파일에 분할하지 않고 1개의 파일에 모아서 제공하는 경우가 많다*5. 왜냐하면, 분석할 데이터를 1개의 파일에 모아놓는 것이 곧바로 분석작업을 시작할 수 있어서 편리하기 때문이다.

그러나, 실제 현장에서는 데이터사이언티스트가 데이터를 여러 부서들로부터 수집하는 작업부터 시작하여, 수집된 데이터의 개요를 파악해서 분석에 적합한 형태로 가공하는 작업도 수행해야 된다. 따라서, 이 책에서는 분석할 데이터를 가능한 한 현장 상황에 가까운 형태로 제공하기 위해서 여러 개의 파일에 분할한 형태로 데이터를 제공하고 있다.

용어해설 *5

Kaggle(https:// www.kaggle.com/)이나 Signate(https://signate.jp/) 등과 같은 데이터 분석 연습사이트에서 제공되는 데이터도 분석대상 데이터가 1개의 파일에 모아져있는 경우가 많다. Kaggle과 Signate을 기반으로 AI를 이용한 데이터분석 연습뿐만 아니라, 현장 상황을 고려해서 데이터결합에 대한 연습도 수행한다면, 더욱 실무 능력을 갖춘 데이터사이언티스트로 성장할 수 있다.

Python을 이용한 분석 : 결합

여러개의 파일에 분할되어 있는 데이터를 결합*6시켜 보도록 한다. 여기에서는 2종류의 데이터결합을 연습하도록 한다. 첫 번째 결합은 4월의 판매정보와 5월의 판매정보를 **"종적으로"** 결합하는 Union이라는 조작이다. 그리고, 두 번째 결합은 고객번호와 상품번호를 기반으로 모든 데이터를 **"횡적으로"** 결합하는 Join이라는 조작이다. 4월과 5월의 판매정보를 Union하기 위해서는 concat이라는 명령어를 사용한다. 4월과 5월의 판매정보는 transaction_4와 transactioon_5라는 변수에 각각 저장되어 있으므로, 이 두개 변수를 concat으로 결합함으로써 종적으로 연결된 4월과 5월의 모든 판매정보 데이터로 통합할 수 있다. Union으로 처리한 결과는 transaction이라는 변수에 대입한다.

용어해설 *6

"Union"과 "Join"은 SQL(데이터베이스 조작을 위한 언어)에서 여러 개의 테이블을 통합하는 기능을 제공한다.

1 2 3 4 5 6 7 8 9 10 11 12 13 14

리스트 12-5 4월과 5월의 판매정보 Union

```
transaction = pd.concat([transaction_4, transaction_5], ignore_index=True)
transaction
```

실행결과

	판매번호	판매일	상품번호	고객번호
0	transaction1	2021-04-01	item1	customer1
1	transaction2	2021-04-02	item2	customer2
2	transaction3	2021-04-03	item3	customer1
3	transaction4	2021-05-01	item3	customer2
4	transaction5	2021-05-02	item4	customer1
5	transaction6	2021-05-03	item4	customer2

결합된 transaction을 살펴보면, 상품번호와 고객번호의 열이 존재한다. 상품번호와 고객번호는 상품정보와 고객정보에도 포함되어 있으므로, 상품번호와 고객번호를 토대로 서로 연결하면 여러 개로 분할되어 있는 데이터의 Join 작업을 수행할 수 있을 듯하다.

Join(횡적결합)을 수행하기 위해서는 merge라는 명령어를 사용한다. merge 명령문 내부에서는 transaction과 item 변수를 나열하고 on="상품번호"라고 지정하면, 판매정보의 상품번호와 상품정보의 상품번호를 서로 참조하면서 일치하는 것을 찾아내어 2가지 정보를 결합할 수 있다. Join 작업 결과는 join_data 변수에 대입한다.

리스트 12-6 판매정보와 상품정보의 Join

```
join_data = pd.merge(transaction, item, on="상품번호")
join_data
```

실행결과

	판매번호	판매일	상품번호	고객번호	상품명	단가	납품처
0	transaction1	2021-04-01	item1	customer1	빵	100	A식품
1	transaction2	2021-04-02	item2	customer2	커피	120	B음료
2	transaction3	2021-04-03	item3	customer1	샐러드	200	C농원
3	transaction4	2021-05-01	item3	customer2	샐러드	200	C농원
4	transaction5	2021-05-02	item4	customer1	삼각김밥	150	D식품
5	transaction6	2021-05-03	item4	customer2	삼각김밥	150	D식품

판매정보와 고객정보의 Join에 대해서도 유사한 절차로 수행한다. merge 명령문에서 transaction과 customer 변수를 나열하고 on = “고객번호”라고 지정하면, 판매정보와 고객정보를 횡적으로 결합시킬 수 있다. Join처리된 데이터는 행의 나열 방식이 불규칙하게 되므로, sort_values라는 명령어를 사용하여 판매일 오름차순으로 데이터를 정렬한다. 마지막으로 reset_index명령어를 사용하여 각 레코드 왼쪽에 일련번호를 다시 부여하면 데이터의 결합 처리가 완료된다.

리스트 12-7 판매정보와 상품정보의 Join

```
join_data = pd.merge(join_data, customer, on = "고객번호")
join_data = join_data.sort_values('판매일', ascending=True)
join_data = join_data.reset_index(drop=True)
join_data
```

실행결과

	판매번호	판매일	상품번호	고객번호	상품명	단가	납품처	고객성명	고객주소	고객전화번호	고객이메일주소
0	transaction1	2021-04-01	item1	customer1	빵	100	A식품	김철수	충남 아산시 탕정면 선문로 221번길 70	010-1234-5678	kim@sample.com
1	transaction2	2021-04-02	item2	customer2	커피	120	B음료	이영희	서울특별시 관악구 관악로 1	010-9876-5432	lee@sample.com
2	transaction3	2021-04-03	item3	customer1	샐러드	200	C농원	김철수	충남 아산시 탕정면 선문로 221번길 70	010-1234-5678	kim@sample.com
3	transaction4	2021-05-01	item3	customer2	샐러드	200	C농원	이영희	서울특별시 관악구 관악로 1	010-9876-5432	lee@sample.com
4	transaction5	2021-05-02	item4	customer1	삼각김밥	150	D식품	김철수	충남 아산시 탕정면 선문로 221번길 70	010-1234-5678	kim@sample.com
5	transaction6	2021-05-03	item4	customer2	삼각김밥	150	D식품	이영희	서울특별시 관악구 관악로 1	010-9876-5432	lee@sample.com

데이터 분석에 사용되는 데이터는 대부분 여러 개의 파일들로 분할되어 있는데, 이는 산업체 현장 특성상 데이터를 취급하는 부서가 상이할 수 있다는 비즈니스적 이유와, 데이터베이스 정규화 등의 시스템적 이유 때문이다.

지금까지 살펴본 데이터결합 방법을 익혀두면 여러 개로 분할되어 있는 데이터를 1개의 파일에 취합할 수 있기 때문에, 이후의 데이터분석을 원활하게 진행할 수 있다*7.

용어해설 *7

데이터결합에서 발생한 실수를 만회할 수 있는 AI와 통계학의 기법은 존재하지 않는다. 데이터결합에 실패하면, 그 이후에 수행되는 데이터분석은 올바르게 진행할 수 없다. 즉, 아무리 AI와 통계학 지식이 풍부한 데이터사이언티스트가 작업에 투입된다고 하더라도, 기본적인 데이터결합이 불가능하다면 실제 현장에서 활약하기 어렵게 된다.

12-4 데이터 정제

데이터 정제란?

수집작업을 수행한 직후의 데이터를 **"미가공 데이터(또는 미정제 데이터, 원시 데이터, raw data)"**라고 부른다. 미가공 데이터에는 데이터의 값이 비정상적인 **"이상치(Outlier)"**가 포함되어 있거나, 어떤 데이터가 존재해야할 부분에 데이터가 부재되어 있는 **"결측치(Missing Value)"**가 포함되어 있는 경우가 있다. 예를 들면, 사람들의 키 값이 음수값으로 되어 있는 경우는 이상치에 해당한다. 또한, 값이 빈칸으로 되어 있는 경우에는 결측치에 해당한다. 따라서, 데이터분석의 장애가 되는 이상치와 결측치를 제거하기 위한 **"데이터 정제*8"** 작업이 필요하다.

> **용어해설 *8**
> **데이터 정제 (Data Cleansing)**
> 데이터 정제는 미가공 데이터에 이상치나 결측치가 포함되지 않도록 데이터를 수정하여 분석가능한 상태로 만드는 작업이다. 데이터 정제 작업은 요리에서 식재료 사전준비 작업에 비유할 수 있으며, 맛있는 요리를 만들기 위한 필수불가결한 작업이다. 데이터 정제작업을 데이터 클리닝(Data cleaning) 작업이라고도 부른다. 즉, 데이터 정제 작업에서는 특정한 값을 입력하거나 수정해야되는 경우도 있으며, 값을 모두 삭제해야되는 경우도 발생하기 때문이다.

데이터분석에서 데이터 정제는 가장 중요한 작업이라고 할 수 있다. 그 이유는, 데이터분석의 정밀도가 데이터 정제 작업을 얼마나 철저하게 수행했는가에 의해 결정되기 때문이다. 아무리 고도의 AI와 통계 기법을 사용한다고 하더라도, 분석할 데이터가 이상치나 결측값이 포함된 "지저분한 상태"라면, 데이터가 갖고 있는 의미를 올바르게 이해할 수 없게 된다.

데이터 정제 작업은 데이터의 내용과 분석 목적에 맞추어서 유연하게 대응할 필요가 있으므로, 완전한 자동화가 어렵기 때문에 데이터사이언티스트가 수작업으로 수행할 필요가 있다. 따라서, 데이터사이언스의 **전체공정의 80% 이상**을

	A	B	C	D
1	학년	성별	키	몸무게
2	1	남성	300	62.3
3	2		151.3	52.3
4		남성	175.8	68.9
5	3	여성		54.6
6	4	여성	149.3	-1

데이터 정제 ⇨

	A	B	C	D
1	학년	성별	키	몸무게
2	1	남성	169.7	62.3
3	2	여성	151.3	52.3
4	2	남성	175.8	68.9
5	3	여성	158.9	54.6
6	4	여성	149.3	50.1

그림 12-6 이상치와 결측치에 대한 데이터 정제 작업

데이터 정제 작업에 할애하는 경우가 많다.

Python을 이용한 데이터 정제

여기에는 문구판매점의 상품판매에 관한 데이터를 대상으로 데이터 정제 작업을 위한 구체적인 방법들을 살펴보도록 한다.

일반적으로 **판매점 데이터는 사람이 수작업으로 입력하는 경우가 많기 때문에, 상당히 "지저분한" 데이터**가 수집되는 경우가 많다. 따라서, 이러한 데이터는 데이터 정제 작업을 연습하기에 적합하다.

판매점 데이터는 컴퓨터에 의해 완전하게 관리되는 데이터가 아니므로, 데이터 입력시에 사람이 개입하게 된다. 따라서, 판매일시를 잘못 입력하거나 데이터 항목이 누락되는 등, 사람의 실수를 많이 포함한다.

실제 비즈니스 현장에서 빈번하게 등장하는 "지저분한" 데이터를 AI와 통계에서 분석할 수 있는 "깨끗한" 데이터로 변환하는 방법을 살펴보도록 한다.

데이터 읽기

우선, 문구판매점의 상품판매에 관한 데이터를 Colaboratory로 읽어들인다. 파일명은 "정제전.xlsx"이다. 이 파일은 http://www.hongpub.co.kr/shop/item.php?it_id=1646028598에서 다운로드할 수 있다.

"정제전.xlsx"을 파일 탐색 영역에 끌어놓기하면, Colaboratory에 파일을 업로드할 수 있다. Pandas 라이브러리를 사용해 파일을 읽어오는 방법은 앞서 살펴보았던 "온라인쇼핑몰 상품판매 데이터분석"의 사례에서 설명한 것도 동일하다. 읽어들인 데이터는 "sales_data" 변수에 대입한다. 아래의 리스트에 제시된 내용은 "+코드"를 클릭하여 새로운 코드셀에 기입하도록 한다. 예를들면, 리스트 12-8과 12-9의 내용은 서로 다른 코드셀에 입력하여 실행하도록 한다.

리스트 12-8 정제처리전의 데이터 읽어들이기

```
import pandas as pd
sales_data = pd.read_excel("정제전.xlsx")
sales_data
```

실행결과

	날짜	요일	상품명	단가	수량	고객의 성별	고객의 연령
0	2021-04-01	목	노트	100	1	남성	24.0
1	2021-04-02	금	연필	80	5	여성	16.0
2	2021-04-03	토	매직	200	1	남성	15.0
3	2021-04-04	NaN	매직	200	2	여성	9.0
4	2021-04-05	월	노트	100	2	여성	NaN
5	2021-04-06	화	가위	400	1	NaN	14.0
6	2021-04-07	수	문구가위	400	2	여성	19.0

데이터 보완

용어해설 *9

NaN
Not a Number(숫자가 아님)를 나타내는 값이다. 프로그래밍에서 어떤 숫자값을 기대하는 연산이나 처리의 결과가 숫자값으로 나타낼 수 없는 결과물이 되었음을 나타내는 특수한 표현이다.

읽어들인 데이터의 "요일" 열에는 결측치를 나타내는 NaN*9이라는 데이터가 들어있다. 결측치의 종류에 따라서 공란으로 되어 있는 부분에 어떤 값을 보완하면 좋을지 판단하기 어려운 경우도 있으나, 2021년4월4일의 요일은 일요일이라는 사실을 달력을 살펴보면 즉시 알아낼 수 있다.

따라서, 결측치에 일요일을 나타내는 "일"이라는 단어를 보완하도록 한다. loc 명령어를 사용하면 지정된 행과 열에 값을 대입할 수 있다. 여기에서는 "요일" 열의 4번째 행에 "일"이라는 단어를 대입하여 보완한다.

Python 등과 같은 프로그래밍언어에서는 0부터 카운트하는 것이 일반적이므로, 4번째 행에 값을 대입하려는 경우에는 "3"을 지정해야 한다.

리스트 12-9 요일에 대한 결손값 보완

```
sales_data.loc[3, "요일"] = "일"
sales_data
```

실행결과

	날짜	요일	상품명	단가	수량	고객의 성별	고객의 연령
0	2021-04-01	목	노트	100	1	남성	24.0
1	2021-04-02	금	연필	80	5	여성	16.0
2	2021-04-03	토	매직	200	1	남성	15.0
3	2021-04-04	일	매직	200	2	여성	9.0
4	2021-04-05	월	노트	100	2	여성	NaN
5	2021-04-06	화	가위	400	1	NaN	14.0
6	2021-04-07	수	문구가위	400	2	여성	19.0

불일치된 표기 수정

이어서, 상품명 열을 살펴보도록 하자. 상품명 열에는 결측치가 존재하지 않지만 상품명의 **불일치 표기**가 존재한다.

예를들어, "가위"와 "문구가위"는 같은 상품을 가리키고 있음에도 불구하고 일치되지 않은 표기를 사용하고 있다. 인간은 문자열의 표기 불일치를 머릿속에서 보완해서 이해할 수 있지만, 컴퓨터는 표기 불일치를 이해할 수 없다. 따라서, 현 상태에서 데이터분석을 수행해버리면, "가위"와 "문구가위"는 각각 서로 다른 상품으로 집계되어서 원래 동일한 상품("가위")에 대해서 정확하게 집계할 수 없다.

이와같이 데이터의 표기 불일치를 애매한 상태로 방치하여 분석을 수행하면 신뢰할 수 없는 분석결과가 되어버린다. 따라서, "문구가위"를 "가위"로 변경해서 상품명의 표기 불일치를 수정하도록 한다. replace 명령어를 사용하면, 특정한 문자열을 다른 문자열로 변경할 수 있다. 여기에서는 상품명 열에 포함되어 있는 문자열들 중에서 "문구가위"를 "가위"로 변경하는 처리를 수행한다.

리스트 12-10 상품명 표기 불일치에 대한 수정

```
sales_data["상품명"] = sales_data["상품명"].str.replace("문구가위", "가위")
sales_data
```

실행결과

	날짜	요일	상품명	단가	수량	고객의 성별	고객의 연령
0	2021-04-01	목	노트	100	1	남성	24.0
1	2021-04-02	금	연필	80	5	여성	16.0
2	2021-04-03	토	매직	200	1	남성	15.0
3	2021-04-04	일	매직	200	2	여성	9.0
4	2021-04-05	월	노트	100	2	여성	NaN
5	2021-04-06	화	가위	400	1	NaN	14.0
6	2021-04-07	수	가위	400	2	여성	19.0

결측치 변경

"고객의 성별" 열에는 결측치가 존재한다. 2021년 4월 6일에 가위를 구입한 고객의 성별이 남성인지 여성인지 알 수 없다. 가위라는 상품은 성별에 관계없이 구입하는 상품이기 때문에 상품명으로부터 고객의 성별을 추측할 수도 없다.

따라서, 이러한 경우에는 데이터의 "**최빈값**[*10]"을 조사해서 결측치를 보완하는 방법을 사용한다. 문구판매점의 고객은 남성과 여성 중에서 어느 쪽이 많은가를 조사하여, 많은 쪽의 성별을 해당 결측치에 보완한다.

> 용어해설 *10
> **최빈값(mode)**
> 최빈값은 주어진 데이터 중에서 가장 빈번하게 출현하는 값이다. 에를들어, 비즈니스 분야에서는 가장 많은 비중을 차지하는 고객층과 같은 최빈값을 타겟으로 하여 마케팅을 실시한다.

mode 명령어를 사용하면, 데이터 중에서 최빈값을 구할 수 있다. 위의 예에서 최빈값은 "여성"이므로, 이 문구판매점에서는 여성 고객이 많음을 알 수 있다. fillna 명령어를 사용하면, 결측치 NaN을 지정된 값으로 변경시킬 수 있다. 위의 예에서는 결측치 NaN을 "여성"이라는 문자열로 변경한다. 요일의 결측치를 보완하는 예에서 설명한 방법처럼 loc를 사용하여 행번호와 열이름을 지정하여 보완할 수도 있지만, 모든 결측치를 같은 값으로 변경하는 경우에는 fillna를 사용하는 것이 간단하다.

리스트 12-11 고객의 성별에 대한 결손값 보완①

```
sales_data["고객의 성별"].mode()
```

실행결과

```
0    여성
dtype: object
```

리스트 12-12 고객의 성별에 대한 결손값 보완②

```
sales_data["고객의 성별"] = sales_data["고객의 성별"].fillna("여성")
sales_data
```

실행결과

	날짜	요일	상품명	단가	수량	고객의 성별	고객의 연령
0	2021-04-01	목	노트	100	1	남성	24.0
1	2021-04-02	금	연필	80	5	여성	16.0
2	2021-04-03	토	매직	200	1	남성	15.0
3	2021-04-04	일	매직	200	2	여성	9.0
4	2021-04-05	월	노트	100	2	여성	NaN
5	2021-04-06	화	가위	400	1	여성	14.0
6	2021-04-07	수	가위	400	2	여성	19.0

마지막으로, "고객의 연령" 열에 대한 결측치를 수정하도록 한다.

고객의 성별에 대한 결측치 보완과 유사한 방법으로 고객의 연령을 추측하는 것은 어렵기 때문에, 데이터의 **평균값***11을 사용해서 결측치를 보완한다. 여기에서는 모든 고객의 연령을 합산하여 고객수로 나눈 값을 사용한다.

mean 명령을 사용하면, 데이터의 평균값을 산출할 수 있다. 위의 예에서는 고객의 연령에 대한 평균값이 약16세임을 알 수 있다. 여기에서는 소수점 이하를 반올림하여 "16"을 fillna 명령어를 사용하여 결측치에 대입하도록 한다.

지금까지의 작업으로 문구판매점의 데이터에 대한 데이터정제 작업이 완료되었다. 데이터 정제작업은 상당히 긴 시간이 필요하지만, 데이터를 정제함으로써 정밀도가 높은 AI를 제작하거나 통계학을 이용한 세밀한 분석을 수행할 수 있게 된다.

용어해설 *11

평균값(Mean)
평균값은 일상 생활 속에서 가장 자주 사용되고 있다. 데이터 중에서 이상치가포함되어 있는 경우, 평균값은 이상치에 끌려가버리는 성질이 있다. 따라서, 데이터사이언스에서는 평균값뿐만아니라 중앙값(Median)도 자주 사용되고 있다.

리스트 12-13 고객의 연령에 대한 결손값 보완①

```
sales_data["고객의 연령"].mean()
```

실행결과

```
16.166666666666668
```

리스트 12-14 고객의 연령에 대한 결손값 보완②

```
sales_data["고객의 연령"] = sales_data["고객의 연령"].fillna(16)
sales_data
```

실행결과

	날짜	요일	상품명	단가	수량	고객의 성별	고객의 연령
0	2021-04-01	목	노트	100	1	남성	24.0
1	2021-04-02	금	연필	80	5	여성	16.0
2	2021-04-03	토	매직	200	1	남성	15.0
3	2021-04-04	일	매직	200	2	여성	9.0
4	2021-04-05	월	노트	100	2	여성	16.0
5	2021-04-06	화	가위	400	1	여성	14.0
6	2021-04-07	수	가위	400	2	여성	19.0

제 13 장

시계열 데이터와 텍스트 데이터의 분석

13-1 시계열 데이터 분석

13-2 시계열 데이터의 변동요인

13-3 시계열 데이터 분석 연습(이산화탄소 배출량 예측)

13-4 텍스트 데이터 분석

13-5 텍스트 데이터 분석 연습(스팸 메일 필터 작성)

13-1 시계열 데이터 분석

시계열 데이터 분석이란?

용어해설 *1
시계열 데이터는, 기후 패턴 해석, 교통상황 감시, 인구경향 조사 등에서 이용되고 있다.

시계열 데이터(Time-Series Data)*1는 시간이 경과함에 따라 기록된 데이터를 가리킨다. 매일 기록되는 기온이나 주가 등, 인간의 생활 속에서 다루게 되는 기회가 많다. 이렇게 기록된 시계열 데이터를 통계적으로 해석함으로써, 미래를 예측하는 것이 **시계열 분석**(Time-Series Analysis)이다.

온라인 쇼핑몰의 판매 정보에서부터 SNS에 포스팅된 텍스트 문장과 이미지에 이르기까지, 이 세상의 다양한 데이터는 데이터가 기록되었을 때의 시간 정보를 함께 저장하고 있다. 시간에 관한 정보를 가지고 있으므로, 이러한 데이터가 시계열 데이터라고 생각할 수 있겠지만, 사실은 그렇지 않다.

시계열 데이터는, 어떤 일정한 시간 간격으로 정기적으로 측정된 정보들의 모음이다. 그러나, 일정한 시간간격이 아니라 이벤트(사건)가 발생한 시점에서 제각기 측정된 데이터는 **점과정 데이터**(**点過程**, Point process data)라고 부른다.

시계열 데이터와 점과정 데이터의 차이점

시계열 데이터와 점과정 데이터를 그래프로 나타내면, 다음과 같은 차이점이 있다.

시계열 데이터는, 일정한 시간 간격으로 측정된 정보를 다루기 때문에, 데이터와 데이터 사이를 선으로 연결한 상태로 나타낼 수 있다. 즉, 어떤 시점에서 측정된 데이터와, 그로부터 한 간격 전에 측정된 데이터 사이에는 틀림없이 **직선적으로 변화**할 것이라고 가정한다.

실제로는, 이와같은 2개의 데이터 사이에서 어떤 변화가 일어나고 있는지는 측정한 데이터가 없기 때문에 불명확하지만, 직선적으로 변화할 것이라고 가정하여 보완하고 있는 것이다. 시계열 데이터 분석은 일정한 간격으로 측정된 여러개의 데이터 사이의 관계성에 주목하면서, 어떤 데이터가 시간 경과와 함께 어떻게 변화해 가는지(**미래의 경향**)를 파악하는 것을 목적으로 하고 있다.

한편, **점과정 데이터**[*2]에 대해서는 이와 같은 가정을 하지 않는다. 점과정 데이터의 그래프에서는 어떤 데이터가 측정되었을 때에 그 수치의 크기를 세로 길이의 선으로 표시한다. 점과정 데이터는 측정된 시간마다 기록된 데이터이므로, 측정된 데이터들 사이의 시간간격은 제각각이다. 2개 데이터의 시간간격이 1초 이내인 경우도 있으며, 1년 이상인 경우도 있다. 따라서, 점과정 데이터의 분석에서는, 여러 개의 데이터들 사이의 관계성에 주목하여 미래를 예측하는 것보다는, 어떤 이벤트(사건)가 발생한 순간의 메커니즘을 분석하는 것을 목적으로 하고 있다.

용어해설 *2
점과정 데이터 분석에서는, 지진 발생, 신경세포의 스파이크 발화, 금융거래의 발생, 보험사고의 발생, SNS의 사용자 포스팅 등, 사건이 발생한 순간의 데이터를 분석한다.

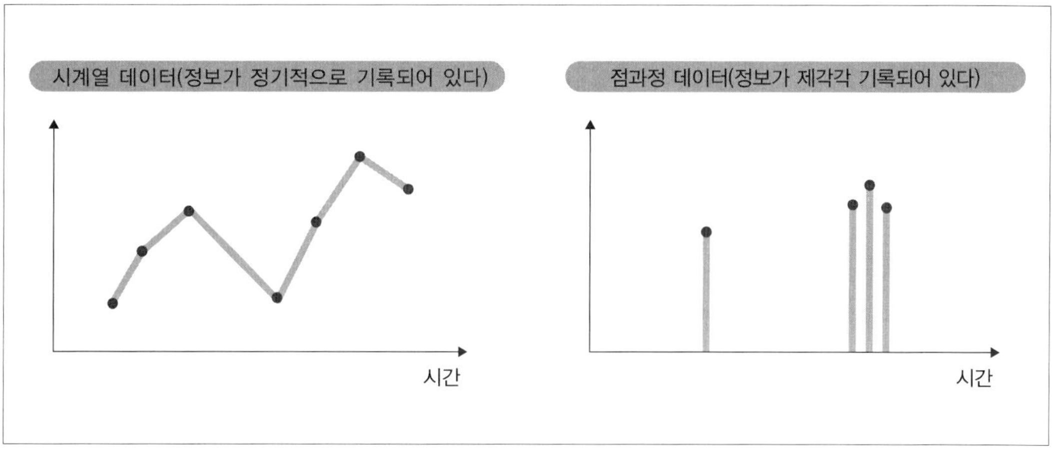

그림 13-1 시계열 데이터와 점과정 데이터

목적변수와 설명변수

시계열 데이터 분석에서는 어떤 값이 미래에 어떻게 변화할 것인지를 예측하는 것을 목적으로 하고 있다. 시계열 데이터의 분석에서, 기온이나 주가 등과 같이 예측하려는 값을 **"목적변수"**(또는 **"종속변수"**)라고 부르며, 목적변수가 기록된 일시 관련 데이터를 **"설명변수"**(또는 **"독립변수"**)라고 부른다. 예를들어, 어떤 날의 10시30분의 기온이 20°C인 경우, 20°C가 목적변수이고 10시30분이 설명변수이다.

어떤 일시(설명변수)의 기온(목적변수)을 정기적으로 기록하여, 시계열 데이터 분석을 수행함으로써 목적변수가 갖는 미래의 값을 예측할 수 있다. 그러나, 정말로 과거의 목적변수와 설명변수를 분석하는 것만으로 미래의 목적변수를 올바르게 예측할 수 있는 것일까?

미래를 예측하는 시계열 데이터 분석에서는, 설명변수 "일시"가 매우 중요한 역할을 수행한다. 일시는 "2020년12월16일 12시40분30초" 등과 같은 형식으로 저장된 시간에 관한 데이터이다. 일시는 의외로 많은 정보를 포함하고 있다.

일시 데이터로부터 "년", "월", "일", "시", "분", "초"에 관한 정보를 추출할 수 있다. 또한, "요일"과 "육십갑자" 등과 같은 부가적인 정보를 추출할 수도 있다. 이때, 일시로부터 추출된 정보들에는 어떤 공통적인 성질이 존재한다는 사실을 발견할 수 있다. 공통적인 성질은 **"시간 정보에는 주기성이 있다"**는 것이다. 예를들어, 1년은 1월~12월이라는 주기를, 1개월은 1일~31일이라는 주기를, 1주일은 월요일~일요일이라는 주기를, 하루는 0시~24시라는 주기를 각각 반복하고 있다.

일시는 주기성을 갖고 있으므로, 이 세상에서 발생하는 이벤트에 관한 데이터도 시간을 기반으로 주기성을 가지고 있는 경우가 많다. 예를들어, 백화점의 매상은 평일보다는 주말이 더 높으며, 각 일요일의 매상은 대부분 같은 경향을 보인다. 또한, 1년전의 12월과 금년의 12월도 대략적으로 같은 경향을 보인다. 이와같이, 데이터를 시간의 주기에 초점을 맞추어서 분석하면, 데이터의 변화에 일정한 패턴을 발견할 수 있다. 시계열 분석에서는 이와같은 **"시간의 주기성을 전제로 하는 예측**[*3]"을 수행하는 것을 핵심으로 하고 있다.

용어해설 *3

시계열 데이터 분석에서는, 주기성을 적절하게 평가하기 위해서, 어느 정도 장기간의 데이터가 필요하다. 단기간 동안에 크게 변화하지만 장기간에 걸쳐서 살펴보면 거의 변화하지 않는 경우도 있으며, 반대의 경우도 있다. 예를들면, 매월 주기로 분석하려는 경우에는, 최저 2년이상의 데이터가 필요하다.

13-2 시계열 데이터의 변동요인

추세 변동

시계열 데이터 분석에서는 데이터의 주기적인 시간 변화를 분석하지만, 시간축으로 데이터가 변화하는 요인으로서 "추세변동", "순환변동", "계절변동", "불규칙변동" 등과 같은 4종류가 있다.

추세 변동(Trend variation)은 장기적으로 볼 때 상승 또는 하강하고 있는지를 나타내는 것으로서, 시계열 데이터의 세밀한 변화가 아니라, 종합적인 변화추세를 확인할 수 있다는 점이 특징이다. 예를들면, 지구온난화에 의한 영향으로 기온이 수십년간 상승하고 있다면, 기온은 장기적인 증가 추세를 갖는 트랜드가 있음을 의미한다. 추세 변동을 산출하는 방법으로서, **이동평균법*4과 최소제곱법*5** 등이 있다.

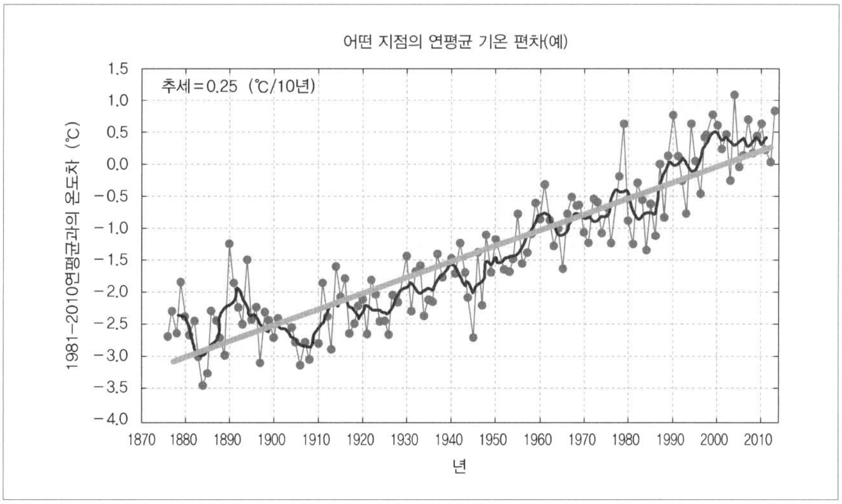

그림 13-2 추세 변동
[출전 : 일본 기상청 홈페이지 https://www.data.jma.go.jp/cpdinfo/temp/trend.html]

용어해설 *4
이동평균법(Moving Average Method)
시계열 데이터를 어떤 일정한 구간별로 나누어서 평균값을 구한 후에, 구간을 이동하면서 평균값을 반복해서 구하는 기법. 예를들어, 4항 이동평균은, 주어진 시계열 데이터의 제1항부터 제4항까지의 평균, 제2항부터 제5항까지의 평균, 제3항부터 제6항까지의 평균 등과 같은 방식으로 구한다.

용어해설 *5
최소제곱법(Least Square Method)
시계열 데이터의 값과 트랜드 예측값 사이의 오차에 대한 제곱의 합을 최소화함으로써, 가장 근사적인 관계식을 구하는 기법.

순환 변동

순환 변동(Cyclical variation)은, 어떤 주기성을 가지면서 나타나는 변화를 가리킨다. 추세 변동은 측정기간 전체의 장기적인 추세(경향)를 나타내지만, 순환 변동은 측정기간의 부분적인 추세를 나타낸다.

순환 변동의 주기는 일정하지 않으며, 주기적으로 반복되는 상승과 하강이 함께 포함되어 있다. 예를들어, 일본 경제의 경기상황처럼 수년 단위의 주기로 반복해서 발생하는 변화가 순환 변동에 해당한다.

일본에서는 2차대전 종전 후의 경기상황에 관해서 지금까지 순환 변동이 14번 나타났다. 순환 변동은 직접 산출하는 기법이 없기 때문에, 시계열 데이터로부터 추세 변동과 계절 변동을 제거하여 계산하는 방법이 일반적이다.

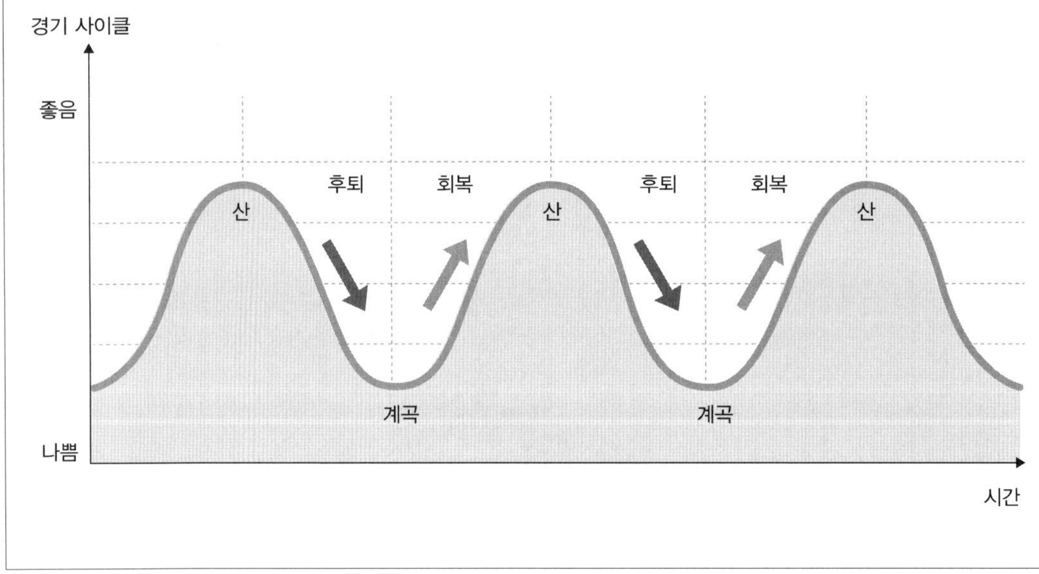

그림 13-3 순환 변동

계절 변동

계절 변동(Seasonal variation)은, 일정한 주기별로 반복되는 변화를 가리킨다. 순환 변동의 주기는 일정하지 않지만, 계절 변동의 주기는 일정하다.

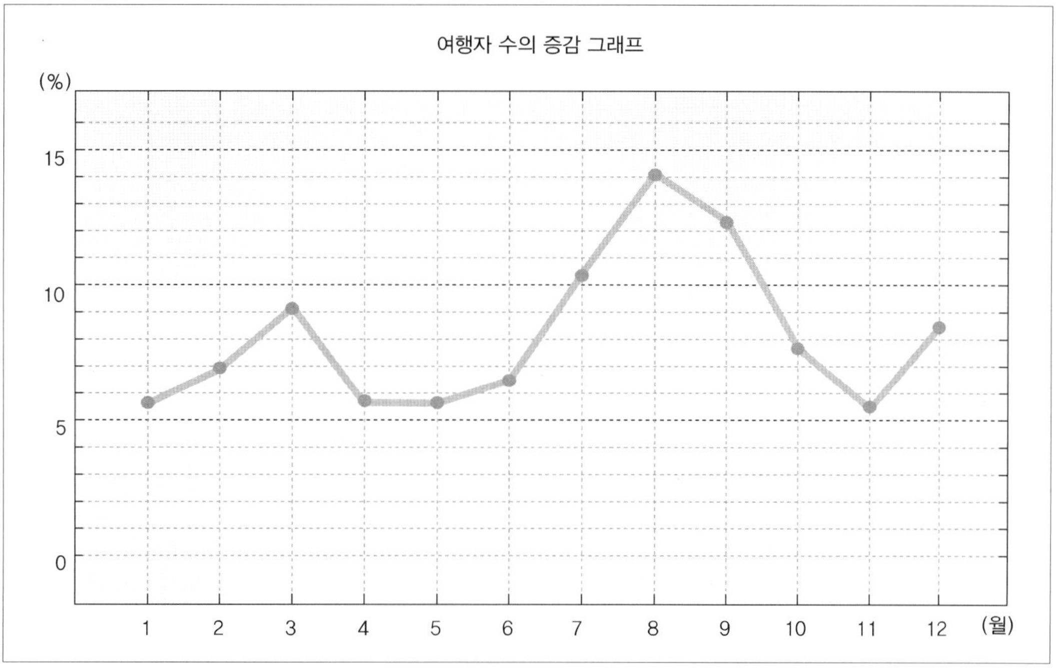

그림 13-4 계절 변동

계절 변동이라는 이름으로부터, 1년간 4계절의 변동을 연상할 수도 있겠지만, 반년, 4분기, 월별, 주별을 주기로 하는 반복 변동도 계절 변동에 해당한다. 예를들어, 백화점의 1주일간의 매상 변화 추세와 1년간의 여행자 변화 추세를 살펴보면, 백화점의 매상은 주말에 상승하고, 여행자는 여름휴가철에 증가하는 등의 추세를 밝혀낼 수 있다. 계절 변동을 계산하는 기법으로서, **월별평균법**[*6], **이동평균법**, **연관비율법**[*7] 등이 있다.

> **용어해설 *6**
> **월별평균법(Monthly averaging method)**
> 1년간의 데이터를 월별로 적용시키는 방법으로서, (1년간의 데이터 합계÷12x계절지수)로 구한다. 이때, 계절지수는 과거 수년간의 각 월별 평균을 다시 월평균(각 월별 평균들의 평균)으로 나눈 값이다.

> **용어해설 *7**
> **연관비율법 (Link Ratio Method)**
> 연관비율(당월값/전월값)을 계산하고, 각 월의 연관비율의 평균값을 계절 변동값으로 하는 방법.

불규칙 변동

불규칙 변동(Irregular variation)은 위에서 설명한 3가지 변동 요소들에 의해서는 설명할 수 없는 단기적인 변화를 나타낸다. 예를들면, 갑작스러운 천재지변 등에 의한 주가 변동 등이 불규칙 변동에 해당한다. 2020년초에 발생한 코로나 바이러스에 의해 전세계의 주가가 크게 하락한 바 있다. 시계열 데이터 분석에서 불규칙 변동을 예상하면서 미래를 예측하는 것은 매우 어렵지만, 신뢰구간[*8] 등과 같은 통계 기법을 이용하면 불규칙 변동에 의한 리스크를 훌륭하게 통제할 수 있다.

> **용어해설 *8**
> **신뢰구간 (confidence interval)**
> 통계학에서 모집단의 참값이 포함되었음을 상당히 확신할 수 있는 수치범위를 나타낸다.

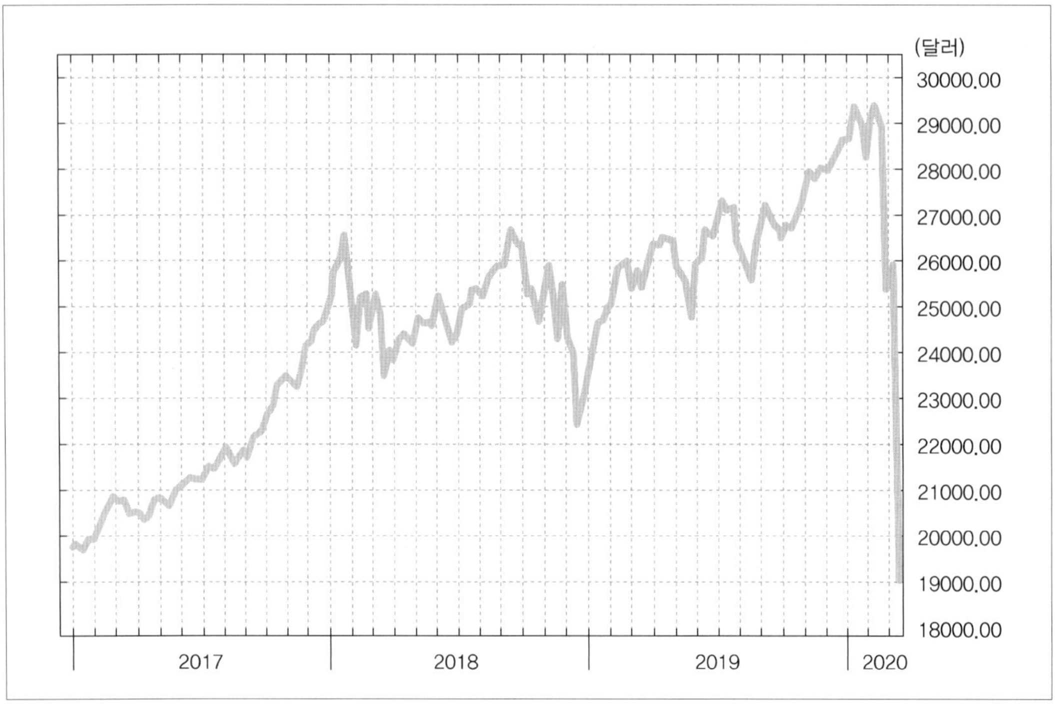

그림 13-5 불규칙 변동

실제의 시계열 데이터에는 위와 같은 4종류의 변동요소들이 모두 포함되어 있다. 시계열 데이터를 분석하는 경우에는, **4종류의 변동요소들을 복합적으로 고려**하면서 통계 등과 같은 수학적인 기법을 사용하여 미래의 목적변수를 가능한 한 올바르게 예측하도록 노력해야 한다.

시계열 데이터의 분석에 사용하는 수학은, 통계 분야의 고급 전문지식을 필요로 하는 경우가 많기 때문에, 이 책에서는 다루지 않도록 한다. 그러나, 시계열 데이터를 분석하고 해석하는 경우에, 위와 같은 변동 요소들이 영향을 주고 있음을 이해해 두기 바란다.

13-3 시계열 데이터 분석 연습 (이산화탄소 배출량 예측)

Prophet 설치

여기에서는 Python을 사용하여 실제로 시계열 데이터에 대한 분석을 수행해 보도록 한다. 시계열 데이터 분석은 수치를 예측하는 분석기법이다. 목적변수의 과거 데이터에 대해서 통계분석을 수행함으로써, 현재와 미래의 값을 예측한다.

시계열 데이터 분석에는 어느 정도 수학지식이 필요하며, 초보자가 곧바로 시계열 분석을 시작하기에는 어려움이 많다. 그러나, 2017년에 Facebook이 공개한 Prophet[*9]이라는 시계열 분석용 라이브러리를 이용하면 누구든지 간단하게 시계열 분석을 시작할 수 있다. 이 책에서는 Prophet을 이용하여 실제 시계열 데이터에 대한 시계열 분석을 수행해 본다.

> **용어해설 *9**
> **Prophet(https://facebook.github.io/prophet/)**
> 시계열 데이터 분석은, 기계학습의 여명기부터 존재하였던 여러 분석 기법들 중에 하나이다. 고전적인 "AR 모델(Auto Regression model. 자기 회귀 모델)"로부터 최근 딥러닝을 사용한 LSTM(Long Short-Term Memory. 장단기 메모리)에 이르기까지, 다양한 분석 알고리즘이 존재하고 있다. 페이스북이 개발한 Prophet은 간단한 조작으로 정밀도가 높은 시계열 데이터 분석이 가능하다.

우선, Colaboratory에 Prophet을 설치해보자. Colaboratory를 실행시킨 후에 "!pip install fbprophet"이라고 입력하여 실행시켜보기 바란다. 이후에는 "+코드"를 클릭하여 새로운 코드셀에 리스트의 내용을 입력하도록 한다. 예를들면, 리스트 13-1과 13-2의 내용은, 서로 다른 코드셀에 입력한 후에 실행하기 바란다. 설치 중에는 많은 메시지가 표시되므로 잠시 기다려주기 바란다.

리스트 13-1 Prophet 설치

```
!pip install fbprophet
```

실행결과

```
Requirement already satisfied: fbprophet in /usr/local/lib/python3.7/dist-packages (0.7.1)
Requirement already satisfied: Cython>=0.22 in /usr/local/lib/python3.7/dist-packages (from fbprophet) (0.29.24)
Requirement already satisfied: cmdstanpy==0.9.5 in /usr/local/lib/python3.7/dist-packages (from fbprophet) (0.9.5)
Requirement already satisfied: pystan>=2.14 in /usr/local/lib/python3.7/dist-packages (from fbprophet) (2.19.1.1)
Requirement already satisfied: numpy>=1.15.4 in /usr/local/lib/python3.7/dist-packages (from fbprophet) (1.19.5)
Requirement already satisfied: pandas>=1.0.4 in /usr/local/lib/python3.7/dist-packages (from fbprophet) (1.1.5)
Requirement already satisfied: matplotlib>=2.0.0 in /usr/local/lib/python3.7/dist-packages (from fbprophet) (3.2.2)
Requirement already satisfied: LunarCalendar>=0.0.9 in /usr/local/lib/python3.7/dist-packages (from fbprophet) (0.0.9)
Requirement already satisfied: convertdate>=2.1.2 in /usr/local/lib/python3.7/dist-packages (from fbprophet) (2.3.2)
Requirement already satisfied: holidays>=0.10.2 in /usr/local/lib/python3.7/dist-packages (from fbprophet) (0.10.5.2)
Requirement already satisfied: setuptools-git>=1.2 in /usr/local/lib/python3.7/dist-packages (from fbprophet) (1.2)
Requirement already satisfied: python-dateutil>=2.8.0 in /usr/local/lib/python3.7/dist-packages (from fbprophet) (2.8.2)
Requirement already satisfied: tqdm>=4.36.1 in /usr/local/lib/python3.7/dist-packages (from fbprophet) (4.62.3)
Requirement already satisfied: pytz>=2014.10 in /usr/local/lib/python3.7/dist-packages (from convertdate>=2.1.2->fbprophet) (2018.9)
Requirement already satisfied: pymeeus<=1,>=0.3.13 in /usr/local/lib/python3.7/dist-packages (from convertdate>=2.1.2->fbprophet) (0.5.11)
Requirement already satisfied: hijri-converter in /usr/local/lib/python3.7/dist-packages (from holidays>=0.10.2->fbprophet) (2.2.2)
Requirement already satisfied: korean-lunar-calendar in /usr/local/lib/python3.7/dist-packages (from holidays>=0.10.2->fbprophet) (0.2.1)
Requirement already satisfied: six in /usr/local/lib/python3.7/dist-packages (from holidays>=0.10.2->fbprophet) (1.15.0)
Requirement already satisfied: ephem>=3.7.5.3 in /usr/local/lib/python3.7/dist-packages (from LunarCalendar>=0.0.9->fbprophet) (4.1)
Requirement already satisfied: kiwisolver>=1.0.1 in /usr/local/lib/python3.7/dist-packages (from matplotlib>=2.0.0->fbprophet) (1.3.2)
Requirement already satisfied: cycler>=0.10 in /usr/local/lib/python3.7/dist-packages (from matplotlib>=2.0.0->fbprophet) (0.10.0)
Requirement already satisfied: pyparsing!=2.0.4,!=2.1.2,!=2.1.6,>=2.0.1 in /usr/local/lib/python3.7/dist-packages (from matplotlib>=2.0.0->fbprophet)
```

시계열 데이터 읽기

Prophet를 설치완료한 후에는 시계열 데이터를 읽어들이는 작업을 수행한다. 분석에 이용할 데이터는 "하와이에 있는 마우나로아 화산(Mauna Loa)의 이산화탄소배출량"에 관한 시계열데이터(https://scrippsco2.ucsd.edu/data/atmospheric_co2/ primary_mlo_co2_record.html)이다. 이 데이터는 **1958년부터 현재까지 마우나로아 화산의 이산화탄소배출량을 정기적으로 기록한 정보**[*10]가 수집되어 있다.

용어해설 *10
C. D. Keeling, S. C. Piper, R. B. Bacastow, M. Wahlen, T. P. Whorf, M. Heimann, and H. A. Meijer, Exchanges of atmospheric CO2 and 13CO2 with the terrestrial biosphere and oceans from 1978 to 2000. I. Global aspects, SIO Reference Series, No. 01-06, Scripps Institution of Oceanography, San Diego, 88 pages, 2001.

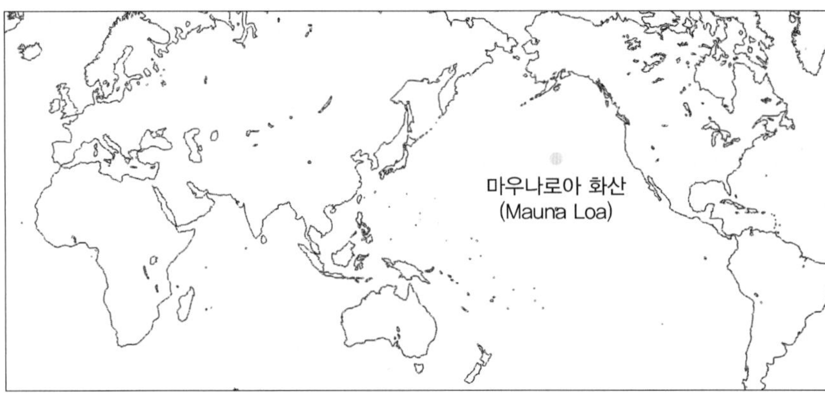

그림 13-6 Primary Mauna Loa CO2 Record

읽어들인 시계열 데이터를 표시해보면 Date열과 CO2열에는 각각 일시와 이산화탄소배출량이 저장되어 있음을 알 수 있다.

리스트 13-2 Prophet 설치

```
from vega_datasets import data
co2 = data.co2_concentration()
co2
```

실행결과

	Date	CO2
0	1958-03-01	315.70
1	1958-04-01	317.46
2	1958-05-01	317.51

3	1958-07-01	315.86
4	1958-08-01	314.93
...	...	...
708	2017-08-01	405.24
709	2017-09-01	403.27
710	2017-10-01	403.64
711	2017-11-01	405.17
712	2017-12-01	406.75

713 rows × 2 columns

시계열 데이터의 시각화

읽어들인 데이터를 그래프 형태로 시각화해보자. 아래의 그래프는 데이터 시각화 라이브러리 plotly를 이용하여, 이산화탄소배출량의 시계열 데이터를 시각화한 결과이다. 아우나로아 화산의 이산화탄소배출량은, 1960년부터 2018년 사이에 조금씩 증가하는 **추세 변동**이 있음을 알 수 있다. 또한, 이 그래프가 가지런하게 정돈된 톱니 형태를 띠고 있으므로, 일정한 주기마다 상승과 하강을 반복하는 **계절 변동**이 있음을 알 수 있다.

리스트 13-3 시계열 데이터의 시각화

```
import plotly.express as px
px.line(co2, x="Date", y = "CO2")
```

실행결과

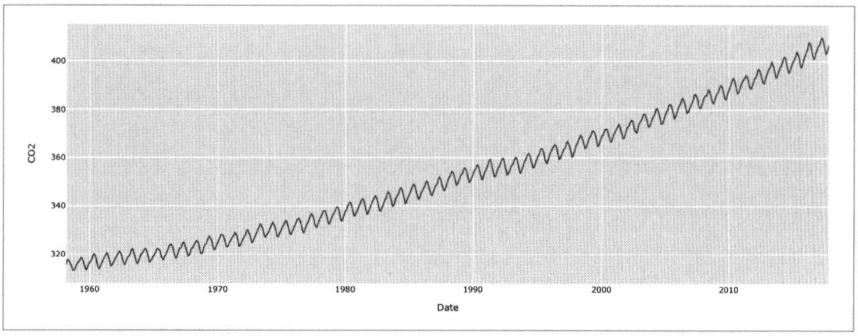

시계열 데이터의 전처리

이제 Prophet을 사용하여 미래 예측과 변동 분석을 시작해보도록 하자. Prophet에는 한 가지 엄수해야 하는 규칙이 있다. 그 규칙은 분석할 데이터에 관한 형식이다. 분석할 데이터의 열 이름에 관해서 다음과 같은 명명 규칙을 엄수해야 한다.

- 설명변수(일시)의 열 이름 : ds
- 목적변수(이산화탄소 배출량)의 열 이름 : y

설명변수의 열 이름 Date를 ds로 변경하고, 목적변수의 열 이름 CO2를 y로 변경하기 위해서 rename이라는 명령어를 실행시킨다.

리스트 13-4 시계열 데이터의 전처리

```
co2.rename(columns = {"Date":"ds", "CO2":"y"}, inplace = True)
co2
```

실행결과

	ds	y
0	1958-03-01	315.70
1	1958-04-01	317.46
2	1958-05-01	317.51
3	1958-07-01	315.86
4	1958-08-01	314.93
...	...	...
708	2017-08-01	405.24
709	2017-09-01	403.27
710	2017-10-01	403.64
711	2017-11-01	405.17
712	2017-12-01	406.75

713 rows × 2 columns

시계열 데이터의 미래 예측

model = Prophet( )[*10]이라는 명령어를 사용하여 Prophet을 사용할 준비를 한다. 그리고, fit 명령어를 실행하여 Prophet에 분석할 데이터를 읽어들여서 시계열 분석을 수행한다. make_future_dataframe 명령어는 시계열 분석 결과를 토대로 미래의 값을 예측하는 경우에 해당하는 설정을 수행해 준다.

이번 연습에서는, 1958년 3월부터 2017년 12월까지의 데이터에 기반하여 이후 200개월까지를 예측해보도록 하자. 이를 위해서, 예측할 기간 periods를 200으로, 예측빈도 freq에 대해서는 Month를 나타내는 M으로 설정하도록 한다. 그리고, predict 명령어를 실행하여 미래 예측을 실행한다. 마지막으로 plot 명령어를 사용하여 미래 예측 결과를 그래프로 가시화한다.

Prophet은 과거의 데이터에 대해서 시계열 분석을 수행하여 목적변수의 변동 추세를 밝혀낸다. 그리고, 미래의 목적변수는 과거의 목적변수의 변동 추세와 동일하게 변화할 것이라는 시간의 주기성을 전제로 하는 예측을 수행함으로써, 미래의 이산화탄소배출량에 대해서 예측한다. 실제로 시각화된 그래프는, 과거의 데이터와 같은 주기로 수치가 상승 및 하강하면서 장기적으로 증가 추세에 있다는 예측결과를 나타내고 있다.

용어해설 *10
이러한 조작을 "클래스의 인스턴스화"라고 부른다. Prophet의 기능을 모아서 만든 "클래스"를 이용가능하도록 해주는 조작이다.

리스트 13-5 시계열 데이터의 미래 예측

```
from fbprophet import Prophet
model = Prophet()
model.fit(co2)
future = model.make_future_dataframe(periods = 200, freq = 'M')
forecast = model.predict(future)
model.plot(forecast);
```

실행결과

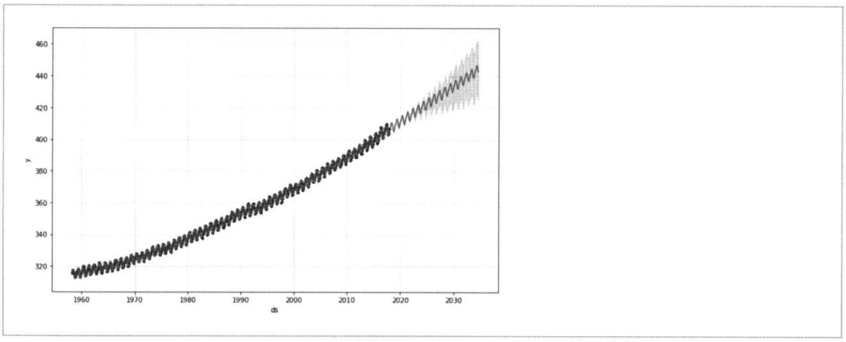

각 변동 추이에 대한 분석결과를 시각화하기 위해서는, 리스트 13-6과 같이, plot_components 명령어를 실행시킨다. 아래의 실행결과와 같이 위로부터 순차적으로 추세 변동과 계절 변동이 표시된다. 이산화탄소배출량은 장기적으로는 증가 추세에 있고, 5월 무렵에 가장 많아지며 9월쯤에 가장 적어지는 일정한 주기를 반복하는 계절 변동이 있음을 알 수 있다.

리스트 13-6 시계열 데이터의 미래 예측

```
model.plot_components(forecast);
```

실행결과

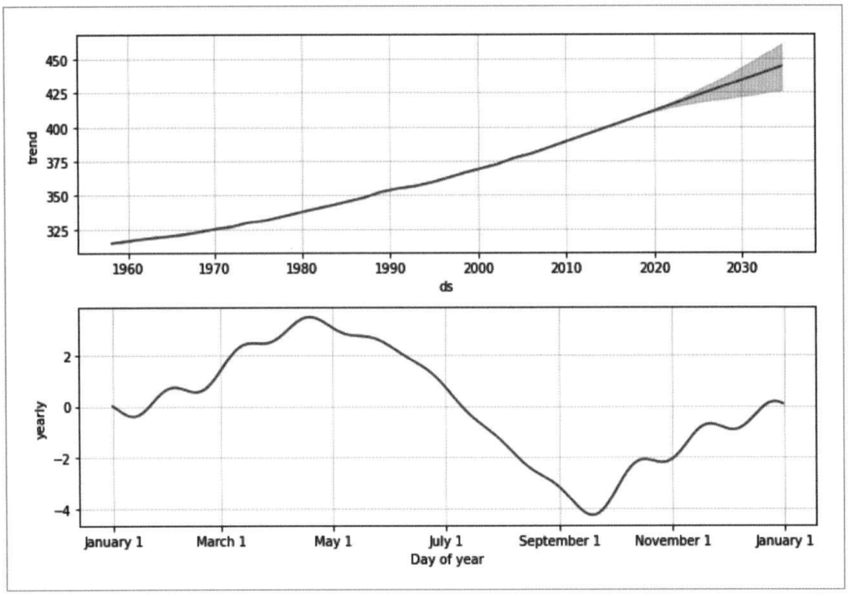

이산화탄소배출량에 관한 시계열 데이터를 대상으로, Prophet을 이용하여 시계열 데이터분석을 수행해 보았다. Prophet의 예측결과는 우리들 눈으로 살펴보아도 지나침 없는 예측결과가 나왔다고 할 수 있을 것이다.

실제로, 이 세상에 존재하는 다양한 시계열 데이터에 대해서 Prophet을 이용한 시계열 분석을 수행하면, 초보자들도 간단하게 상당한 수준의 정밀도로 미래를 예측할 수 있다. 여러분들도 다양한 시계열 데이터를 스스로 찾아 미래 예측에 도전해보기 바란다.

13-4 텍스트 데이터 분석

텍스트 데이터란?

텍스트 데이터는 인간이 일상 생활에서 사용하는 한글, 영어, 일본어 등과 같은 언어로 작성된 문장을 가리킨다.

인간이 사용하는 언어를 **자연어***11라고 부른다. 자연어는 긴 역사 속에서 인간이 사용하기 쉽도록 진화해 왔다. 인간은 애매한 정보로부터 적절하게 의미를 이해하여 행동할 수 있는 능력을 갖추고 있기 때문에, 인간이 사용하는 자연어에도 **애매함**이 포함되어 있다.

> **용어해설 *11**
> 한글(한국어), 영어, 중국어, 일본어 등과 같이, "○○어"의 총칭을 자연어라고 부른다.

예를들면, "나는"이라는 단어에 대해서, "오늘 나는 학교에 갔다."와 "하늘을 나는 새를 보았다."는 전후의 문맥에 따라서 의미가 서로 다르게 된다. 인간은 이러한 차이점을 올바르게 이해하고 구분해서 사용할 수 있다.

한편, 컴퓨터는 자연어에 포함되어 있는 애매한 의미를 올바르게 이해할 수 없다. 컴퓨터는 **논리적**으로 동작하는 기계이다. 즉, 지시받은 내용을 미리 정해 놓은 순서에 따라서 수행하는 것만 가능하다.

인간은 "그것을 그렇게 해줘!"라는 표현으로 의사소통할 수 있지만, 컴퓨터에게 지시할 때에는 "이 상품을 100미터 앞까지 운반해줘~"라고 구체적으로 지시할 필요가 있다. 자연어로부터 애매모호성을 배제시키고, 컴퓨터에게 지시를 내리기 위해서 탄생한 언어가 **프로그래밍언어**이다.

텍스트 토큰화

컴퓨터에게 인간의 문장(텍스트)을 이해시키기 위해서는 자연어가 갖는 애매모호성을 해소하여 프로그래밍언어와 같이 논리적인 구조를 갖는 언어 데이터로 변환시킬 필요가 있다.

특히, 단어의 **토큰화**(Word Tokenization)는 자연어 분석에서 가장 기본적이고 중요한 처리이다. 토큰화(Tokenization)란, 문장의 구조를 분석하여 긴 문장을 여러개의 단어들의 조합으로 식별할 수 있도록 하는 처리이다.

영어나 프랑스어 등과 같은 유럽의 자연어는 단어와 단어 사이에 공백을 넣는 습관이 있기 때문에, 긴 문장으로부터 각각의 단어를 식별하는 작업은 어렵지 않다. 그러나, 일본어의 경우에는 단어들 사이에 구분기호가 없기 때문에 긴 문장으로부터 단어를 식별하는 작업 자체가 **근본적인 문제**[*12]가 된다. 또한, 단어를 바르게 추출하더라도 각 단어의 품사 종류와 활용형의 종류 등을 올바르게 식별할 수 없다면, 자연어 문장이 갖는 의미를 컴퓨터가 올바르게 이해할 수 없다.

용어해설 *12
세계 여러 언어들 중에서 띄어쓰기를 하지 않는 언어는, 일본어, 중국어, 타이어 등, 극히 일부 언어들이다.

자연어 문장을 컴퓨터가 이해할 수 있는 최소단위로 구성된 데이터로 변환시키는 방법으로서, **형태소 분석**과 **N-gram 분석**이 있다.

형태소 분석

형태소 분석은 자연어를 동사와 명사 등과 같은 **형태소**(minimally meaningful unit)로 분할하는 처리이다. 형태소는 의미를 갖는 자연어의 최소단위로서, 예를 들면, "나는 Python으로 프로그래밍을 한다."라는 문장에 대해서 형태소 분석을 수행하면, 그림 13-10과 같은 형태소들로 분할된다.

이와같이 형태소 분석을 수행하여 최소단위로 구성된 단어들을 **대량의 사전**

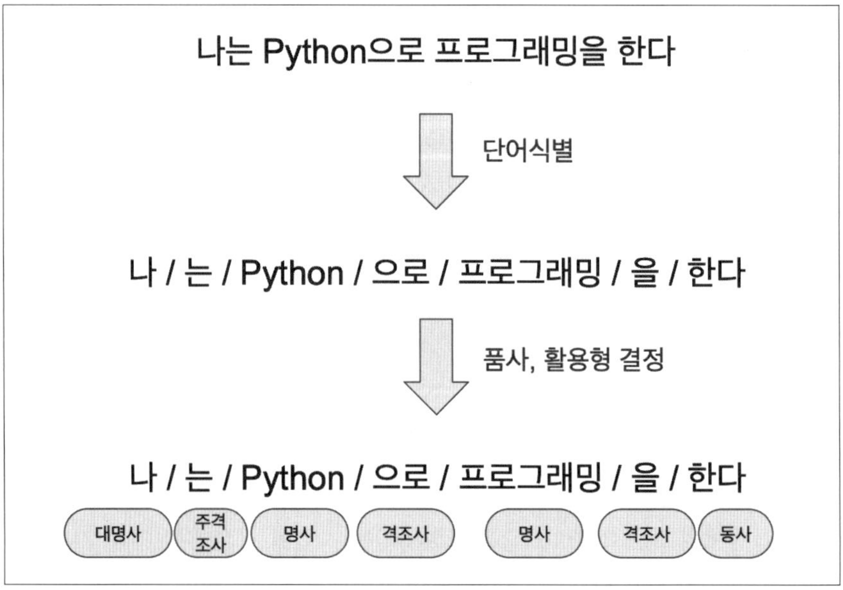

그림 13-10 형태소 분석

과 문법 지식을 이용하여 품사로 분해하거나 활용형을 판정하거나 품사정보로부터 각 단어들 사이의 관계(주어-서술어, 수식어-피수식어 등) 판별을 수행하여 문장 전체의 구조를 분석한다.

N-gram 분석

N-gram **분석**은, 자연어가 갖는 의미를 고려하지 않고서 문자열을 정해진 길이로 기계적으로 분할하는 처리이다. 예를들어, “I Love You”라는 문장을 길이 2(N = 2)로 지정하여 N-gram 분석을 수행하면, 그림 13-11과 같이 분할된다.

N-gram 분석에 의한 자연어 분할은 형태소 분석과 같은 문법해석을 동반하지 않기 때문에, 특정한 자연어에 의존하지 않는다는 특징이 있다.

형태소 분석은 문장 구조의 의미를 해석하기 때문에, 같은 의미의 단어를 반복하고 있는 문장이나 문법적으로 올바르지 않은 무의미한 문장을 구별할 수 있다. 그러나, 단어가 사전에 등록되어 있지 않는 경우에는 적절하게 구별할 수 없어서 문장을 올바르게 분할할 수 없게 된다.

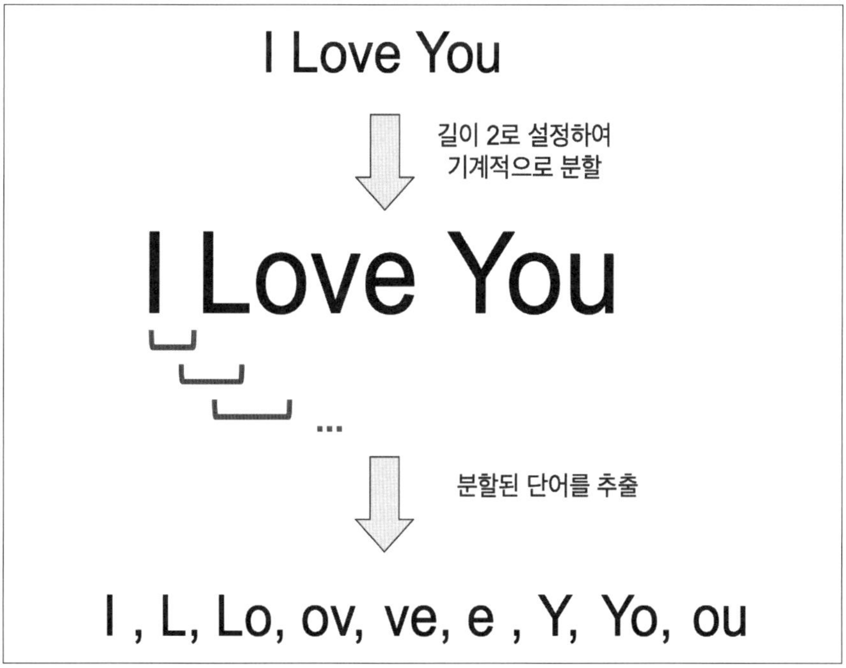

그림 13-11 N-gram 분석(N = 2)

용어해설 *13

N-gram 분석은 자연어 처리뿐만 아니라 간단한 미래 예측에도 적용 가능하다. N-gram분석에서는 "야구를"의 다음에는 "한다"가 이어지듯이, 어떤 단어 뒤에 어떤 단어가 이어질 것인지를 분석한다. 이러한 기법을 가위바위보 게임에 응용하면, "이 사람은 보 다음에는 가위를 낸다"라는 미래의 사건을 예측할 수도 있다.

반대로, **N–gram 분석***13에서는 단순한 규칙을 사용하여 기계적으로 분할하기 때문에, 아무리 복잡한 문장이라도 분할할 수 없는 경우는 없지만, 컴퓨터에게는 전문 소설가의 문장과 초등학생의 문장이 같아 보이게 된다.

13-5 텍스트 데이터 분석 연습 (스팸 메일 필터 작성)

코퍼스(Corpus : 말뭉치) 읽기

자연어 텍스트 데이터에 대한 분석을 수행해보도록 하자. 여기에서는 자연어로 작성된 이메일 텍스트를 분석하여, 스팸 메일을 분류하기 위한 필터를 작성하는 연습을 한다.

분석에 이용하는 **이메일 데이터 집합**[*14]은 미국 캘리포니아 대학(얼바인)에서 제공하고 있는 SMS Spam Collection Dataset(https://archive.ics.uci.edu/ml/datasets/sms+spam+collection)을 이용한다. 위의 URL로부터 다운로드한 코퍼스를 분석하기 위해서는 조금 복잡한 데이터 정제처리가 필요하다. 따라서, 어느 정도의 데이터 정제처리가 끝난 코퍼스(email.csv)를 http://www.hongpub.co.kr/shop/item.php?it_id=1646028598에 준비해두었다. email.csv 파일을 Colaboratory에 업로드하기 바란다.

용어해설 * 14

출전
Almeida, T.A., GĂlmez Hidalgo, J.M., Yamakami, A. Contributions to the Study of SMS Spam Filtering: New Collection and Results. Proceedings of the 2011 ACM Symposium on Document Engineering(DOCENG'11), Mountain View, CA, USA, 2011.

리스트 13-7 텍스트 데이터 읽어들이기

```
import pandas as pd
email = pd.read_csv('email.csv')
email
```

실행결과

	type	text
0	0	Go until jurong point crazy.. Available only ...
1	0	Ok lar... Joking wif u oni...
2	1	Free entry in 2 a wkly comp to win FA Cup fina...
3	0	U dun say so early hor... U c already then say...
4	0	Nah I don't think he goes to usf he lives aro...
...	...	...
5566	0	Why don't you wait 'til at least wednesday to ...

207

5567	0	Huh y lei...
5568	1	REMINDER FROM O2: To get 2.50 pounds free call...
5569	1	This is the 2nd time we have tried 2 contact u...
5570	0	Will ü b going to espla

5571 rows × 2 columns

이제, Colaboratory에서 이메일 텍스트 데이터를 읽어들이는 작업을 수행해 보자. 이후의 리스트 내용은 "+코드"를 클릭해서 새로운 코드셀에 입력하기 바란다. 예를들면, 리스트 13-7과 13-8의 내용은 서로 다른 코드셀에 입력해서 실행하도록 한다. 읽어들인 데이터를 표시하면, type 열에는 0 또는 1이라는 숫자가 들어있음을 알 수 있다. 0은 정상적인 메일을, 1은 스팸메일을 나타내고 있다. text 열에는 메일 내용에 기입되어 있는 자연어 텍스트 내용이 표시되어 있다.

한글 또는 일본어 텍스트에 대한 분석은 난이도가 높기 때문에, 여기에서는 영어 이메일 코퍼스를 대상으로 분석 연습을 수행하도록 한다.

워드 클라우드 작성

정상적인 메일과 스팸메일에 어떤 단어가 자주 사용되고 있는지를 살펴보도록 하자. **워드 클라우드**(Word Cloud)*15는 자주 출현하고 있는 단어를 빈도에 비례하는 크기로 구름 형태로 나열한 도면이다. 리스트 13-8의 프로그램을 실행하면, 스팸메일의 워드 클라우드를 작성할 수 있다.

용어해설 *15

워드 클라우드 (Word Cloud)

워드 클라우드는 텍스트 데이터에 있는 단어들을 모아서 구름 모양으로 보여주는 가시화 기법이다. 워드 클라우드는 살펴본 사람의 기억에 오래 남기 때문에 마케팅이나 영업 등과 같은 비즈니스 활동에 적극적으로 이용되고 있다.

리스트 13-8 워드 클라우드 작성(스팸메일)

```
from wordcloud import WordCloud
import matplotlib.pyplot as plt

spam = email[email['type'] == 1]
spam_words = ' '.join(spam['text'])
spam_wc = WordCloud()
spam_wc.generate(spam_words)
plt.imshow(spam_wc)
plt.show()
```

실행결과

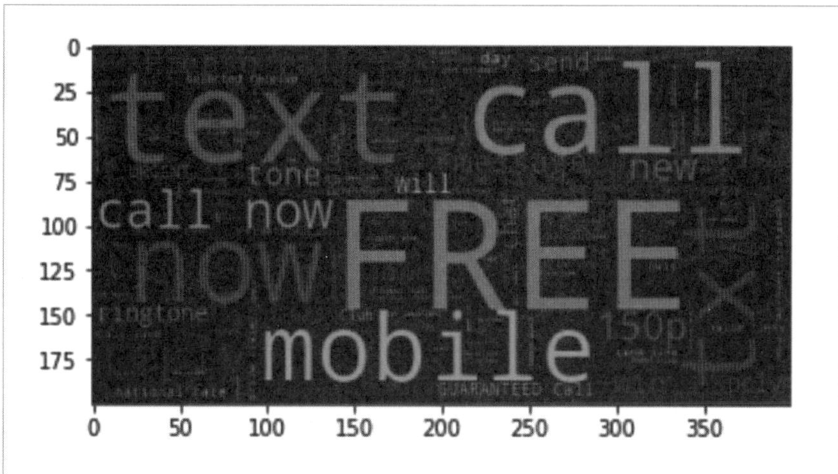

작성된 워드 클라우드를 살펴보면, 스팸메일에는 “Free”(무료), “Now”(지금 즉시), “Mobile”(휴대전화), “Call”(전화해주세요) 등과 같은 단어들이 많음을 확인할 수 있다. 프로그램을 실행할 때마다 작성되는 워드 클라우드는 조심씩 변화하지만, 스팸메일에 사용되고 있는 단어들의 추세는 다르지 않다.

위에서 설명한 방법과 유사하게, 정상적인 메일의 워드 클라우드를 작성해보도록 하자. 정상적인 메일에는 스팸메일에서 자주 출현하는 단어는 그다지 발견할 수 없다. 정상적인 메일과 스팸메일에서는, 문장 내에서 사용되는 단어의 종류에 차이점이 있을 듯 하다. 이러한 차이점을 잘 이용하여, 전자메일에서 스팸메일을 분류하기 위한 필터를 작성해보도록 한다.

리스트 13-9 워드 클라우드 작성(정상적인 메일)

```
ham = email[email['type'] == 0]
ham_words = ' '.join(ham['text'])
ham_wc = WordCloud()
ham_wc.generate(ham_words)
plt.imshow(ham_wc)
plt.show()
```

실행결과

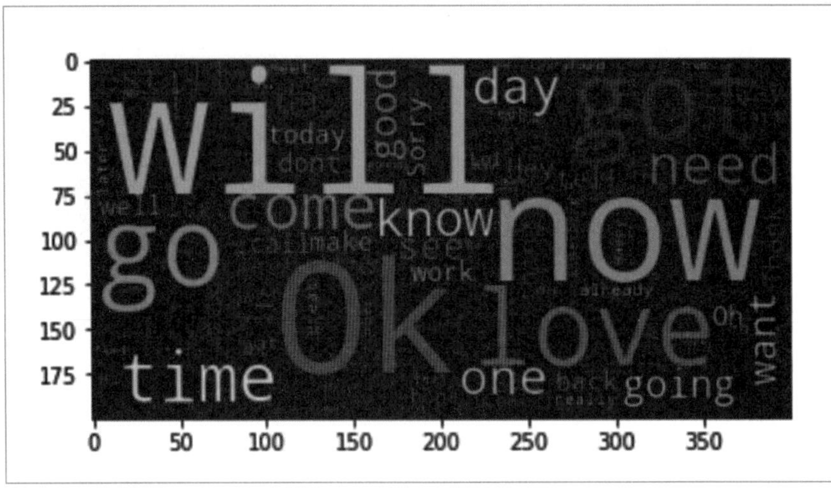

자연어를 컴퓨터로 분석할 수 있도록 하기 위해서는, 텍스트의 대문자를 소문자로 바꾸어놓아야 한다. 컴퓨터는 텍스트 내의 영어 단어에 대한 대소문자 구분(예를들면, “Apple”과 “apple”)이 불가능하여, 서로 다른 의미를 갖는 단어라고 인식해 버린다. 따라서, 모든 텍스트를 소문자로 변환시키도록 한다. 리스트 13-10의 프로그램을 실행하면, 이메일의 텍스트를 모두 소문자로 변환시킬 수 있다.

리스트 13-10 대문자를 소문자로 변환

```
email['text'] = email['text'].str.lower()
email
```

실행결과

	type	text
0	0	go until jurong point crazy.. available only ...
1	0	ok lar... joking wif u oni...
2	1	free entry in 2 a wkly comp to win fa cup fina...
3	0	u dun say so early hor... u c already then say...
4	0	nah i don't think he goes to usf he lives aro...
...	...	...

5566	0	why don't you wait 'til at least wednesday to ...
5567	0	huh y lei...
5568	1	reminder from o2: to get 2.50 pounds free call...
5569	1	this is the 2nd time we have tried 2 contact u...
5570	0	will ü b going to espla

5571 rows × 2 columns

불용어 제거

다음 단계에서는 **불용어**(Stop word)*16 제거 작업을 수행한다. 불용어는 정상적인 메일과 스팸메일 모두에 같은 빈도로 출현할 가능성이 높다. 스팸메일을 분류하는 경우에 불용어는 방해가 되기 때문에, 불용어를 가능한 한 제거하도록 한다. 리스트 13-11의 프로그램에서는 “a”, “the”, “an”과 같은 3종류의 관사를 제거하는 처리를 수행한다(다양한 불용어가 있지만, 여기에서는 위의 3종류의 관사에 초점을 맞춘다). replace 명령어를 실행할 때, 변환전의 키워드에는 “the”의 전후에 공백문자를 넣은 “ the ”를, 변환후의 키워드에는 공백문자(“ ”)를 지정하면, 관사를 공백문자(“ ”)로 변환시킬 수 있다.

용어해설 *16
텍스트 분석에 큰 의미가 없는 단어를 지칭한다. 예를 들면, by, of 등과 같은 전치사와 a, an, the 등과 같은 관사, we, they, she등과 같은 대명사 등과 같이 문장을 구성하는 필수 요소지만 문맥적으로 큰 의미가 없는 단어들이 불용어에 해당한다.

리스트 13-11 불용어 제거

```
email['text'] = email['text'].str.replace(' the ', ' ')
email['text'] = email['text'].str.replace(' a ', ' ')
email['text'] = email['text'].str.replace(' an ', ' ')
email
```

실행결과

	type	text
0	0	go until jurong point crazy.. available only ...
1	0	ok lar... joking wif u oni...
2	1	free entry in 2 wkly comp to win fa cup final ...
3	0	u dun say so early hor... u c already then say...
4	0	nah i don't think he goes to usf he lives aro...

...	...	...
5566	0	why don't you wait 'til at least wednesday to ...
5567	0	huh y lei...
5568	1	reminder from o2: to get 2.50 pounds free call...
5569	1	this is 2nd time we have tried 2 contact u. u ...
5570	0	will ü b going to espla

5571 rows × 2 columns

그밖에도 **"스테밍(stemming)"**이라는 과거분사와 현재분사를 표준형으로 변환하는 처리와 숫자와 여분의 공백을 제거하는 등의 전처리를 수행하면, 컴퓨터를 이용한 자연어 분석을 보다 정확하게 수행할 수 있다. 이와 같은 **자연어에 대한 전처리**[*17]는 이외에도 다양한 종류가 있으며, 해당 전처리에는 막대한 작업량이 필요하다. 따라서, 여기에서는 생략하도록 한다.

용어해설 *17
자연어의 전처리에 관심있는 독자들은 "언어처리100문제(https://www.cl.ecei.tohoku.ac.jp/nlp100/)"에 도전해보기 바란다.

형태소 분석의 실행

이어서, CountVectorizer 명령어를 사용하여 형태소 분석을 수행하면서 이메일의 텍스트를 AI가 계산하기 수월한 형식(벡터 형식)으로 변환하는 처리를 수행하도록 하자. min_df는 출현빈도가 낮은 단어를 제외시키는 옵션이다. min_df = 3 으로 설정함으로써 출현수가 3회 이하인 단어를 제거하는 이유는, 인명 또는 지역명 등과 같이 출현빈도가 높지 않은 단어를 제외시키는 것이 스팸메일의 분류를 보다 우수하게 수행할 수 있기 때문이다. 텍스트에 포함되어 있는 단어를 5건 정도 살펴보면, 형태소 분석에 의해 "available", "crazy" 등과 같은 단어를 추출하고 있음을 알 수 있다.

리스트 13-12 이메일의 텍스트에 대한 형태소 분석

```
from sklearn.feature_extraction.text import CountVectorizer
vector = CountVectorizer(min_df = 3)
vector.fit(email['text'])
text_vec = vector.transform(email['text'])

dict(list(vector.vocabulary_.items())[0:5])
```

실행결과

```
{'available': 348, 'crazy': 686, 'go': 1087, 'point': 1880, 'until': 2575}
```

스팸을 분류하는 AI 제작

형태소 분석을 수행한 이메일의 텍스트 데이터를 이용하여 스팸메일을 분류하기 위한 AI를 제작해보도록 하자. 여기에서는 naive bayes라고 부르는 AI를 제작한다. naive bayes는 **베이즈의 정리**[*18]라는 확률 이론을 이용한 AI 알고리즘이다. 어떤 단어가 포함된 메일이 스팸메일이 될 확률을 구해서, 그 확률이 일정한 크기를 초과한 경우에는 이메일을 스팸메일로 분류한다. 베이즈 정리는 수학적으로 조금 난이도가 있는 이론이므로, 여기에서는 구체적인 설명을 생략하도록 한다.

용어해설 *18

베이즈의 정리(Bayes' theorem)

조건부 확률이라는 통계 기법을 응용하여, 사전 정보를 바탕으로 어떤 사건이 일어날 확률을 토대로 의사결정을 할 때 활용할 수 있는 정리로서, "결과"가 발생하는 "원인"을 찾아낼 수 있다. 예를들면, "결과 : 스팸이라고 판정된 메일"에 대해서, "원인 : 스팸에 사용되고 있는 단어는 무엇인가?"를 명확하게 할 수 있다.

리스트 13-13 naive bayes 제작

```
from sklearn.naive_bayes import BernoulliNB
model = BernoulliNB()
model.fit(text_vec, email['type'])
```

실행결과

```
BernoulliNB(alpha=1.0, binarize=0.0, class_prior=None, fit_prior=True)
```

작성된 naive bayes를 사용하여 어느 정도의 정밀도로 스팸메일을 분류할 수 있는지를 테스트해보자.

리스트 13-14의 프로그램을 실행하면, AI가 이메일의 텍스트를 분석하여 **정상적인 메일인지 아니면 스팸메일인지를 판정**[*19]한다. 그리고, AI의 판정결과와 실제 정답을 비교해서 스팸메일 분류 성공률을 표시할 수 있다. 이번에 수행한 스팸메일 분류에 대한 성공률은 약 98.8%로 되어 있으므로, 이번 연습에서 주어진 코퍼스에 대한 스팸메일 분류의 정밀도는 상당히 높음을 알 수 있다.

용어해설 *19

"스팸"이라는 용어는 미국 호멜 식품 회사(Hormel Foods Corporation)의 통조림 햄 상표이다. 제2차 세계대전 중에 미국정부가 병사들에게 매일 스팸 통조림을 지급하였으나, 병사들은 매일 지급되는 대량의 스팸 통조림에 질려서 "원하지 않는데 잔뜩 들어가 있는 것"을 "스팸"이라고 불렀다. 오늘날에 '원치 않는 이메일'을 스팸 메일 또는 스팸 문자라 일컫게 되었다.

리스트 13-14 naive bayes 제작

```
model.score(text_vec, email['type'])
```

실행결과

```
0.9881529348411416
```

마지막으로, 임의의 이메일 텍스트에 대해서 AI가 어떤 분류를 수행하는지를 확인해보도록 하자. 리스트 13-15의 프로그램에서 괄호[ ] 내부에 임의의 문장을 입력해서 실행해 보면, 입력된 문장을 포함하는 이메일이 정상적인 메일인지 아니면 스팸메일인지를 판정한다.

출력결과가 array([0])으로 되면 정상적인 메일이고, array([1])으로 되면 스팸메일이라는 의미이다. 실제로 영어 스팸메일을 수신한 경험이 있는 사람은 시험삼아서 여기에 입력하여 AI가 올바르게 스팸메일을 분류하고 있는지를 테스트해보기 바란다.

리스트 13-15 새로운 이메일 문장에 대한 스팸메일 분류①

```
test = pd.DataFrame(['I cant pick the phone right now.'])
test_vec = vector.transform(test[0])
model.predict(test_vec)
```

실행결과

```
array([0])
```

리스트 13-16 새로운 이메일 문장에 대한 스팸메일 분류②

```
test = pd.DataFrame(['Congratulations ur awarded $500.'])
test_vec = vector.transform(test[0])
model.predict(test_vec)
```

실행결과

```
array([1])
```

제 14 장

데이터 활용 실천

14-1 AI의 학습방식

기계학습과 AI

여기에서는 데이터분석을 수행하는 AI의 구체적인 제작방법에 대해서 살펴보도록 한다. 컴퓨터와 인간의 사고방식은 크게 다르기 때문에 인간과 똑같이 사고할 수 있는 AI를 제작하는 것은 수월하지 않다.

한편, **기계학습**(Machine Learning)이라는 기법을 이용하면, 인간과 같은 동작을 수행하는 AI를 제작할 수 있다. AI는 어떠한 입력을 받아서 인간처럼 출력을 내보내는 소프트웨어이다. 예를들면, 고양이 사진을 살펴보고 "이 사진은 고양이다"라고 판단할 수 있다면, 사진을 판단할 때 AI의 내부는 블랙박스로 처리해도 된다. 즉, AI가 인간과 같은 사고체계 또는 컴퓨터에 특화된 사고체계를 갖더라도, **입력과 출력이 동일하다면 아무런 문제가 없다**[*1].

용어해설 *1
AI가 왜 이러한 답을 내고 있는지 알지 못하더라도 올바른 답을 한다면 괜찮다는 설계철학을 기반으로 제작된 AI를 "블랙박스 AI"라고 부른다. 한편, 올바른 답을 할 뿐만 아니라, AI의 사고체계도 명확하게 해야 한다는 설계철학을 기반으로 제작된 AI를 "화이트박스 AI"라고 부른다. 화이트박스 AI는 블랙박스 AI보다 훨씬 더 제작하기 어렵다. 그러나, 최근에는 AI가 사회적으로 중요한 의사결정에 사용되고 있기 때문에, 의사결정 과정을 명확하게 할 수 있는 화이트박스 AI에 대한 수요가 증가하고 있다.

여기에서는 AI에 인간과 같은 지성을 부여하기 위한 기계학습의 대표적인 기법에 대해서 구체적인 사례를 이용하여 설명하도록 한다.

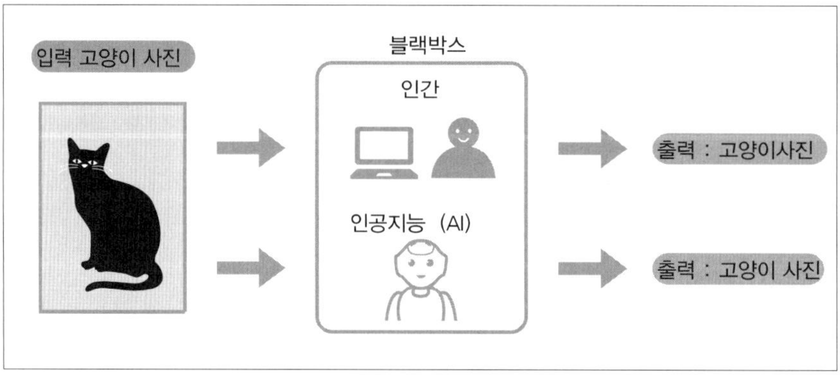

그림 14-1 AI의 학습과 모델

지도학습

AI의 기계학습에는 **"지도학습**(Supervised Learning)", **"비지도학습**(Unsupervised Learning)", **"강화학습**(Reinforcement Learning)" 등과 같은 3종류의 학습방법이 있다. 각각의 학습방법에는 장점과 단점이 있기 때문에, 취급하는 데이터의 특징과 AI에서 해결하려는 문제의 성질에 맞추어서 구분해서 사용할 필요가 있다.

지도학습은 "정답"이 알려져 있는 데이터(이후에는 "정답데이터"라고 부름)를 사용하여 학습하는 방식이다. 정답데이터는, 예를들면, 어떤 이미지 데이터가 주어졌을 때, **해당 이미지가 "개"인지 "고양이"인지를 나타내는 레이블 정보를 동시에 부착하고 있는 데이터**이다.

AI는 정답데이터로 주어지는 "개" 이미지와 "고양이" 이미지로부터 각각 개의 특징과 고양이의 특징을 학습한다. 그리고, 학습할 때에 존재하지 않았던 미지의 입력 이미지에 대해서, 사전에 학습한 개와 고양이의 특징을 토대로 AI는 주어진 입력 이미지가 개와 고양이 중에서 어느쪽에 유사한지를 판정한다.

지도학습의 가장 큰 특징은, 학습단계에서 정답데이터가 필요하다는 점이다. AI라고 하면, 미지의 입력 이미지에 대해서 자동적으로 정답을 맞출 것이라고 생각할 수 있겠지만, 지도학습 방식의 AI는 사전에 **정답데이터**[*2]를 제시하고 학습시키지 않으면 아무것도 할 수 없다.

정답데이터는 인간이 만들어서 제공할 필요가 있기 때문에, 지도학습 방식의 AI를 제작할 때에는 상당한 수고가 필요하지만, 정밀도가 높은 AI를 구축할 수 있다. 실제로 현재 이 세상에 보급되고 있는 AI의 대부분은 지도학습 방식으로 제작된 AI들이라고 할 수 있다.

용어해설 *2

정밀도가 높은 이미지 인식용 AI를 제작하려면 수백만장 규모의 레이블이 붙은 이미지 데이터가 필요하다. 레이블이 붙은 대량의 이미지 데이터를 개인이 준비하는 것은 매우 어렵지만, 구글의 Open Images Dataset(https://storage.googleapis.com/openimages/web/index.html)을 이용할 수 있다. Open Images Dataset에는 약900만장의 레이블이 붙은 이미지 데이터가 제공되고 있으며, 누구든지 무료로 자유롭게 사용할 수 있다.

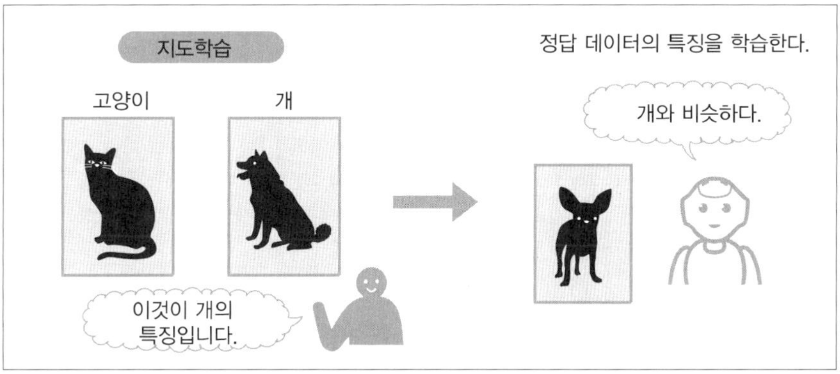

그림 14-2 지도학습

비지도학습

비지도학습은 정답이 없는 데이터를 입력하여 학습시키는 방식이다. 지도학습의 예에서는 개의 이미지에는 개 레이블을 붙이고, 고양이 이미지에는 고양이 레이블을 붙여서 학습시켰다. 한편, 비지도학습의 경우에는, 이미지에 아무런 레이블을 붙이지 않고서 학습시킨다.

비지도학습은 입력되는 데이터의 정보가 제한되어 있기 때문에 지도학습과 비교해보면 난이도가 높은 학습방식이다. 현재는 비지도학습 방식의 AI는 한정적이다.

예를들면, 비지도학습의 대표적인 응용사례로서 "**클러스터링(Clustering. 군집화)***3"은 여러 장의 서로 다른 종류의 동물 사진으로부터 비슷한 특징을 갖는 동물 이미지를 그룹핑하여 추출할 수 있다.

용어해설 *3
이 책에서는 클러스터링에 대한 연습은 수행하지 않지만, K평균법 등과 같은 AI 알고리즘을 사용하면 연습할 수 있다. K평균법을 이용한 클러스터링은 Python을 사용하여 간단하게 수행할 수 있으므로, 흥미있는 독자들은 도전해보기 바란다.

비지도학습의 경우, 사전에 정답데이터를 입력하여 AI에게 특징을 학습시킬 필요가 없기 때문에 정답이 없는 데이터를 AI에게 입력하면 곧바로 출력을 얻어낼 수 있다. 비지도학습은 기계학습의 한 종류이지만, 통계학과 비슷한 특징을 갖는 데이터 분석 기법이라고 할 수 있다.

현재, 비지도학습 방식의 AI를 적용할 수 있는 분야는 한정적이며, 정밀도 측면에서도 지도학습 방식의 AI에 비해서 열세이기 때문에 실제 사회적으로 크게 활약하고 있지 못하다. 그러나, 비지도학습 방식은 인간이 정답데이터를 만들어서 제공하지 않아도 된다는 장점이 있다.

현재의 지도학습은 인간이 정답데이터를 만들어서 제공해야 할 필요가 있기

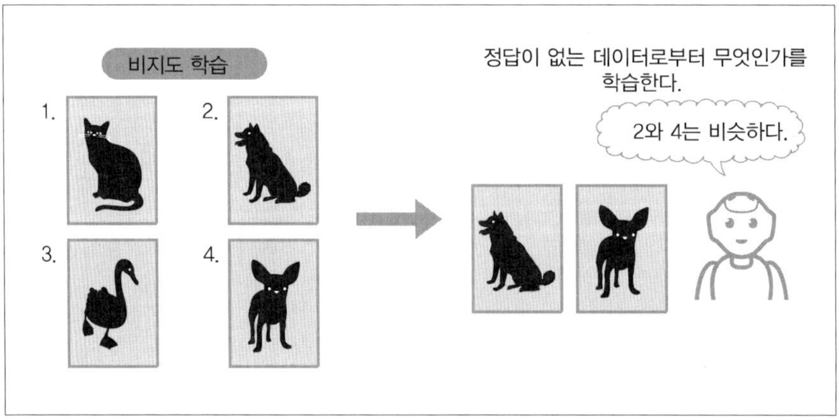

그림 14-3 비지도학습

때문에, 다양한 용도에 맞춰 정밀도 높은 AI를 양산하기에는 어려움이 많아 AI를 사회적으로 보급하는데 있어 커다란 장벽이 되고 있다. 앞으로 정답데이터가 필요없는 비지도학습 방식의 AI를 진화발전시키면, **AI의 가능성은 더욱 넓어질 것으로 기대***4되며, 전세계의 연구자들에 의해 열심히 연구가 진행되고 있다.

용어해설 *4
2018년 튜링상 수상자 Yann LeCunn은 AI분야의 최고수준의 학술대회 AAAI2020에서 "잘못된 지도학습 방식을 지금 당장 폐기하고 비지도학습 방식을 시작하기 바란다."라고 주장하였다. 지도학습 방식으로 튜링상(컴퓨터분야의 노벨상이라고 추앙되고 있는 상)을 수상한 LeCunn 박사조차도 비지도학습 방식이 향후에 기대되는 기술이라고 주장하고 있다.

강화학습

강화학습은 지도학습이나 비지도학습과는 크게 다른 학습방식이다. 강화학습에서는 학습을 위한 데이터를 사전에 준비할 필요가 없다.

강화학습 방식의 AI는 자신의 주변 환경을 계측하면서 자신이 어떠한 행동을 취했을 때 주변의 환경이 어떻게 변화하는지, "환경"과 "행동"을 한 세트로 하여 학습을 진행하고, 어떤 목적을 달성하기 위해서 자신의 행동을 수정해 간다.

오래전에 바둑경기에서 프로 바둑기사(인간)를 이기는 뉴스에서 등장했던 AI가 강화학습에 의해 학습시킨 AI이다. 바둑 AI는 초반에는 어떻게 하면 인간을 이길 수 있는지를 알지 못하지만, 다양한 국면의 상태(환경)에 대해서 자신의 수(행동)를 시행착오하면서 최선의 수를 학습해 감으로써 결국에는 바둑기사(인간)를 이기는 목적을 성공시켰다.

강화학습 방식의 AI는 인간을 초월하는 가능성을 지니고 있으며, 세상으로부터 커다란 주목을 받고 있으나, 이 책에서는 더 이상 다루지 않는다. 이 책에서는 지도학습과 비지도학습 2종류의 학습방식만을 대상으로 한다. **강화학습***5을

용어해설 *5
강화학습을 더 깊이있게 공부하려는 독자들은 "OpenAIGym"(https://gym.openai.com/)이라는 강화학습 알고리즘 개발용 도구를 사용해 보기 바란다. 비디오게임을 공략하는 AI를 Python을 사용하여 제작하면서 강화학습을 공부할 수 있다.

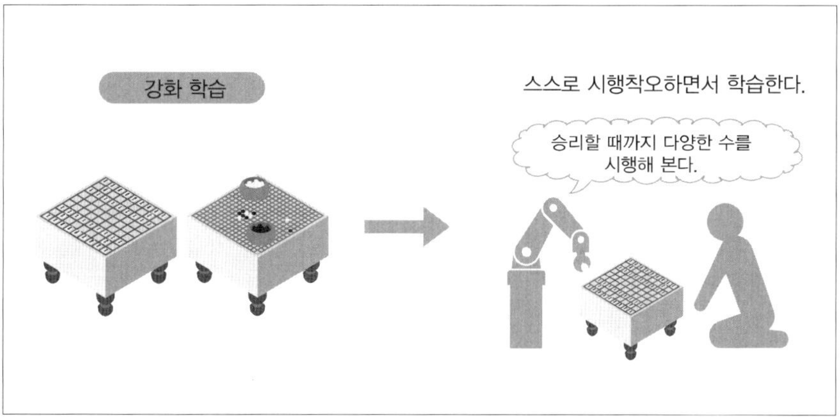

그림 14-4 강화학습

다루지 않는 이유는, 다른 2종류의 학습방식(지도학습과 비지도학습)과 비교하였을 때, 구현방법과 이용방법이 복잡하며 기계학습을 위한 매우 고수준의 수학 지식이 필요하기 때문이다. 강화학습에 대해서 흥미있는 독자들은 이 책의 내용을 공부한 후에 다른 전문서적 등을 참고하기 바란다.

14-2 지도학습의 출력

분류

지도학습은 어떤 데이터를 입력하고 어떤 분석결과를 출력시킬 것인가에 따라서 몇 가지 형식으로 나뉠 수 있다. 여기에서는 **"분류(Classification)"**라는 출력형식에 대해서 설명한다.

분류의 특징은, 어떤 데이터가 어떤 카테고리에 속하는가라는 결과를 출력하는 것이다. 예를들면, 도시락 판매회사의 방문판매에서 고객의 정보(나이, 성별, 직업 등), 도시락 상품정보(오늘의 메뉴, 칼로리 등), 환경관련 정보(기온, 날씨 등)를 입력 데이터로 하고, 어떤 지역에서 도시락 방문판매를 실시했을 때 고객이 도시락을 구입할 가능성이 있을지를 예측한다. 고객이 "구입한다"와 "구입하지 않는다" 중에서 어느쪽 카테고리에 속하는지를 AI가 판단하는 것이다.

이러한 분류는, 원래 직감이나 경험을 토대로 수행해왔던 인간의 판단을 AI가 대신 수행케 함으로써 실제 비즈니스 현장에서 가장 유용하게 이용될 수 있는 출력형식이다.

도시락 판매회사의 방문판매 사례에서, AI는 고객이 구입하는 경우에는 "1",

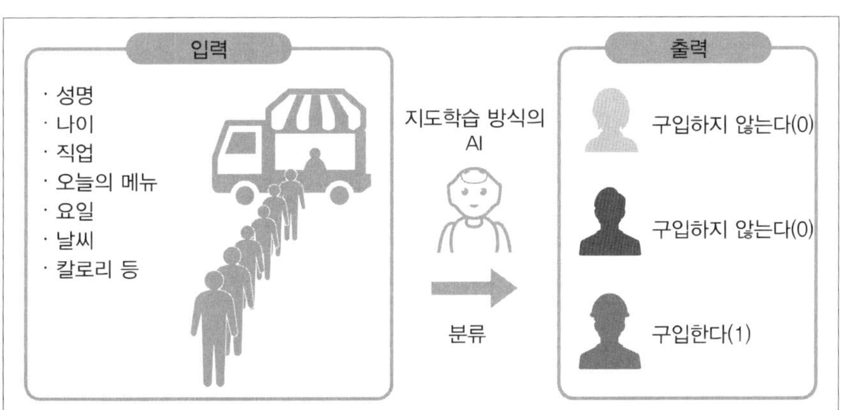

그림 14-5 분류(Classification)

구입하지 않는 경우에는 "0"이라는 2종류의 **"이산값(discrete value)"**을 출력한다. 이산값은, 정수로서 표현되는 데이터이다. 분류 AI는 2종류의 분류를 수행할 뿐만 아니라, 3종류 이상의 분류를 수행할 수도 있다. 고객을 "구입한다"와 "구입하지 않는다"로 분류하는 경우에는 **"2항분류(Binary classification)"**라고 부르며, 입력 이미지를 "개", "고양이", "새"와 같이 3종류이상으로 분류하는 경우에는 **"다항분류(Multi Classification)*6"**라고 부른다.

용어해설 *6
분류할 대상은 "개", "고양이", "새" 등과 같이 차이점이 분명한 경우도 있지만, "S사이즈", "M사이즈", "L사이즈" 등과 같이 구분이 모호한 경우도 있다. 데이터의 종류와 분류 목적에 따라서 정밀도가 높은 AI를 제작하는 것이 어려운 경우도 있다. 어떤 AI알고리즘을 사용하더라도, 초기에는 정답 레이블을 붙인 데이터를 이용하여 학습을 진행한 후에 미지의 정보가 입력된 경우에도 정답 분류를 재현할 수 있는 AI을 제작하는 방식이 중요하다.

회귀

회귀(Regression)라는 출력형식에서는 어떤 카테고리에 속하는지 보다는, "어떤 값이 되는지"를 출력할 수 있다. 예를들면, 도시락판매회사의 방문판매에서 고객 정보, 상품 정보, 환경 정보에 따라서 하루의 도시락 판매개수가 변화할 것이라고 예상할 수 있다. **회귀 AI*7**를 이용하면 하루의 도시락 판매개수를 정확하게 예측하여 폐기상품을 줄이고 수익을 높일 수 있는 행동을 취할 수 있다.

회귀에서 출력되는 값은 **"연속값(continuous value)"**이 된다. 연속값은 시간이나 행동에 의해서 연속적으로 변화하는 데이터이다. 연속값은 도시락의 판매수와 같이 정수값인 경우도 있지만, 키와 같이 소수점이 포함된 값이 되는 경우도 있다.

용어해설 *7
회귀 AI는 다양한 비즈니스 분야에서 이용되고 있다. 예를들면, 거리의 교통량을 예상해서 버스와 택시의 최적 배차대수를 결정하거나, 주가와 환율의 동향을 예상해서 이익을 올릴 수도 있다.

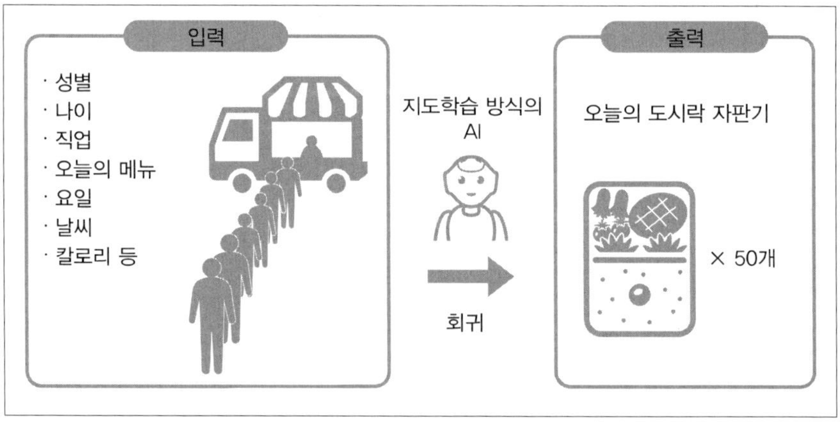

그림 14-6 회귀(Regression)

14-3 비지도학습의 출력

클러스터링

비지도학습의 출력형식에도 여러 종류가 있으며, 그 중 하나가 **"클러스터링(Clustering. 군집)"**이다. 클러스터링은, 지도학습의 카테고리분류를 정답이 없는 데이터를 기반으로 수행한다.

예를들면, 도시락 방문판매에서 성별과 나이 등과 같은 고객의 속성정보와 어떤 상품을 선호해서 구입하는지 등과 같은 정보에 대응하여, 고객을 몇 개의 그룹으로 분류할 수 있다.

지도학습의 분류에서는 미리 인간이 결정해 놓은 카테고리를 기반으로 하는 분류결과를 출력한다. 즉, 도시락을 구입한다/구입하지 않는다 등과 같이 사전에 결정해 놓은 카테고리에 맞춰서 수행한 분류결과를 출력한다.

한편, 비지도학습의 클러스터링에서는, 분류 후의 그룹에 대한 특징을 인간이 찾아낼 필요가 있다. 도시락 방문판매의 잠재고객에 대해서 클러스터링을 수행

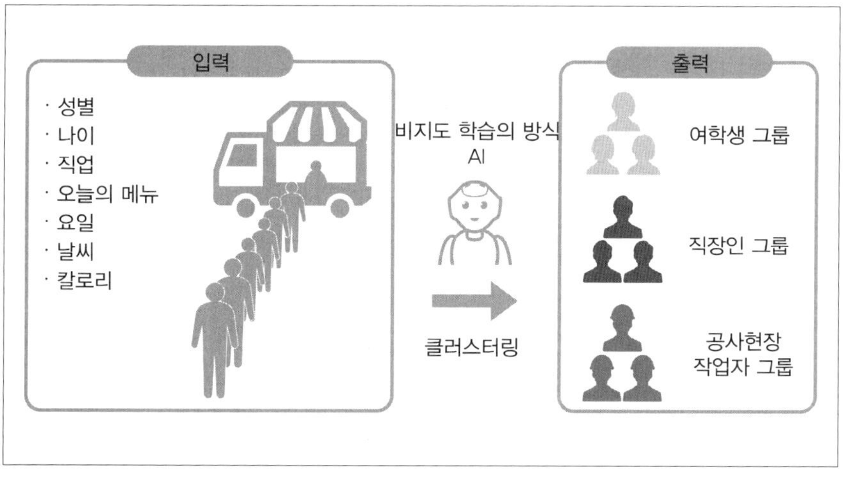

그림 14-7 클러스터링(Clustering)

하면, 고객을 여학생, 회사원, 공사현장작업자 등과 같은 그룹으로 분류한 결과가 자동적으로 출력된다. 클러스터링에 의해서 어떤 그룹으로 분류될 것인지는 AI에 의한 분류결과를 살펴보지 않으면 알 수 없으며, 때로는 인간이 인식하지 못했던 그룹이 발견되는 경우도 있다.

고객전체가 아니라, 특정한 그룹에 한정해서 행동(예를들면, 공사현장작업자에게는 스태미너 유지를 위한 고영양소가 포함된 도시락을 할인해 준다)을 취한다면, 더욱 이익을 올릴 수 있을지도 모른다.

이와 같이, 어떤 행동으로 이어지는 식견(knowledge)*8을 찾아내는 것이 클러스터링의 주요 목적이다.

용어해설 *8
설문조사결과와 신용카드 이용정보에 기반하여 고객을 분류하는 등, 비즈니스 현장에서는 클러스팅이 빈번하게 수행되고 있다.

연관분석

연관분석(Basket Analysis)*9은, A가 발생하면 B가 발생한다라는 관계성에 관한 지식을 출력한다. "A상품을 구입한 사람은 B상품도 구입한다"라는 온라인쇼핑몰의 추천기능에도 적용되어 있으며, 비즈니스 분야에 적용하기 매우 수월하다는 특징을 가지고 있다.

도시락 방문판매에서 고객이 여러 개의 상품을 동시에 구입가능하다면, 어떤 상품들의 조합이 관계가 있는지 찾아내어 특정한 상품들을 묶어 할인된 가격으로 판매하는 전략을 실시함으로써 판매수익을 더욱 높일 수 있다.

용어해설 *9
연관분석
(Basket Analysis)
슈퍼마켓에서 고객의 장바구니에 들어있는 상품을 분석하는 사례가 많다는 점에서 연관분석을 장바구니 분석(Basket Analysis)라고도 부른다.

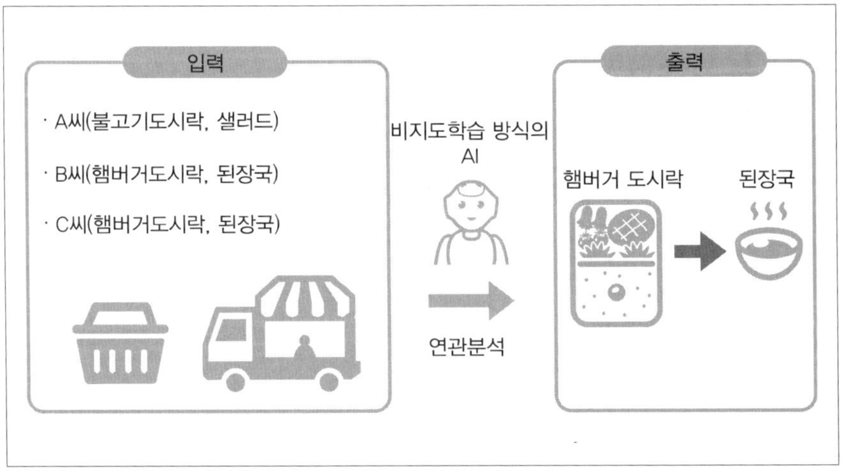

그림 14-8 연관분석(Basket Analysis)

14-4 과적합과 일반화

1
2
3
4
5
6
7
8
9
10
11
12
13
14

과적합

지도학습은 기계학습 방식들 중에서 가장 많이 사용되는 학습방식이지만, 지도학습 방식으로 AI를 제작하는 경우에는 **"과적합(Overfitting)*10"** 현상이 발생하지 않도록 주의할 필요가 있다. 과적합이 발생한 AI는 학습데이터에 과도하게 적합되어 있기 때문에, 학습데이터에 대해서는 정밀도가 비정상적으로 높게 되지만, 학습데이터와 다른 데이터에 대해서는 AI의 정밀도가 매우 낮게 되어 버린다.

예를들면, 이미지 분류용 AI를 제작하는 경우에, "사과"와 "개"의 이미지만을 학습시키고, "귤"과 "고양이"의 이미지를 거의 학습시키지 않았다고 가정해 보자. 이러한 경우에는, AI를 실제로 동작시키면 "사과"와 "개"에 대한 이미지를 매우 높은 정밀도로 분류할 수 있지만, "귤"과 "고양이" 이미지를 올바르게 분류할 수 없다. 또한, 자율주행차를 AI를 이용하여 제어하는 경우, 실제 도로 상황은 매일 서로 다르다. 테스트 주행 데이터에 과적합되어 버린 자율주행차 AI는 실제 도로주행에서 안전한 운행을 할 수 없게 된다. 이와같이, 과적합되어

용어해설 *10

과적합(Overfitting)
과적합은 AI가 학습데이터에만 최적화되어버려서 범용성을 상실하게 되는 현상이다. AI를 제작하는 경우에는 과적합은 반드시 발생하는 현상이다. 의외일지도 모르겠지만, 최신 기술을 사용한 고수준의 복잡한 AI는 오래전부터 존재하는 단순한 AI에 비해서 과적합 현상이 발생하기 쉽다는 경향이 있다 따라서, 현실세계의 데이터를 사용하여 AI을 제작할 때에는 복잡한 알고리즘을 이용한 AI보다는 단순한 알고리즘을 채용한 AI가 실제 환경에서 높은 정밀도를 보여주는 경우가 있다.

그림 14-9 과적합(Overfitting)

버린 AI는 실제 운용 현장에서 전혀 사용할 수 없게 되어버리는 문제점이 발생한다.

일반화

AI가 학습데이터로부터 학습한 지식을 미지의 데이터에 대해서도 적용가능하도록 하는 것을 **일반화**(Generalization)라고 부른다.

AI를 현실세계에 응용하기 위해서는 학습데이터에는 없었던 미지의 데이터에 대해서도 분류와 회귀를 올바르게 실행할 수 있어야 한다. 이를 위해서, 지도학습 방식의 AI를 제작하는 경우에는, 수집된 데이터를 모두 학습데이터로 이용하는 것이 아니라, 일부분의 수집 데이터를 테스트용 데이터로 별도 보관해 둔 후에, 테스트 데이터를 제외한 학습데이터만으로 지도학습 방식의 AI를 제작한다. 이후에 제작완료된 AI를 사용하여 학습에 이용하지 않았던 테스트 데이터에 대해서 정밀도 높은 예측이 가능하다면, 일반화 성능이 우수한 AI를 완성했다고 확인할 수 있다.

일반화 성능을 향상시키기 위해서는 다양한 기법들이 있으며, 가장 효과적인 기법은 가능한 한 편향성이 적은 데이터를 많이 수집하는 것이다. 그밖에도 **정규화**(regularization)**와 드롭아웃**(Dropout) **등과 같은 기법들**[*11]이 있으며, 다소 전문적인 내용이므로 여기에서는 구체적인 설명을 생략한다.

용어해설 *11
일반화 성능을 향상시키기 위한 기법들에 공통적인 개념은 "AI를 너무 복잡하게 하지 않는다"와 "AI에게 과도하게 학습시키지 않는다" 등이 있다. 학교 시험의 예를 든다면, 과거에 출제된 문제를 통째로 암기해서 100점을 받겠다고 하는 것이 아니라, 교과서 내용을 충분히 이해하여 80점을 목표로 하는 전략이 실제 환경에서 AI의 정밀도를 높이기 수월하다.

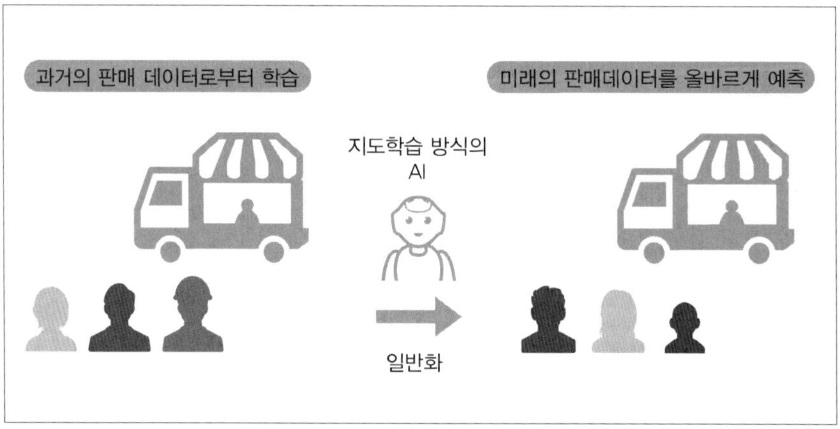

그림 14-10 일반화(Generalization)

14-5 데이터활용 연습1 : 지도학습, 분류

데이터셋 수집

시도학습을 이용한 실제적인 데이터 분석을 살펴보도록 하자.

분석에 이용할 데이터는 "3종류의 포도로 만든 와인의 화학성분에 관한 데이터*12"(http://archive.ics.uci.edu/ml/datasets/Wine)이다. 이 데이터에는 3종류의 포도를 원료로 해서 만든 총 178병의 와인에 대해서, 알콜도수와 산도 등과 같은 화학성분 값이 저장되어 있다. 여기에서는 와인에 포함되어 있는 화학성분 값들을 기반으로 3종류의 포도 중에서 어떤 포도가 실제로 사용되었는지를 예측하는 AI를 제작해보도록 한다. 지도학습 방식으로 Wine 데이터셋을 학습시켜서 포도의 재배품종을 분류하는 AI를 제작한다.

용어해설 *12

출전

Forina, M. et al, PARVUS - An Extendible Package for Data Exploration, Classification and Correlation. Institute of Pharmaceutical and Food Analysis and Technologies, Via Brigata Salerno, 16147 Genoa, Italy.

표 14-1 Wine 데이터셋에 포함되어 있는 데이터

변수명	설명
class	포도의 재배품종(3종류)
alcohol	알콜
malic_acid	사과산
ash	회분
alcalinity_of_ash	회분의 알칼리성
magnesium	마그네슘
total_phenols	페놀류 총함유량
flavanoids	플라보노이드
nonflavanoid_phenols	비플라보노이드 페놀류
proanthocyanins	프로안토시아닌
color_intensity	색체강도
hue	색조
OD280_OD315_of_diluted_wines	증류와인 OD280_OD315
proline	프롤린

데이터셋 읽기

아래의 프로그램을 실행시켜서 Wine 데이터셋을 읽어들이도록 한다. 이후의 리스트에 제시되어 있는 내용은 "+코드"를 클릭해서 새로운 코드셀에 입력하도록 한다. 예를들면, 리스트 14-1과 14-2의 내용은, 서로 다른 코드셀에 입력한 후에 실행한다. Wine 데이터셋은 유명한 데이터이므로 Colaboratory 환경 내부에 미리 내장되어 있다. 포도의 재배품종은 3종류이며, 각각 재배품종이 "0", "1", "2"와 같은 이산값으로 표현되어 있다.

리스트 14-1 Wine 데이터 집합 읽어들이기

```
from sklearn.datasets import load_wine
wine = load_wine()

import pandas as pd
df = pd.DataFrame(wine.data, columns = wine.feature_names)

df['class'] = wine.target
df
```

실행결과

	alcohol	malic_acid	ash	alcalinity_of_ash	magnesium	total_phenols	flavanoids	nonflavanoid_phenols	proanthocyanins	color_intensity	hue	od280/od315_of_diluted_wines	proline	class
0	14.23	1.71	2.43	15.6	127.0	2.80	3.06	0.28	2.29	5.64	1.04	3.92	1065.0	0
1	13.20	1.78	2.14	11.2	100.0	2.65	2.76	0.26	1.28	4.38	1.05	3.40	1050.0	0
2	13.16	2.36	2.67	18.6	101.0	2.80	3.24	0.30	2.81	5.68	1.03	3.17	1185.0	0
3	14.37	1.95	2.50	16.8	113.0	3.85	3.49	0.24	2.18	7.80	0.86	3.45	1480.0	0
4	13.24	2.59	2.87	21.0	118.0	2.80	2.69	0.39	1.82	4.32	1.04	2.93	735.0	0
...	...	...	...	...	...	...	...	...	...	...	...	...	...	...
173	13.71	5.65	2.45	20.5	95.0	1.68	0.61	0.52	1.06	7.70	0.64	1.74	740.0	2
174	13.40	3.91	2.48	23.0	102.0	1.80	0.75	0.43	1.41	7.30	0.70	1.56	750.0	2
175	13.27	4.28	2.26	20.0	120.0	1.59	0.69	0.43	1.35	10.20	0.59	1.56	835.0	2
176	13.17	2.59	2.37	20.0	120.0	1.65	0.68	0.53	1.46	9.30	0.60	1.62	840.0	2
177	14.13	4.10	2.74	24.5	96.0	2.05	0.76	0.56	1.35	9.20	0.61	1.60	560.0	2

178 rows × 14 columns

사전 준비

Wine 데이터셋에 포함되어 있는 13종류의 화학성분 데이터를 사용하여, 포도의 재배품종을 분류하는 AI를 제작한다. x = df.drop(['class'], axis = 1) 명령어를 실행하면, 포도의 재배품종을 나타내는 class열을 제외한 모든 열을 입력 데이터로 만들 수 있다.

또한, Wine 데이터셋에는 총 178병의 와인 관련 데이터가 있으며, 178병의 와인 전체를 학습데이터로 지정해버리면 제작된 AI의 일반화 성능을 평가할 수 없게 된다. 따라서, train_test_split라는 명령어를 사용해서 178병의 와인들 중에서 70%(124병)를 학습데이터로 사용하고 나머지 30%(54병)를 테스트 데이터로 사용하도록 분할한다.

리스트 14-2 학습데잍와 테스트데이터의 분할

```
x = df.drop(['class'], axis = 1)
y = df['class']

from sklearn.model_selection import train_test_split
x_train, x_test, y_train, y_test = train_test_split(
        x, y, train_size = 0.7, test_size = 0.3, random_state = 0)
```

실행결과

```
표시없음.
```

랜덤 포레스트에 의한 지도학습

지도학습 알고리즘에는 다양한 종류가 있으며, 여기에서는 **랜덤 포레스트**(random forest)라는 알고리즘을 사용한다. 랜덤 포레스트는 여러 개의 분류용 AI를 제작하여 다수결로 분류결과를 결정하는 **앙상블 학습**(Ensemble Learning)*13 이라는 기법의 한 종류이다. 정밀도가 우수하기 때문에 기계학습에서 자주 사용되는 지도학습 알고리즘이다.

리스트 14-3의 프로그램을 실행하면, 랜덤 포레스트를 사용하여 지도학습을 수행한 AI를 제작할 수 있다. AI의 학습에는 학습데이터만을 사용하고 있으며, 테스트데이터는 학습에 사용하지 않는다. 테스트데이터에 대해서 AI가 예측한 결과의 정밀도가 우수한 경우에는, AI의 일반화 성능이 높다는 것을 의미한다. 출력결과로 나오는 "0", "1", "2"와 같은 이산값은 미리 별도로 준비해 둔 테스트데이터에 대한 AI의 예측결과를 나타내고 있다.

용어해설 *13

랜덤 포레스트는 정밀도가 높은 AI를 손쉽게 제작할 수 있기 때문에 비즈니스 현장에서도 실제로 자주 사용되고 있는 인기있는 AI 알고리즘이다. 랜덤 포레스트는 배깅(Bagging)이라는 기법의 한 종류로서, AI의 과적합 현상을 방지해 준다. 반대로, 데이터가 너무 적어서 학습부족 현상이 발생할 것 같으면 부스팅(Boosting)이라는 기법을 사용한다.

리스트 14-3 랜덤 포레스트를 사용한 지도학습

```
from sklearn.ensemble import RandomForestClassifier
model = RandomForestClassifier()
model.fit(x_train, y_train)
model.predict(x_test)
```

실행결과

```
array([0, 2, 1, 0, 1, 1, 0, 2, 1, 1, 2, 2, 0, 1, 2, 1, 0, 0, 2, 0, 1, 0,
       0, 1, 1, 1, 1, 1, 1, 2, 0, 0, 1, 0, 0, 0, 2, 1, 1, 2, 0, 0, 1, 1,
       1, 0, 2, 1, 2, 0, 2, 2, 0, 2])
```

프로그램의 실행

리스트 14-4의 프로그램을 실행하면, 학습데이터와 테스트데이터에 대한 분류결과의 정밀도를 확인할 수 있다. 학습데이터에 대한 분류 정밀도는 100%이고, 테스트데이터에 대한 분류 정밀도는 98.1%로 되어 있다. Wine 데이터 집합에 대해서, 매우 높은 정밀도로 포도의 재배품종을 분류할 수 있는 AI를 제작할 수 있음을 알 수 있다. 테스트데이터에 대한 분류 정밀도가 98.1%라는 결과는, 일반화 성능 측면에서 매우 우수한 AI라는 사실을 보여주고 있다.

리스트 14-4 랜덤 포레스트를 사용한 지도학습

```
print('정확률(train) : {:.3f}'.format(model.score(x_train, y_train)))
print('정확률(test) : {:.3f}'.format(model.score(x_test, y_test)))
```

실행결과

```
정확률(train) : 1.000
정확률(test) : 0.981
```

14-6 데이터활용 연습2 : 지도학습, 회귀

데이터셋 수집

여기에서는 주택 가격을 예측하는 회귀 AI를 지도학습 방식으로 제작해보기로 한다. 분석에 이용할 데이터는 Boston Housing **데이터 집합**[*14](http://lib.stat.cmu.edu/datasets/boston)이다.

위의 URL에는 1970년대 후반 미국 매사추세츠주에 위치한 보스턴의 주택 가격에 관한 데이터가 저장되어 있다. 이 데이터는 미국 국세조사국이 수집한 정보로부터 추출하여 가공된 데이터 집합으로서, 보스턴에 있는 506건의 주택 가격이 주택 건축년도 및 마을 범죄율 등의 데이터와 함께 저장되어 있다.

용어해설 *14

출전

The Boston house-price data of Harrison, D. and Rubinfeld, D.L. 'Hedonic prices and the demand for clean air', J. Environ. Economics & Management, vol.5, 81-102, 1978. Used in Belsley, Kuh & Welsch, 'Regression diagnostics ...', Wiley, 1980. N.B. Various transformations are used in the table on pages 244-261 of the latter.

표 14-2 Boston Housing 데이터셋에 포함되어 있는 데이터

변수명	설명
CRIM	범죄발생률
ZN	25,000평방 필드 이상의 주택구획의 비율
INDUS	비소매업종의 토지면적 비율
CHAS	찰스강변에 위치하는지를 나타내는 더미 변수
NOX	질소산화물 농도
RM	평균 방 갯수
AGE	1940년 이전에 건축된 건물의 비율
DIS	5개 보스톤 고용센터와의 거리(가중치 적용)
RAD	고속도로 접근 수월성 지표
TAX	10,000달러당 부동산세율
PTRATIO	학생-교사 비율
B	흑인 비율
LSTAT	저소득자의 비율
MEDV	주택가격의 중앙값(1,000단위)

데이터셋 읽기

Boston Housing 데이터셋은 유명한 데이터이기 때문에 Colaboratory 환경 내부에 미리 내장되어 있다. 리스트 14-5의 프로그램을 실행하여 Boston Housing 데이터 집합을 읽어들이도록 한다. 이후의 프로그램 리스트의 내용은 "+코드"를 클릭하여 새로운 코드셀에 입력하기 바란다. 예를들어, 리스트 14-5와 14-6의 내용은, 서로 다른 코드셀에 입력한 후에 실행시킨다. MEDV 열에는 주택 가격이 1,000달러 단위로 저장되어 있다.

리스트 14-5 Boston Housing 데이터 집합 읽어들이기

```
from sklearn.datasets import load_boston
boston = load_boston()

import pandas as pd
df = pd.DataFrame(boston.data, columns = boston.feature_names)

df['MEDV'] = boston.target
df.head()
```

실행결과

	CRIM	ZN	INDUS	CHAS	NOX	RM	AGE	DIS	RAD	TAX	PTRATIO	B	LSTAT	MEDV
0	0.00632	18.0	2.31	0.0	0.538	6.575	65.2	4.0900	1.0	296.0	15.3	396.90	4.98	24.0
1	0.02731	0.0	7.07	0.0	0.469	6.421	78.9	4.9671	2.0	242.0	17.8	396.90	9.14	21.6
2	0.02729	0.0	7.07	0.0	0.469	7.185	61.1	4.9671	2.0	242.0	17.8	392.83	4.03	34.7
3	0.03237	0.0	2.18	0.0	0.458	6.998	45.8	6.0622	3.0	222.0	18.7	394.63	2.94	33.4
4	0.06905	0.0	2.18	0.0	0.458	7.147	54.2	6.0622	3.0	222.0	18.7	396.90	5.33	36.2

사전 준비

이번 연습에서는, 주택의 방 갯수를 나타내는 RM 열의 데이터만을 사용하여 주택 가격 MEDV를 예상하는 회귀 AI를 제작하도록 한다. 1종류의 설명변수를 사용해서 목적변수를 예측하는 것을 **단변량분석**(Univariate Analysis)이라고 부른다.

앞서 살펴보았던 Wine 데이터 집합에서는 포도의 재배품종 분류를 수행하는

AI를 제작하는 경우에, 여러 개의 설명변수를 사용해서 목적변수를 예측하였다. 이러한 기법을 **다변량분석**(Multivariate Analysis)이라고 부른다. 단변량분석에 비해서 다변량분석이 AI의 예측 정밀도가 향상되는 경우가 많다. 이번 연습에서는 AI의 예측결과를 2차원 그래프 형태로 시각화할 예정이므로, 단변량분석 알고리즘으로 회귀 AI를 제작하도록 한다.

이번 연습에서도 AI의 일반화 성능을 평가하기 위해서, train_test_split 명령어를 사용하여 506건의 주택들 중 70%(354건)를 학습데이터로 하고, 나머지 30%(152건)를 테스트데이터로 분할한다.

리스트 14-6 Boston Housing 데이터 집합 읽어들이기

```
x = df[['RM']]
y = df['MEDV']

from sklearn.model_selection import train_test_split
x_train, x_test, y_train, y_test = train_test_split(
        x, y, train_size = 0.7, test_size = 0.3, random_state = 0)
```

실행결과

```
표시없음.
```

단순회귀분석에 의한 지도학습

354건의 학습데이터를 사용해서 주택 가격을 예측하는 회귀 AI를 제작한다.

여기에서는 단변량분석의 한 종류인 **단순회귀분석**[*15]이라는 알고리즘을 사용한다. 단순회귀분석은 1개의 설명변수를 사용해서 목적변수의 값을 **직선적으로** 예측하는 알고리즘이다. 설명변수로 선택한 RM(방의 개수)이 커지면 주택의 규모가 커지고 호화롭게 될 것이라고 예상된다. RM(방의 개수)에 비례해서 목적변수 MEDV(주택 가격)도 직선적으로 증가한다라는 가설을 토대로, 주택 가격을 예측하는 AI를 제작하도록 한다.

리스트 14-7의 프로그램을 실행하면, 단순회귀분석에 의한 지도학습이 실행된다.

> **용어해설 *15**
> **단순회귀분석(Simple Regression Analysis)**
> 단순회귀분석은 가장 간단한 AI이다. 알고리즘이 너무 간단하기 때문에 비즈니스 현장에서 단순회귀분석의 AI만을 사용하는 경우는 거의 없다. 단순회귀분석은 설명변수와 목적변수의 관계성을 파악하거나, 다변량분석을 위한 사전조사 등에 사용되는 경우가 많다.

리스트 14-7 단순회귀분석에 의한 지도학습

```
from sklearn.linear_model import LinearRegression
model = LinearRegression()
model.fit(x_train, y_train)
print('intercept = ', model.intercept_)
print(pd.DataFrame({"Name":x_train.columns,
        "Coefficients":model.coef_}).sort_values(by = 'Coefficients'))
```

실행결과

```
intercept =  -35.99434897818352
  Name  Coefficients
0   RM      9.311328
```

그래프를 이용한 시각화

단순회귀분석의 경우에는 설명변수(RM : 방의 개수)와 목적변수(MEDV : 주택가격)의 상관성을 2차원 그래프로 나타낼 수 있다. 리스트 14-8의 프로그램을 실행하면 AI에 의한 주택가격 예측결과를 **그래프형태로 시각화**[*16]하여 확인할 수 있다.

그래프의 가로축과 세로축은 각각 방의 개수와 주택가격을 나타내고 있다. 동그란 점들은 학습데이터에 기록되어 있는 354건의 주택 정보(방의 개수와 주택가격)를 가시화한 것이다. 주택에 따라서 조금씩 차이는 있지만, 방의 개수가 많은 주택일수록 주택가격도 높아지는 추세를 확인할 수 있다. 우상향 직선은 단일회귀분석에 의해 제작된 AI의 예측결과를 나타낸 것이다.

단일회귀분석으로 제작된 AI는 방의 개수와 주택가격의 관련성을 직선으로 나타내고 있다. 이러한 직선을 사용함으로써, 방의 개수에 따라서 주택가격을 예측할 수 있다.

용어해설 *16
다소 귀찮더라도 통계분석의 결과와 AI의 예측결과를 그래프형태로 나타내는 것이 매우 중요하다. 위대한 통계학자로 알려져 있는 존 튜키(John Tukey)는, "그래프는 우리들에게 기대하지도 못했던 사항들을 알아차릴 수 있게 해준다. 이보다 더 중요한 것은 없을 것이다."라고 강조하였다. 잘 알 수 없는 데이터로부터 시각적으로 올바른 의문점을 찾아내는 것이 데이터에 접근하는 초기단계에서 매우 중요하다. 데이터의 다양한 측면을 관찰함으로써 데이터로부터 많은 발견을 할 수 있게 된다.

리스트 14-8 예측결과의 시각화

```
import matplotlib.pyplot as plt
plt.scatter(x_train, y_train, color = 'blue')
plt.plot(x_train, model.predict(x_train), color = 'red')
plt.title('Regression Line')
plt.xlabel('Average number of rooms [RM]')
```

```
plt.ylabel('Prices in $1000\'s [MEDV]')
plt.grid()
plt.show()
```

실행결과

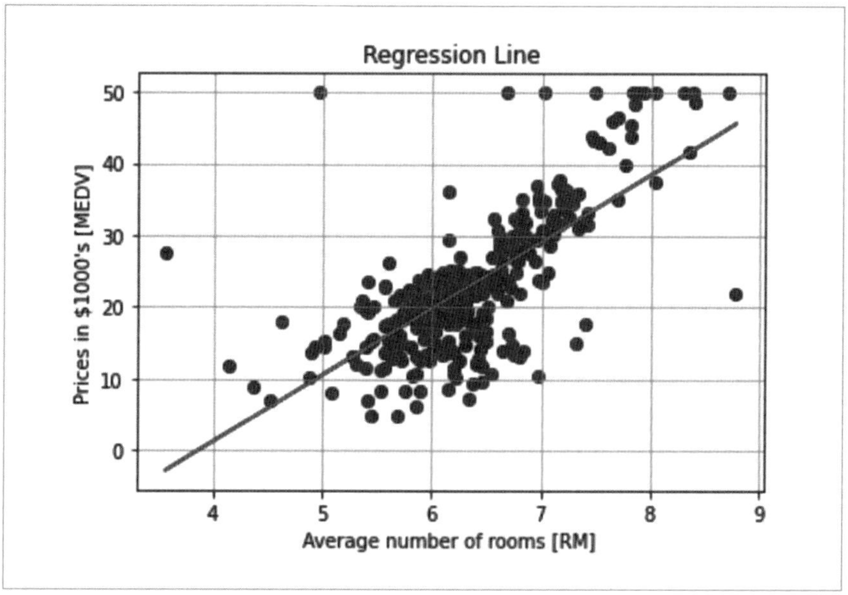

결정계수

리스트 14-9의 프로그램을 실행하면, 학습데이터와 테스트데이터에 대한 주택가격의 예측정밀도를 확인할 수 있다. 실행결과에 표시되는 값은 **결정계수**(coefficient of determination, R2)라고 부르며, 1에 가까울수록 예측정밀도가 높음을 나타낸다. 제작된 AI를 사용한 예측에서는, 학습데이터의 결정계수가 0.50이고, 테스트데이터의 결정계수가 0.43으로 나오고 있다. 결정계수가 0.6 이하로 되는 AI는 그다지 쓸모있다고 할 수 없기 때문에, AI의 예측정밀도를 조금 더 향상시킬 필요가 있다.

단순회귀분석으로 RM(방의 개수) 이외의 데이터를 시험해 보거나, 다변량분석의 일종으로 알려져 있는 **다중회귀분석**(Multiple Regression Analysis)*17이라는 알고리즘을 사용하여 주택가격의 예측정밀도를 더욱 향상시킬 수 있으므로 반드시 도전해 보기 바란다.

용어해설 *17
다중회귀분석을 이용하면 0.7이상의 결정계수를 갖는 우수한 AI를 제작할 수 있다.

리스트 14-9 가격예측의 결정계수

```
from sklearn.metrics import r2_score
print('r^2 (train): ', r2_score(y_train, model.predict(x_train)))
print('r^2 (test): ', r2_score(y_test, model.predict(x_test)))
```

실행결과

```
r^2 (train):  0.5026497630040827
r^2 (test):  0.43514364832115193
```

14-7 데이터활용 연습3 : 비지도학습, 관련분석

1
2
3
4
5
6
7
8
9
10
11
12
13
14

데이터셋 수집과 읽기

마지막으로 비지도학습을 이용한 데이터 분석을 수행해 보도록 한다. 고객의 장바구니에 담긴 상품에 관한 데이터에 대해서 **연관분석**을 수행하여, 상품A를 구입한 고객은 상품B를 구입하는 경우가 많다라는 관계성(이후, **연관규칙** Association rule)을 찾아내도록 한다.

분석에 이용할 데이터는 Kaggle이라는 데이터사이언티스트가 운집하고 있는 Web사이트에서 공개하고 있는 "슈퍼마켓 장바구니에 관한 데이터"(https://www.kaggle.com/acostasg/random-shopping-cart)이다.

데이터사이언스 분야의 연습용 데이터이므로, 누구든지 무료로 사용할 수 있다. 위의 URL로부터 다운로드할 수 있는 데이터 집합에 대해서, 어느 정도 데이터 정제처리를 수행한 데이터셋(basket_data.csv)이 http://www.hongpub.co.kr/shop/item.php?it_id=1646028598에 제공되어 있다.

basket_data.csv를 입수한 후에 Colaboratory에 업로드하기 바란다. 업로드 완료후에는 리스트 14-10의 프로그램을 실행하여 데이터 집합을 읽어들이도록 한다. 이후에는 리스트에 제시되어 있는 내용을 "+코드"를 클릭하여 새로운 코드셀에 입력한다. 예를들면, 리스트 14-10과 14-11은 서로 다른 코드셀에 입력한 후에 실행한다.

리스트 14-10 장바구니 데이터셋 읽기

```
import pandas as pd
df = pd.read_csv('basket_data.csv')
df
```

실행결과

	date	customer_id	item_name
0	2000/1/1	1	yogurt
1	2000/1/1	1	pork

2	2000/1/1	1	sandwich bags
3	2000/1/1	1	lunch meat
4	2000/1/1	1	all- purpose
...	...	...	...
22338	2002/2/26	1139	soda
22339	2002/2/26	1139	laundry detergent
22340	2002/2/26	1139	vegetables
22341	2002/2/26	1139	shampoo
22342	2002/2/26	1139	vegetables

22343 rows × 3 columns

데이터 형식 변경

데이터셋의 내부를 확인해보면, date 열과 customer_id 열, 그리고 item_name 열에는 각각 고객의 구입일, 고객의 ID, 고객이 구입한 상품이 저장되어 있다. 예를들면, 고객ID가 "1" 인 고객은 yogurt, pork, sandwich bags 등을 구입하였음을 알 수 있다.

연관분석을 수행하기 위해서는 데이터셋의 형식을 변경할 필요가 있으므로, 리스트 14-11의 프로그램을 실행하여 각 고객의 구입상품을 알아보기 쉽게 표시한 데이터 형식으로 변경한다.

리스트 14-11 데이터 형식 변경

```
dataset = df.groupby('customer_id')['item_name'].apply(list)
dataset
```

실행결과

```
customer_id
1       [yogurt, pork, sandwich bags, lunch meat, all-...
2       [toilet paper, shampoo, hand soap, waffles, ve...
3       [soda, pork, soap, ice cream, toilet paper, di...
4       [cereals, juice, lunch meat, soda, toilet pape...
5       [sandwich loaves, pasta, tortillas, mixes, han...
                              ...
1135    [sugar, beef, sandwich bags, hand soap, paper ...
1136    [coffee/tea, dinner rolls, lunch meat, spaghet...
1137    [beef, lunch meat, eggs, poultry, vegetables, ...
1138    [sandwich bags, ketchup, milk, poultry, cheese...
1139    [soda, laundry detergent, vegetables, shampoo,...
Name: item_name, Length: 1139, dtype: object
```

라이브러리 설치

다음 단계에서는 비지도학습의 연관분석을 수행하기 위해서 mlxtend라는 라이브러리를 설치한다. !pip install mlxtend라고 입력하고 실행시킨다. mlxtend 라이브러리가 설치되는 동안에 많은 메시지가 표시되므로 잠시 기다리면 설치가 완료된다.

리스트 14-12 연관분석 라이브러리 설치

```
!pip install mlxtend
```

실행결과

```
Requirement already satisfied: mlxtend in /usr/local/lib/python3.7/dist-packages (0.14.0)
Requirement already satisfied: setuptools in /usr/local/lib/python3.7/dist-packages (from mlxtend) (57.4.0)
Requirement already satisfied: scikit-learn>=0.18 in /usr/local/lib/python3.7/dist-packages (from mlxtend) (0.22.2.post1)
Requirement already satisfied: scipy>=0.17 in /usr/local/lib/python3.7/dist-packages (from mlxtend) (1.4.1)
Requirement already satisfied: matplotlib>=1.5.1 in /usr/local/lib/python3.7/dist-packages (from mlxtend) (3.2.2)
Requirement already satisfied: numpy>=1.10.4 in /usr/local/lib/python3.7/dist-packages (from mlxtend) (1.19.5)
Requirement already satisfied: pandas>=0.17.1 in /usr/local/lib/python3.7/dist-packages (from mlxtend) (1.1.5)
Requirement already satisfied: pyparsing!=2.0.4,!=2.1.2,!=2.1.6,>=2.0.1 in /usr/local/lib/python3.7/dist-packages (from matplotlib>=1.5.1->m
Requirement already satisfied: python-dateutil>=2.1 in /usr/local/lib/python3.7/dist-packages (from matplotlib>=1.5.1->mlxtend) (2.8.2)
Requirement already satisfied: cycler>=0.10 in /usr/local/lib/python3.7/dist-packages (from matplotlib>=1.5.1->mlxtend) (0.10.0)
Requirement already satisfied: kiwisolver>=1.0.1 in /usr/local/lib/python3.7/dist-packages (from matplotlib>=1.5.1->mlxtend) (1.3.2)
Requirement already satisfied: six in /usr/local/lib/python3.7/dist-packages (from cycler>=0.10->matplotlib>=1.5.1->mlxtend) (1.15.0)
Requirement already satisfied: pytz>=2017.2 in /usr/local/lib/python3.7/dist-packages (from pandas>=0.17.1->mlxtend) (2018.9)
Requirement already satisfied: joblib>=0.11 in /usr/local/lib/python3.7/dist-packages (from scikit-learn>=0.18->mlxtend) (1.0.1)
```

빈출상품의 추출

연관분석을 수행하기 전에 여러명의 고객이 많이 구입하는 상품(빈출상품)을 추출해 보도록 하자. 리스트 14-13의 프로그램을 실행하면, 주어진 데이터셋에 등장하는 상품들 중에서 여러 명의 고객들이 구입한 빈출상품을 확인할 수 있다. aluminum foil과 bagels 등은 여러 고객들로부터 인기가 높은 상품들로 파악된다.

리스트 14-13 빈출상품의 추출

```
from mlxtend.preprocessing import TransactionEncoder
from mlxtend.frequent_patterns import apriori
te = TransactionEncoder()
te_ary = te.fit(dataset).transform(dataset)
df2 = pd.DataFrame(te_ary, columns = te.columns_)
frequent_itemsets = apriori(df2, min_support = 0.04, use_colnames = True)
frequent_itemsets
```

실행결과

	support	itemsets
0	0.374890	(all- purpose)
1	0.384548	(aluminum foil)
2	0.385426	(bagels)
3	0.374890	(beef)
4	0.367867	(butter)
...	...	...
19600	0.040386	(poultry, laundry detergent, vegetables, spagh...
19601	0.042142	(sugar, lunch meat, poultry, vegetables, toile...
19602	0.042142	(lunch meat, vegetables, waffles, soap, soda)
19603	0.040386	(poultry, yogurt, vegetables, milk, mixes)
19604	0.042142	(poultry, yogurt, vegetables, sandwich loaves,...

19605 rows × 2 columns

연관분석의 실행

이제 연관분석을 실시하도록 하자. 리스트 14-14의 프로그램을 실행하면, 고객의 장바구니 데이터에 대해서 연관분석을 수행할 수 있다. 분석결과를 확인해보면, vegetables와 poultry의 조합과 vegetables와 eggs의 조합으로 상품을 구매하는 고객이 많다는 사실을 알 수 있다. 그밖에도, 합계해서 약20만개의 연관규칙을 찾아내었다. 20만개의 연관규칙들 중에서, 슈퍼마켓의 이익향상에 기여할 수 있는 흥미로운 조합을 찾아낼 수 있을지도 모른다.

리스트 14-12 연관규칙의 추출

```
from mlxtend.frequent_patterns import association_rules

rules = association_rules(frequent_itemsets, metric = "lift",
        min_threshold = 1)
rules = rules.sort_values('support', ascending = False).reset_
        index(drop = True)

display(rules)
```

실행결과

	antecedents	consequents	antecedent support	consequent support	support	confidence	lift	leverage	conviction
0	(vegetables)	(poultry)	0.739245	0.421422	0.331870	0.448931	1.065276	0.020336	1.049919
1	(poultry)	(vegetables)	0.421422	0.739245	0.331870	0.787500	1.065276	0.020336	1.227083
2	(vegetables)	(eggs)	0.739245	0.389816	0.326602	0.441805	1.133370	0.038433	1.093139
3	(eggs)	(vegetables)	0.389816	0.739245	0.326602	0.837838	1.133370	0.038433	1.607989
4	(vegetables)	(yogurt)	0.739245	0.384548	0.319579	0.432304	1.124188	0.035304	1.084123
...	...	...	...	...	...	...	...	...	...
197939	(ketchup, toilet paper)	(sandwich loaves, cheeses)	0.156277	0.155399	0.040386	0.258427	1.662985	0.016101	1.138931
197940	(cheeses, toilet paper)	(sandwich loaves, ketchup)	0.167691	0.152766	0.040386	0.240838	1.576518	0.014769	1.116012
197941	(sandwich loaves)	(ketchup, cheeses, toilet paper)	0.349429	0.074627	0.040386	0.115578	1.548744	0.014309	1.046303
197942	(ketchup)	(sandwich loaves, cheeses, toilet paper)	0.371378	0.069359	0.040386	0.108747	1.567885	0.014628	1.044194
197943	(lunch meat, aluminum foil, poultry)	(spaghetti sauce)	0.080773	0.373134	0.040386	0.500000	1.340000	0.010247	1.253731

197944 rows × 9 columns

마지막으로, 데이터사이언스라는 용어가 유행하게 된 계기가 된 유명한 사례를 소개하고자 한다.

미국의 대형 수퍼마켓에 근무하고 있는 데이터사이언티스트가 고객의 장바구니 속의 상품에 대해서 연관분석을 수행해 본 결과, 종이 기저귀와 맥주라는 희한한 조합*18으로 함께 구입되고 있다는 사실이 판명되었다. 나중에 밝혀진 사실이지만, 이러한 구매 패턴의 원인은 아기용 종이기저귀를 구입하러 슈퍼마켓을 방문한 아기 아빠들이 어느새 자신을 위한 캔맥주를 구입하는 경우가 많았기 때문이라고 한다.

용어해설 *18
그밖에도, "페인트와 롤러", "또띠아칩과 살사 소스" 등과 같은 조합이 연관분석으로 발견된 유명한 사례이다. 이러한 조합은 묶음세트로 판매하면 더욱 많은 매출을 기대할 수 있다.

위의 연관분석을 담당했던 데이터사이언티스트는 종이 기저귀와 맥주를 함께 인접하여 진열하도록 판매부서에 지시한 결과, 2종류의 상품(종이 기저귀와 맥주)에 대한 매출이 급상승했다.

이와같이, 인간의 직감이나 경험에만 의존하면 발견하기 어려운 사실이나 지식을, 데이터와 데이터사이언스 기술을 토대로 발견해 낼 수 있다. 독자 여러분들도 데이터라는 새로운 자원을 자기편으로 끌어들여서, 미래 사회에서 훌륭하게 생존해갈 수 있기 바란다.

찾아보기